国家自然科学基金项目·管理科学与工程系列丛书

中国城乡数字鸿沟对城市化进程的阻尼作用研究

薛伟贤　著

国家自然科学基金资助项目（编号：71073125）研究成果

科　学　出　版　社

北　京

内 容 简 介

目前城乡数字鸿沟阻碍了城市化进程，对我国和谐社会的构建造成严重威胁。本书借鉴物理学中的阻尼概念以及经济"增长阻尼"理论，构建理论模型对阻尼作用进行定量研究。首先，从中国城乡数字鸿沟的表现、成因和形成过程以及测度实证研究出发，探讨中国城乡数字鸿沟对城市化进程的影响，深入分析阻尼效应；其次，研究中国城乡数字鸿沟对城市化进程的阻尼作用机理，以揭示阻尼作用系统、因果链、流图和作用途径；在此基础上，构建中国城乡数字鸿沟对城市化进程的阻尼作用模型，并对基准情景和乐观情景下城乡数字鸿沟的阻尼作用进行仿真；最后，以物理-事理-人理（WSR）方法论为分析框架，系统地分析缩小城乡数字鸿沟促进中国城市化发展的规律、战略与对策。

本书可以作为管理学、经济学、社会学等专业的高等院校师生以及研究人员探析信息化与城市化发展的参考书，也可以作为政府部门和有关机构了解信息化背景下城市化进程问题的智库资料。

图书在版编目（CIP）数据

中国城乡数字鸿沟对城市化进程的阻尼作用研究 / 薛伟贤著. —北京：科学出版社，2016

ISBN 978-7-03-047491-9

Ⅰ. ①中⋯ Ⅱ. ①薛⋯ Ⅲ. ①信息技术-影响-城市化进程-研究-中国 Ⅳ. ①G202②F229.21

中国版本图书馆 CIP 数据核字（2016）第 043884 号

责任编辑：魏如萍 ／责任校对：郭瑞芝
责任印制：霍 兵 ／封面设计：蓝正设计

科学出版社 出版
北京东黄城根北街 16 号
邮政编码：100717
http://www.sciencep.com

文林印务有限公司 印刷
科学出版社发行 各地新华书店经销
＊

2016 年 3 月第 一 版　　开本：720×1000 1/16
2016 年 3 月第一次印刷　　印张：17
字数：342 000
定价：92.00 元
（如有印装质量问题，我社负责调换）

前　言

18世纪中叶开始的工业革命，使人类生产力得到了飞速发展，人类社会逐步由农业社会转变为工业社会，漫长的工业化时代已经使世界城市化水平得以很大提升，西方发达国家和地区城市化率一般都达到75%以上，但是中国城市化率只有55%（按照非农人口测算的城市化率仅为35%）。只有加速城市化进程，才能满足我国现代化发展和经济增长的要求，使人民生活更加幸福、更有尊严。

随着20世纪90年代信息革命的兴起，以互联网为代表的信息技术正迅速而广泛地渗入社会经济各个领域，并对当今世界城市化产生深远的影响。国内外诸多研究表明，信息化对城市化有着巨大推动作用，可以加快城市化进程，改善城市化格局。面对全球信息化迅速发展的机遇，如何发挥后发优势，利用信息化推进城市化，以实现城市化的跨越式发展，是中国城市化的努力方向。但现实情况是，在我国利用信息化推进城市化的过程中，出现城乡数字鸿沟这一大障碍，延缓城市化进程，严重影响我国城乡和谐发展和构建社会主义和谐社会的进程。

城乡数字鸿沟是指信息化过程中由于城市与乡村居民在信息技术拥有和应用能力方面存在较大差距，而造成的城乡"信息落差"、"知识分隔"、"贫富悬殊"和"社会分化"现象，近年来已成为国际社会和各国政府普遍关注的重要问题。特别是在我国，城乡数字鸿沟对城市化的影响广泛而深远，阻碍了乡村由封闭落后的农业文明向现代城市文明的转变，乡村居民思维方式和行为方式的改变，以及文化素养的提高、乡村居民生活水平的改善、乡村产业结构的升级与收入的提高、城乡"二元经济"向"一元经济"的转变等，已成为推进城市化以及构建和谐社会的一大障碍，因此也受到政府和学术界的广泛关注。在这种形势下，城乡数字鸿沟是如何阻碍城市化进程的，其阻尼作用到底有多大，已成为全球范围内发展中国家尤其是我国迫切需要解决的难题之一。

最早涉及数字鸿沟对城市化影响的是美国国家通信和信息管理局（National Telecommunications & Information Administration，NTIA）的研究。该机构在1995年发布的报告《在网络中落伍之一：一项对美国城乡信息穷人的调查》中指出，农村低收入者与城市人口在信息通信技术拥有方面的差距较大，这将不利于农村低收入者提高生活水平。在随后的系列研究报告《在网络中落伍之二：数字鸿沟的新数据》（1998）、《在网络中落伍之三：定义数字鸿沟》（1999）、《在网络中落伍之四：走向数字化》（2000）中，NTIA都强调城乡数字鸿沟对于改善乡村地区公共服务设施以及居民生活水平的负面影响。

此后，该问题也引起经合组织（OECD）、联合国粮农组织等国际组织的关注。OECD 在报告《理解数字鸿沟》（2001）中指出，城市的互联网普及水平要远远高于乡村，落后的信息通信技术对于乡村的未来经济发展极为不利。国际电信联盟在报告《农村数字鸿沟》（2008）中，提出城乡数字鸿沟将会剥夺农村居民参与社会交往、娱乐、获取信息和知识、经商和享受社会服务的机会，导致它们在社会和经济中处于劣势。有代表性的是在世界粮农组织的系列报告《粮农组织警告农村数字鸿沟阻碍发展》（2003）、《粮农组织弥合农村数字鸿沟战略框架》（2004）及《亚太农村信息网络专家会议：创新实践和未来方向》（2006）中指出，数字鸿沟阻碍了农村的现代化，不仅涉及基础设施和连通性，而且将威胁农村的可持续发展、灾害的管理以及食品安全的改善。

世界各国政府都非常重视城乡数字鸿沟对城市化进程的影响，具有代表性的有：新西兰经济发展部报告《电子商务在新西兰：一项对企业使用互联网情况的调查》（2000），认为城乡数字鸿沟会导致乡村企业电子商务发展缓慢，从而影响乡村居民的收入；美国商务部报告《美国在线：美国人如何扩展他们的网络》（2002），表明城乡数字鸿沟十分明显，影响整个美国的通信技术现代化；美国人口普查局报告《流动人口调查中收入数据与其他数据的可比性》（2002），列出美国城市居民的收入差距和互联网普及差距，关注数字鸿沟对城市公共服务设施现代化的影响；法国政府于 2002 年成立一个名为"Urbatic"的研究组织，专门研究城市化与现代通信技术的关系。

目前国外仍停留在（城乡）数字鸿沟与城市化的相关性、（城乡）数字鸿沟对城市化进程阻碍作用的表现形式以及产生原因这样的表层研究阶段，研究还不够深入，没有探究其因果链和内部作用机理。从国内来讲，在城乡数字鸿沟对城市化进程阻碍作用方面的研究还远远落后于国外，仅仅在（城乡）数字鸿沟对城市化进程阻碍作用的产生原因方面有一些零星的研究，而且研究不充分、不成熟。因此，可以说，世界各国在城乡数字鸿沟对城市化进程阻碍作用方面的研究尚处于初级阶段，特别是在城乡数字鸿沟对城市化进程阻尼效应、阻尼作用机理、阻尼系数、阻尼大小方面更是缺乏直接的研究。

就现有研究来讲：①还没有学者从理论上解释城乡数字鸿沟对城市化进程的阻尼效应，也没有从理论上探究城乡数字鸿沟对城市化进程的阻尼作用机理；②大多局限于对阻碍作用大小的定性分析，定量分析很少，没有计算出某一国家或地区的阻尼系数以及阻尼大小具体数值，更没有从时间序列角度考察阻尼系数以及阻尼大小数值的动态变化特征；③分析方法比较单一，研究大多局限于对数据的定性分析，在少有的定量研究中，仅限于统计回归或技术扩散模型。

阻尼是物理学中的概念，它是指运动主体由于受到阻碍造成能量损失而使得速度降低的现象，以及此类特性的量化表征。经济学家罗默（2001）提出经济"增长阻尼"（growth drag）理论，将自然资源和土地引入索洛经济增长模型，考察自然资源和土地约束如何影响长期经济增长。我国也有学者将这一理论引入对经济增长的影响研究中。本书借鉴物理学中的阻尼概念以及经济"增长阻尼"理论，从"阻尼效应"这一视角分析城乡数字鸿沟对城市化的现实阻碍，构建理论模型对阻尼作用进行定量研究，并从缩小城乡数字鸿沟入手提出促进我国城市化的政策建议。研究工作主要分为四个部分：

（1）中国城乡数字鸿沟及其对城市化进程的影响。本部分运用规范分析及因子分析法，认为中国城乡数字鸿沟的外在表现分为信息接入、信息利用和信息消费三个层面；城乡居民对信息需求的差异和传媒大众在城乡信息服务层面上的不平等是中国城乡信息活动差距形成的主要动因，而城乡间信息活动的横向差异一旦出现，将呈现出积累性强化效果，形成数字鸿沟；中国城乡数字鸿沟的测度结果显示，从 2000 年到 2012 年城乡数字鸿沟扩大了 2.4 倍，这说明虽然城乡信息化整体水平在提高，但城乡差距却在扩大；城乡数字鸿沟对城市化的影响可以划分为对二元经济结构的强化效应、对二元社会结构的固化效应以及对农村人口的排斥效应三种效应。

（2）中国城乡数字鸿沟对城市化进程的阻尼作用机理。本部分利用系统动力学理论和方法，提出中国城乡数字鸿沟对城市化进程阻尼作用系统由三个部分组成，即城乡数字鸿沟子系统、城市化子系统和耦合子系统；阻尼作用系统因果关系是负的，阻尼作用系统中的"源"（城乡数字鸿沟变量）与"汇"（城市化变量）反方向变动；中国城乡数字鸿沟主要通过经济、技术、社会三种途径对城市化产生阻尼作用。

（3）中国城乡数字鸿沟对城市化进程的阻尼作用测度和仿真。本部分运用情景分析法，从政府是否针对城乡数字鸿沟采取政策的角度设计基准情景和目标情景，构建中国城乡数字鸿沟对城市化进程阻尼大小和阻尼系数的测度模型，提出城乡数字鸿沟耗损城市化进程动力的能力是稳固存在的，城乡数字鸿沟耗损科技进步动力的能力远大于耗损经济发展动力的能力；若未来政府采取政策使城乡数字鸿沟持续缩小，则城乡数字鸿沟损耗经济发展动力的能力有可能较耗损科技进步动力的能力大。

（4）缩小城乡数字鸿沟促进城市化发展的战略与对策。本部分运用 WSR 方法论，以加速农村地区信息化为手段，推动城市化发展为目标，从"物理"的层次分析城市化发展演进规律，从"事理"的层次为缩小我国城乡数字鸿沟促进城市化发展进行战略规划，从"人理"的层次提出缩小城乡数字鸿沟促进城市化四项对策建议和四项保障措施，为今后我国科学合理地利用信息化推进城市化提供参考。

本书是作者在主持并完成国家自然科学基金资助项目"中国城乡数字鸿沟对

城市化进程的阻尼作用研究"（编号：71073125）的基础上，加以整理、修改并进一步研究而形成。在研究过程中，从查阅资料、数据核对、图表制作到初稿的形成，我的历届研究生做了大量的工作。其中，顾菁、王亚辰、王江泉等参与"中国城乡数字鸿沟及其对城市化进程的影响"的研究，马鹏飞、田原晖、刘冰等参与"中国城乡数字鸿沟对城市化进程的阻尼作用机理"的研究，刘骏、王亚文等参与"中国城乡数字鸿沟对城市化进程的阻尼作用测度和仿真"的研究，李荣凯、翟娜、康进等参与"我国缩小城乡数字鸿沟促进城市化发展的战略与对策"的研究。他们的工作对本书的形成有很大的帮助。

本书作者及其研究团队长期从事数字鸿沟和城市化问题研究，由于城乡数字鸿沟对城市化进程的阻尼作用是信息时代下涌现的新问题，且涉及技术、经济、文化、社会等多个领域，具有复杂社会经济系统的特点，往往难以从表面现象看到其本质，而且可供借鉴的研究经验和研究成果十分有限。受作者的学识水平和时间所限，本书不足之处在所难免，希望同行不吝赐教。

感谢管理科学与工程陕西省普通高校优势学科专项资金建设项目、陕西省普通高校哲学社会科学特色学科建设项目"社会经济系统管理与政策研究"的支持。

薛伟贤

2015 年 10 月于西安理工大学

目　录

第1章 中国城乡数字鸿沟及其对城市化进程的影响

1.1 中国城乡数字鸿沟现状

数字鸿沟现象早就存在，但使其引起公众广泛关注的是 20 世纪末美国国家远程通信和信息管理局（NTIA）组织人员发表的《在网络中落伍》系列报告（NTIA，1998，1999，2000）。由此，学术界开始了对数字鸿沟的大量研究。从目前的研究来看，数字鸿沟指的是世界上不同国家或地区之间以及同一国家内部不同地区之间、城乡之间、行业之间、企业之间、人群之间，由于信息技术和网络技术的发展程度、应用水平不同所造成的贫富悬殊状态（付立宏，2002）。

随着对数字鸿沟问题研究的深入，学者们指出数字鸿沟不仅体现在国家和地区之间，还体现在城市和农村之间，这就是所谓的"城乡数字鸿沟"。联合国粮农组织等国际组织提出，在发展中国家，农民存在着"信息贫穷问题"，农村因"信息贫穷而导致了经济的贫穷"，城乡数字鸿沟拉大了城乡发展的差距。随着人类社会进入信息时代的高速发展时期，我国信息通信技术发展不仅远远落后于发达国家，而且地区发展程度也极度不平衡，表现最为突出的就是城乡数字鸿沟日益扩大。可见，解决城乡数字鸿沟问题在我国城乡信息化建设过程中不容忽视。

1.1.1 城乡数字鸿沟的概念与认识

1.1.1.1 城乡数字鸿沟的概念

NTIA（1995）在报告《在网络中落伍：一项对美国城市和乡村中的信息穷人的调查》中首次提到城乡数字鸿沟这个概念，指出农村存在大量的信息贫乏者（information have nots），并且农村与城镇相比，具有较低的电话和个人计算机渗透率，网上服务使用率也很低。这份报告不仅揭示了城乡数字鸿沟的存在，而且将其界定为城乡居民对信息通信设备的占有以及以网络技术为代表的信息技术的应用差距。随后，城乡数字鸿沟问题引起了人们的关注，为了更好地对城乡数字鸿沟进行研究，很多组织和学者都对城乡数字鸿沟的定义进行分析，但尚未达成统一的意见。

目前关于城乡数字鸿沟的定义主要有两种观点：第一种观点认为城乡数字鸿沟仅仅是城乡信息通信技术接入上的差距，如在互联网、计算机、固定电话、移动电话等方面的接入差距。美国中小企业管理局（the United States Small Business Administration）的专家 Pociask（2005）调查了美国农村地区接入互联网宽带情况，指出城市和农村地区宽带服务的接入差距就是城乡数字鸿沟。Rao（2005）分析了印度城市和农村数字技术的分布情况，指出城乡之间在互联网接入方面的差距就是城乡数字鸿沟。Shanker（2006）通过分析印度城乡在信息通信技术接入方面的不平等，将城乡数字鸿沟定义为城市和农村人口在信息通信技术接入上的差距。Narayan 和 Nerurkar（2006）研究了发展中国家的城乡数字鸿沟，并将其定义为城乡居民在移动电话和互联网方面的接入鸿沟。国家信息中心"中国数字鸿沟研究"课题组（2008）指出城乡数字鸿沟是指城市居民与农村居民在拥有信息技术方面的差距，认为城乡数字鸿沟应当包括城市和农村居民在互联网、计算机、固定电话、移动电话、彩色电视机普及方面的差距。

第二种观点认为城乡数字鸿沟不但是城乡信息通信技术接入上的差距，还包括信息通信技术使用上的差距。Rudgard 和 Mangstl（2004）强调城乡数字鸿沟不仅仅是能否连入互联网的问题，而是如何使用互联网的问题，因此其内涵应当由接入和使用两部分构成。Furuholt 和 Kristiansen（2007）认为数字鸿沟不但存在于国家之间而且存在于一国内部城乡之间，将城乡数字鸿沟定义为农村地区（rural region）、小城镇地区（semi-urban region）以及城市中心地区（central region）居民在互联网接入（internet access）和使用（internet use）方面的差距。孙立芳和李月（2008）强调城乡数字鸿沟不仅体现在信息通信技术（ICT）接入上的差距，同时也体现在城乡居民对 ICT 应用能力上的差距，指出城乡数字鸿沟应包括两个方面，一是 ICT 设备的占有情况（反映 ICT 接入差距），二是 ICT 利用情况（反映 ICT 应用能力差距）。刘兴红（2009）指出城市与农村在信息技术接入和使用方面存在的差距就是城乡数字鸿沟，它具体包括两层含义：一是信息技术接入层面，如能否连入互联网；二是信息技术使用层面，如能否利用互联网进行远程教育和学习。

通过以上分析可以看出，第一种观点从单一的技术接入层面来界定城乡数字鸿沟，强调城乡信息通信技术接入上的差距，但是这种定义是单一维度的，会造成概念的误导，缩小了城乡数字鸿沟的研究范围；第二种观点从技术接入和使用两个层面来界定城乡数字鸿沟，不但体现了以网络技术为代表的信息通信技术的普及环境，而且体现了其应用的主体——人所具有的主观能动性，更为科学全面。

鉴于此，城乡数字鸿沟是数字鸿沟的一种特定类型，它是指在当代社会信息化发展过程中，由于信息技术的迅速发展和有效应用，而导致的一种城乡两大不同社区的信息活动主体之间以网络技术为代表的信息技术普及与应用程度的差距。

1.1.1.2　城乡数字鸿沟的认识

进一步挖掘，城乡数字鸿沟是一种包含技术、知识、经济和社会的综合性不平等问题：从技术层面看，是城乡居民在接入和使用信息技术上存在的差距，即个人技术层面的不平等；从知识层面看，是城乡居民在获取和利用知识能力上存在的差距，即个人知识水平层面的不平等；从经济层面看，是城乡经济不平等和不平衡在网络经济中的体现，即经济上的不平等；从社会层面看，是传统社会不平等现象在信息时代的延续，是一种新的不平等，它的存在进一步强化了城乡群体之间的社会不平等。实际上，城乡数字鸿沟本质是城乡群体因为信息的拥有及应用的差异而导致的参与各种活动机会与获得收益的不同。

1）城乡居民参与各种活动的机会差距

信息技术作为新的社会力量改变了原来较为单一的信息获取渠道，为城乡居民开辟了收集信息的众多方便快捷的途径，逐渐打破长期以来较为封闭的社会结构，铺设了一条从信息到参与，从参与到获益的社会生活之路。在历史和社会多重因素的影响之下，不少地区城乡长期处于"断裂状态"。城镇居民不仅处于有利的地理位置，同时具备良好的信息技能学习环境，能够及时有效地获取、吸收和利用各种信息，更好地参与各种活动；而农村居民由于离城镇这一信息的集散地较远，交通不便，难以获得所需信息或信息的获取不及时，失去了参与各种活动的机会。此种状态下城乡居民在社会活动的参与中处于事实上的不平等，信息时代的到来为消除这种不平等带来了希望。然而，事实上这种不平等并没有得到缓解。

首先，信息通信技术并未给农村居民带来同样的参与经济活动的机会。城镇居民已深切感受到信息通信技术带来的便捷，他们通过电视、电话和互联网快速方便地了解各种产品的生产销售情况，然后根据市场行情及时作出经营和购买决策。可是，不少农村居民未形成"信息就是财富，时间就是金钱"的观念，习惯性地采用传统方式进行日常生产和生活，使用信息通信技术的意识不强。教育水平和信息技能的低下、信息通信技术基础设施和信息通信技术工具的缺乏，更使得农村居民无缘享受新技术带来的好处，再次陷入信息贫乏的困境。当传递延迟的信息到达时，农村居民往往已错失良机，甚至由于延迟的信息与当前的情况不相符合，给农村居民的生产经营或购买活动带来巨大损失。特别是电子商务为产品销售者和购买者提供了摆脱现实距离限制的交易平台，城镇的产品销售者和购买者能够容易地进入这个平台，不仅为产品销售者创造更多的销售额，还为城镇购买者的购物活动降低了成本；然而众多的农村居民由于不在网内，自然享受不到。

其次，信息通信技术并未给农村居民带来同样的参与政治活动的机会。城乡数字鸿沟使得农村居民不能同城镇居民一样，有效地了解政府活动和获取政府资源的信息，并把自身的需求直接传达给政府部门，更好地参与选举、决策、管理和监督。农村选民就选举情况的知晓程度对其有效参与选举影响很大。一般而言，选民在投票前至少要了解选举的行动指南、候选人的相关信息以及有关选举程序的信息。同样，决策、管理和监督也需要农村居民获取和传递相关信息。但是，以计算机为代表的信息通信技术工具及使用技能的缺乏导致农村居民无法采用此类方式积极参与选举活动。数字鸿沟使得农村居民获取和传递相关信息的难度较大、成本较高，失去了传达自己意见的快捷途径。而农村居民使用其他方式须付出较高的成本，以致他们宁愿放弃参与选举、决策、管理和监督的机会。

最后，信息通信技术并未给农村居民带来同样的参与文化活动的机会。当前网络游戏、网上影视、网上论坛等各种网络文化产品与服务迅猛发展，极大地丰富了人们的文化生活。但是，城乡数字鸿沟使得农村居民普遍缺乏接入网络的条件，失去了使用该网络的机会，剥夺了村民参与文化活动的机会。同时，数字鸿沟亦使得农民未能成为媒介的主要目标受众，他们不能从信息传媒中获取自己感兴趣或与自身利益密切相关的内容，也无法有效发出自己的声音（曹荣湘，2003）。

城乡数字鸿沟实际上把整个社会分成城镇居民这一强势群体和农村居民这一弱势群体，信息通信技术无疑为城镇居民打开了方便之门，同时将没有条件和能力的农村居民拒之于千里之外。城乡数字鸿沟给农村居民平等地参与各种活动设置了极高的门槛，这无疑导致城乡居民参与各种活动机会差距的再次扩大。

2）城乡居民从活动中获取的利益差距

除存在城乡居民参与各种活动的机会差距外，城乡数字鸿沟还通过影响城乡居民参与各种活动的效果，从而导致城乡居民从活动中获取的利益差距。

一方面，信息通信技术服务的质量水平差异造成城乡居民参与各种活动的成本不同。经济水平、消费水平差异引起的城乡信息通信技术服务质量的高低对居民参与各种活动至关重要。城镇地区较好的信息通信技术基础设施和城镇居民较高的消费水平使其负担得起质量更好的计算机等信息通信技术工具，能够享受到质量更高的互联网服务等信息通信技术服务。较高级的信息通信技术工具和服务，能够给城镇居民节省更多的时间，更有效地降低活动成本，从而获取更多的利益。面对同一个市场、同一个价格，高质量的信息通信技术工具和服务对于收入水平普遍较低的农村居民来说是一种奢侈的行为，他们只能购买和享用较低质量的信息通信技术工具和服务。农村居民在城乡数字鸿沟的阻隔下，参与同样的活动浪费了更多的时间、精力和资金，虽然也从活动中获得了利益，但是与城镇居民相比还是相差甚远。

另一方面，信息通信技术服务的消费水平差异导致城乡居民参与各种活动的广度和深度不同。即使农村居民具有了与城镇居民相同的信息通信技术接入条件，然而面对信息通信技术所带来的信息宇宙，使用该技术的结果也很难相同。教育水平和信息技能还是会造成他们信息通信技术服务的消费水平的差距，进而影响参与各种活动的效果。信息通信技术工具的使用必须由相关人员操作才能发挥其功能，操作人员的信息素质影响着其对信息通信技术工具的运用。虽然在某些农村地区个人计算机随处可见、网线四通八达，但很多农村居民对信息通信技术的使用仍然一无所知。农村居民的教育水平和掌握计算机、互联网等的信息技能较低，应用这些技术的广度和深度较差。城镇居民教育水平较高，具备较高的信息技能，能更熟练地应用这些新技术。城镇居民就能参与需要较高信息技能的活动（或某项活动的部分内容），而农村居民只能参与较低信息技能要求的活动（或某项活动的部分内容）。如此一来，虽然农村居民有条件参与各种活动，但是城乡数字鸿沟使其参与的活动数量不多或参与的深度有限，造成城乡居民从活动中获取利益的不平等。

不难发现，城乡数字鸿沟将那些怀着同样意愿参与相同活动的城镇居民和农村居民做了标记，并向原本占有更多利益的城镇居民倾斜，给予他们更多的利益，而农村居民则似乎一直是利益分配的弱势者，只获得较少的利益。

1.1.2　中国城乡数字鸿沟的表现

由于经济条件的限制，我国城乡数字鸿沟日益扩大。从信息量的客观值上看，城市和乡村之间存在着严重失衡的现象，主要表现在城乡信息接入差距上；从信息获取角度来看，城市和乡村之间也存在差距，主要表现在信息应用和信息消费方面。

1.1.2.1　城乡信息接入差距

我国城乡之间的网络接入存在着较大差距，主要表现在信息工具（如电视机、固定电话、移动电话、家用计算机）拥有量存在差异，这一差距可以反映出城乡居民使用信息通信技术的可能性及其便利程度上的差异。

1）传统信息工具

A．电视机拥有量差距

电视作为重要的大众传媒工具，通过图像、声音传递新闻、传播社会和科学文化知识、满足文化娱乐和艺术欣赏需要，并为社会公众提供各种切实的信息服务。随着我国数字电视的快速发展，彩色电视在为我国居民提供信息方面的地位和作用也进一步加强，但作为一种高价耐用消费品，由于收入水平的差异，城乡居民家庭对其的拥有量存在差距（表 1-1 和图 1-1）。

表 1-1　1990～2012 年我国城乡居民家庭平均每百户年底彩色电视机拥有量（单位：台）

项目	年份											
	1990	1991	1992	1993	1994	1995	1996	1997	1998	1999	2000	2001
城镇	59.04	68.41	74.87	79.46	86.21	89.79	93.50	100.48	105.43	111.57	116.56	120.5
农村	4.72	6.44	8.08	10.86	13.52	16.92	22.91	27.32	32.59	38.24	48.74	54.41

项目	年份											
	2002	2003	2004	2005	2006	2007	2008	2009	2010	2011	2012	—
城镇	126.38	130.50	133.44	134.80	137.43	137.79	132.89	135.65	137.43	135.15	136.07	—
农村	60.54	67.80	75.09	84.08	89.43	94.38	99.22	108.94	111.79	115.46	116.90	—

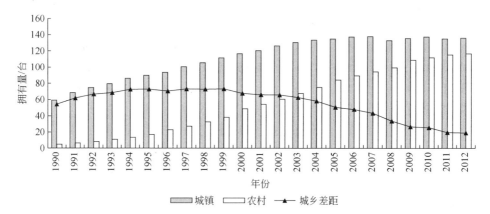

图 1-1　城乡居民家庭每百户年底彩色电视机拥有量比较

资料来源：《中国统计年鉴》（1991～2013）

由表 1-1 和图 1-1 可以看出，城乡居民家庭每百户彩色电视机拥有量差距分为两个阶段：1990～1999 年差距逐渐拉大，由 1990 年的 54.32 台增加至 1999 年的 73.33 台；2000～2012 年差距逐渐缩小，从 2000 年的 67.82 台减少至 2012 年的 19.17 台。在城镇，彩色电视机已经被广泛拥有，居民家庭每百户拥有量变化率较小，基本达到饱和状态。1991 年城镇居民家庭每百户彩电拥有量变化率为 15.87%，随后拥有量的增长率逐渐下降，直到 2008 年出现负的增长率，即拥有量从 2007 年的 137.79 台下降至 2008 年的 132.89 台，不过 2009 年、2010 年均出现小幅度增长，但仅为 2.08% 和 1.31%，2011 年再次出现负增长。在农村，居民家庭每百户彩色电视机的拥有量还在不断增多，呈现逐年上升趋势，但变化率存在起伏波动，不过所有增长率始终为正值，且大于同期间城镇彩电拥有量变化率。

B. 固定电话拥有量差距

固定电话是传统的信息传播途径，一直以来都为居民生活和生产经营活动的开展创造了极大的便利，具备方便快捷、传递信息真实可靠、无需技术投入，同时费用适当等特点。由于经济水平和居住环境的原因，城镇地区居民较早且广泛地使用了固定电话进行信息沟通与传播，而农村地区人际交往范围较小，多采用直接见面的交流方式，但随着农村经济的发展以及对信息的需求能力的加强，部分农村居民开始安装固定电话，以方便信息沟通与交流（表 1-2 和图 1-2）。

表 1-2　2000～2012 年我国城乡居民家庭平均每百户年底固定电话拥有量（单位：部）

项目	年份												
	2000	2001	2002	2003	2004	2005	2006	2007	2008	2009	2010	2011	2012
城镇	89.78	91.03	93.65	95.41	96.44	94.40	93.30	90.52	82.01	81.86	80.94	69.58	68.41
农村	26.38	34.11	40.77	49.06	54.54	58.37	64.09	68.36	67.01	62.68	60.76	43.11	42.24

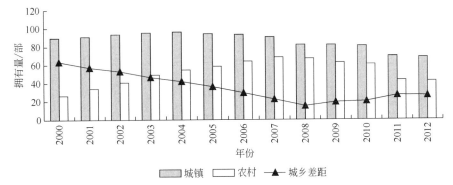

图 1-2　城乡居民家庭每百户年底固定电话拥有量比较

资料来源：《中国统计年鉴》（2001～2013）

改革开放以来，在我国生活条件富裕的城镇居民首先接受使用固定电话进行信息沟通与交流，城乡固定电话拥有差距不断拉大。进入 21 世纪，由表 1-2 和图 1-2 可以看出，城乡居民家庭每百户固定电话拥有量差距在两个阶段存在不同表现：2000～2008 年，随着农村居民逐渐接纳固定电话作为信息传播工具，每百户家庭固定电话的拥有量不断增多，与此同时城镇中移动电话的普及与应用，使得城镇居民对固定电话的需求逐渐减少，城乡固定电话拥有量差距逐渐缩小；2008～2012 年，由于网络技术的发展，采用拨号上网的网民数不断增加，固定电话的作用再次显现出来，城乡差距出现小幅度扩大。

　　2）新兴信息工具

　　A. 移动电话拥有量差距

　　移动电话作为一种新兴信息产品，其进入和扩展到人们生活中要比电视、固定电话的速度更快，渗透面更广。根据工业和信息化部 2015 年 1 月公布的通信运营业统计公报显示，截至 2014 年年底，全国电话用户净增 3942.6 万户，总数达到 15.36 亿户，增长 2.6%。其中，移动电话用户净增 5698 万户，总数达 12.86 亿户，普及率达 94.5 部/百人，比上年提高 3.7 部/百人，并且移动电话用户总数是固定电话用户的 5.16 倍。但我国城乡居民对高科技的信息通信工具的接受是有一个过程的，特别是农村居民（表 1-3 和图 1-3）。

表 1-3 2000～2012 年我国城乡平均每百户年底移动电话拥有量 （单位：部）

| 项目 | 年份 | | | | | | | | | | | | |
---	2000	2001	2002	2003	2004	2005	2006	2007	2008	2009	2010	2011	2012
城镇	19.49	33.97	62.89	90.07	111.35	137.00	152.88	165.18	172.02	181.04	188.86	205.25	212.64
农村	4.32	8.06	13.67	23.68	34.72	50.24	62.05	77.84	96.13	115.24	136.54	179.74	197.80

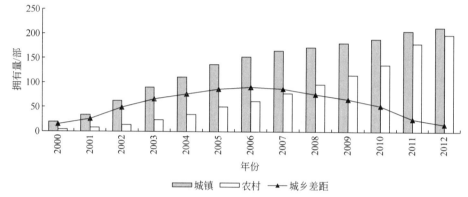

图 1-3 城乡居民家庭每百户年底移动电话拥有量比较

资料来源：《中国统计年鉴》（2001～2013）

由表 1-3 和图 1-3 可以看出，2000～2006 年城乡居民每百户移动电话拥有量差距呈现逐渐增大，从 2000 年的 15.17 部到 2006 年的 90.83 部；随着移动电话的不断普及，城乡居民选择移动电话代替固定电话，以完成信息传播功能，自 2007 年开始该差距逐渐减小，到 2012 年为 14.84 部。实际上，城乡居民家庭每百户移动电话拥有量逐年增加。在城镇，2000 年每百户家庭移动电话拥有量仅为 19.49 部，但到 2012 年已经达到 212.64 部，增长了 11 倍；在农村，随着手机价格的大幅度下降，农村居民逐渐接受这种通信工具，农村每百户家庭移动电话的拥有量逐年不断增多，且增长幅度较为稳定，从 2000 年的 4.32 部直线增长至 2012 年的 197.80 部，增长了近 46 倍。

B. 家用计算机拥有量差距

随着科技信息产业不断发展，人们生活理念提高，计算机作为一种科技信息工具，从办公室走进了百姓家，成为居民参与网络活动的基本工具，从各方面影响人们的行为和思维方式。但计算机作为一种高科技含量的新兴信息工具，不仅产品价格高，而且对技术能力的要求也高，结果造成我国城乡居民在计算机的拥有量上存在很大的差距（表 1-4，图 1-4）。

表 1-4　2000～2012 年我国城乡平均每百户年底家用计算机拥有量　（单位：台）

| 项目 | 年份 | | | | | | | | | | | | |
---	2000	2001	2002	2003	2004	2005	2006	2007	2008	2009	2010	2011	2012
城镇	9.70	13.31	20.63	27.81	33.11	41.52	47.20	53.77	59.26	65.74	71.16	81.88	87.03
农村	0.47	0.69	1.10	1.42	1.90	2.10	2.73	3.68	5.36	7.46	10.37	17.96	21.36

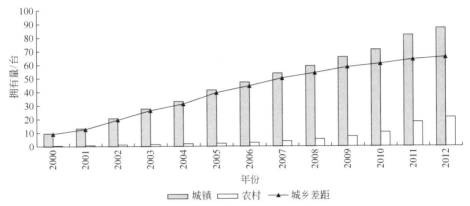

图 1-4　城乡居民家庭每百户家用计算机拥有量比较

资料来源：《中国统计年鉴》（2001～2013）

由表 1-4 和图 1-4 可以看出，虽然与城镇相比，农村居民家庭每百户年底拥有家用计算机数量年均增长率较高，但由于基数太小，城乡居民家庭每百户年底拥有家用计算机数量差距逐年增大。在城镇，随着社会信息的发达与经济的发展，计算机逐渐被人们接受，用于处理更为复杂的信息、进行更为方便的交流，城镇居民每百户家用计算机拥有量变化率较为稳定且幅度不大，呈现逐年增加的趋势。在农村，居民受教育程度严重限制了家用计算机的拥有量，对于很多农民来说，计算机的科技含量高，即便有能力购置计算机，如果不会操作，计算机就形同虚设，因此缺乏购买欲望。2000 年农村每百户家庭年底计算机拥有量仅为 0.47 台，随着农民教育水平的逐步提高，家用计算机的拥有量有所改善，但 2012 年也仅达到 31.36 台。

1.1.2.2　城乡信息利用差距

信息利用是指与使用信息资料有关的所有行为，包括信息设备的操作、对软件的熟悉以及搜索信息的能力。随着我国经济的快速发展，我国农村地区正逐步接入信息媒体，农村居民也开始拥有一般性的对媒介信息的理解能力，能够接收、理解与评价一定的媒介信息，但是依旧很难充分利用其进行交流沟通、网络商务交易等信息服务活动，大部分易搜集信息都是围绕网络游戏之类的网络娱乐信息，最终造成城乡信息利用方面的差距。

　　我国网民的互联网应用呈现商务化程度迅速提高、娱乐化倾向继续保持、沟通和信息工具价值加深的特点。尤其是我国农村地区初中以下文化的人口比例高于城镇同年龄阶段的比例，这种不均衡的知识结构导致城乡居民对互联网的应用呈现不同的趋向。根据 2013 年中国农村互联网发展状况调查报告，我国网民网络应用类型主要包括网络娱乐、信息获取、交流沟通与网络交易，具体的应用包括网络音乐、搜索引擎等 16 种。

表 1-5　2013 年我国城乡网民网络应用情况对比（%）

类型	应用	城镇使用率	农村使用率	城乡差距
网络娱乐	网络音乐	77.3	66.9	10.4
	网络游戏	58.4	46.7	11.7
	网络视频	74.4	55.0	19.4
	网络文学	47.6	37.5	10.1
信息获取	搜索引擎	82.8	70.5	12.3
交流沟通	即时通信	86.3	86.0	0.3
	博客/个人空间	70.9	70.5	0.4
	电子邮件	48.6	23.0	25.6
	论坛/BBS	21.3	14.4	6.9
	微博	49.1	35.2	13.9
网络交易	网络购物	55.2	31.1	24.1
	网上银行	45.8	25.4	20.4
	网上支付	47.9	25.7	22.2
	网络炒股	6.9	1.1	5.8
	旅行预订	31.8	22.1	9.7
	团购	25.4	15.2	10.2

资料来源：中国互联网络信息中心. 中国农村互联网发展状况调查报告（2013）. 北京：中国互联网络信息中心，2014

　　通过表 1-5 可知，从城乡网民对互联网使用深度的绝对差距来看，所有网络应用在城镇的使用率均高于农村。在网络娱乐及信息获取方面，城市网民的使用率均远高于农村网民，这主要是由不同地域的消费文化和消费习惯所导致。而城乡网民在交流沟通和网络交易方面的利用和驾驭则呈现出两极分化的趋势：一方面，移动通信网络的快速普及使我国城乡居民在即时通信方面的差距缩小至0.3%；另一方面，城乡间网络交易类应用的差距明显高于其他应用类型，尤其是网络购物（24.1%）、网上支付（22.2%）、网上银行（20.4%）等方面。

1.1.2.3　城乡信息消费差距

　　信息消费即人们为了满足生活的需要，对信息产品和服务进行消费的过程。

狭义的信息消费以信息产品和信息服务为消费对象，广义的信息消费还包括信息含量比较高的产品和服务消费。我国著名消费经济学家尹世杰将广义信息消费项目界定为由医疗保健、交通与通信、文化教育娱乐用品与服务等信息消费含量高的消费构成（吴钢华等，2007）。

我国城乡居民的信息意识可以通过信息消费倾向来体现。信息消费倾向是用来衡量居民收入中用于信息消费支出的份额，即用城乡居民信息消费支出除以城乡居民的收入得到，该值大小直接反映居民信息消费需求的意愿及程度。

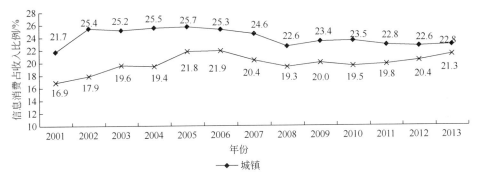

图 1-5 2001～2013 年城乡居民信息消费倾向比较

资料来源：《中国统计年鉴》（2002～2014）

从图 1-5 可以看出，2001～2006 年城乡居民的信息消费倾向都表现为增长的趋势，2007～2008 年城乡居民信息消费倾向都表现为下降，自 2009 年开始两者均又表现出上升趋势。但总体来看 2001～2013 年我国城镇居民的信息消费倾向都高于农村居民，这种差距呈现出先扩大，再稳定，后扩大的变化趋势，说明城乡居民信息意识一直存在差距。造成这种现象的原因主要是：一方面，从客观情况来看，城乡居民收入差距阻碍对信息消费的需求；另一方面，从主观情况来看，城乡居民文化素质不同也阻碍了对信息消费的需求。

1.2 中国城乡数字鸿沟形成原因

信息技术扩散是一个时间推移和空间蔓延的复合过程，在这个过程中信息技术通过各种渠道逐渐被不同信息用户所接受、采纳、应用。城乡居民对信息技术的需求程度和接受能力不同，与此同时传媒大众对城乡供给信息的差异，造成了信息技术在城乡扩散的差异性，形成城乡数字鸿沟。

1.2.1 城乡居民对信息的需求

城乡居民对信息需求不同，一方面从客观情况来看，城乡居民长期处于差异的信息环境中，城市的信息基础设施、信息资源均优于农村，城乡居民对信息的开发、获取和利用能力不可避免地存在差距，并通过长期动态的积累造成了城乡居民不同的信息需求水平。这种客观的城乡信息基础差异可由城乡居民人均可支配收入差距来体现；另一方面从主观情况来看，由于城乡居民本身所受的教育程度以及知识结构的不同，也使城乡用户在信息需求方面的差距越来越大。城市居民在工作、生活、娱乐、学习等方面对信息的需求量较大，而农村居民受限于信息使用技术和生活视野，对信息的需求量较小，这种主观的信息需求差异可通过城乡居民文化素质差异来体现。

1.2.1.1　城乡居民人均可支配收入差异

家庭经济收入为人们获取、传递和利用信息技术和获取信息提供经济支撑，城乡数字鸿沟与社会信息主体的经济差距有着较强的关联性。

世界银行 2003 年的数据显示，我国互联网平均每月 20 小时的在线费用为 10 美元，占每月人均国民收入的 13%；而美国平均在线 20 小时的费用为 15 美元，仅占月人均国民收入的 0.5%。如果在线时间每月增加一倍，我国上网费用占月人均国民收入的比例也将翻两倍，达到 26%，但美国仅增加 1%。

根据《走近信息社会：中国信息社会发展报告 2010》表明，2008 年我国宽带用户平均月资费 83.8 元，相当于每 Mbps 每月 46.6 元（约合 6.7 美元），是韩国宽带价格（0.37 美元）的 18 倍。如果再考虑收入差距，2008 年韩国人均国民收入是我国的 6.9 倍，这意味着我国的宽带资费水平相当于韩国的 124 倍。

据 2013 年 8 月 4 日中国之声《新闻晚高峰》报道，美国用户月均上网费用为中国内地用户的四分之一，其收入却是中国内地用户的 12.6 倍。

由此可见，高额的网络费用使消费者的收入成为限制我国居民利用网络技术的重要因素，特别是我国农村地区。以计算机网络成本为例，其主要包括投资成本和运行费用，表示为总成本=投资费用+运行费用=硬件费用+软件费用+上网费用+维修费用+电费。单纯计算机终端估算投资为 4500 元，每年运行费用约 665 元（陈运辉，2006）。这种高投入方式与中国农村低生活水平是不相匹配的。我国长期的二元经济结构使得城乡居民收入呈现出明显的剪刀差，如图 1-6 所示。

1.2.1.2　城乡居民文化素质差异

对信息技术的利用需要一定的科技知识和信息处理能力，城乡居民作为信息技术的消费者，其自身素质将会对技术的使用效果产生重要影响，进而影响居民对该技术的需求。

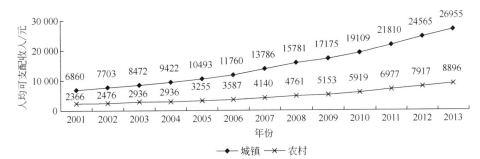

图 1-6　城乡居民人均可支配收入差距

资料来源:《中国统计年鉴》(2002~2014)

文化素质是影响信息主体获取和利用信息资源的一个重要因素,其差异性是导致城乡数字鸿沟的一个重要原因。也就是说,在具有丰富信息资源的前提下,若信息主体缺乏必要的文化素养,仍难以有效利用信息资源增进自身福利。如面对网络所带来的信息爆炸,即便每个人都能够比较方便地上网,利用信息的结果也未必是相等的。具有良好文化素质的网络信息精英们知道信息来自何方、如何精选信息、如何剔除剩余的信息,可以有选择地访问采集各种信息,再生产出为他们带来财富的信息;而文化素质较低的阶层却很容易被海量的信息所淹没,不但很难搜集有效信息,更容易将大量宝贵的时间耗费在通俗网络文化之中,而对工作或学习效率的提高无所裨益。在这种情况下,数字鸿沟的产生也是必然的。

据 CNNIC 调查显示,非网民不上网的最主要原因是不懂计算机/网络、不具备上网所需的技能。2013 年城镇与农村网民之间的学历分布差异比较明显,农村网民文化水平相对较低,主要集中在初中水平,小学及以下水平的农村网民占相对较高比例;相比较而言,城市网民文化水平偏高,大部分集中于高中水平,但是不乏大专和大学本科学历,更有部分硕士及以上级别的,见图 1-7。

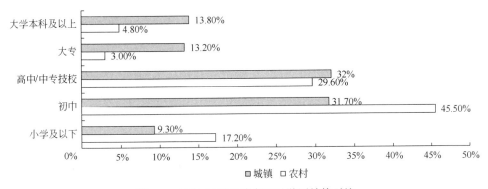

图 1-7　2013 年我国城乡网民学历结构对比

资料来源:中国互联网络信息中心. 中国农村互联网发展状况
调查报告(2013). 北京:中国互联网络信息中心,2014

信息技术的使用价值具有很强的时效性，即会随着时间的推移而逐渐衰减（乌家培等，2002）。在图 1-8 中，BEF 曲线表示信息技术使用价值随时间变化，CEF 曲线表示消费者获得的使用价值随时间变化。消费者在开始认识某项信息技术时存在一定的认知水平 A_c，在 t 时刻，消费者获得的使用价值最大 V_c，并与信息商品的使用价值重合，即消费者完全获得信息商品的使用价值。CE 曲线的位置是由消费者素质决定的，若消费者素质提高，CE 曲线则会向左上方移动，这表明消费者最终获得的使用价值 V_c 会增加，且达到最高使用价值的时间 t 也会缩短。

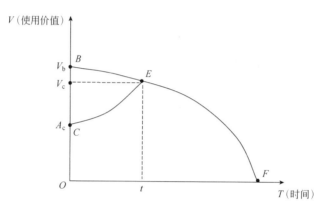

图 1-8　信息技术使用价值与消费者素质的关系

我国城乡居民起初的认知水平 A_c 存在的差距可以通过居民受教育程度体现。长期以来我国农村地区落后的经济使得其教育水平低下，根据 2010 年我国第六次人口普查数据可以看出，我国城镇和农村 10～49 岁居民受教育程度存在很大的差距（表 1-6）。

表 1-6　我国城乡 10～49 岁居民受教育程度对比（%）

年龄	城/乡	未上过学	小学	初中	高中	大专	本科	研究生
10～14 岁	城镇	0.52	48.85	47.92	2.70	0.00	0.00	0.00
	农村	0.96	57.52	40.67	0.85	0.00	0.00	0.00
15～19 岁	城镇	0.23	3.24	31.85	52.24	6.90	5.53	0.01
	农村	0.74	10.33	60.64	25.06	2.35	0.87	0.00
20～24 岁	城镇	0.23	3.27	34.00	24.40	19.35	17.70	1.05
	农村	0.92	11.29	62.43	16.09	6.73	2.48	0.06
25～29 岁	城镇	0.31	4.07	40.28	23.34	16.43	13.50	2.07
	农村	1.36	14.54	68.03	10.71	3.94	1.33	0.86
30～34 岁	城镇	0.44	6.67	44.12	24.38	13.65	9.38	1.36
	农村	1.94	21.31	65.75	8.28	2.10	0.60	0.03

年龄	城/乡	未上过学	小学	初中	高中	大专	本科	研究生
35～39 岁	城镇	0.65	10.20	48.74	22.21	10.86	6.57	0.78
	农村	2.37	27.78	62.77	5.74	1.04	0.29	0.02
40～44 岁	城镇	0.95	14.28	50.23	20.23	8.44	5.32	0.54
	农村	2.97	33.34	57.78	5.07	0.66	0.17	0.01
45～49 岁	城镇	1.22	13.94	45.74	26.00	8.07	4.53	0.50
	农村	3.75	34.26	52.66	8.57	0.66	0.12	0.01

注：以 10～14 岁、未上过学为例，说明城镇和农村不同受教育程度比例的计算方法。10～14 岁城镇未上过学的人口比例=（10～14 岁未上过学的城市人口+10～14 岁未上过学的镇人口）/（10～14 岁的城市总人口+10～14 岁的镇总人口）；10～14 岁农村未上过学的人口比例=10～14 岁未上过学的农村人口/10～14 岁的农村总人口

资料来源：国家统计局 2010 年第六次人口普查

1.2.2　传媒大众对城乡的信息供给

传媒大众作为市场信号传播主渠道，还具有教育培训、知识传承、政策导向、广告、监督与维权、求职等功能，其对信息的供给是城乡居民信息技术应用的基础，市场经济环境下的媒体要生存、要发展，必然以最小投入、最大利润回报作为价值取向（高红樱和罗红，2008），因此，大众传媒在城乡之间分布和传播的巨大差异，揭示了市场信号在城乡之间不均衡传播的后果。城市一般是人口聚集地、经济聚集中心，其交通发达、交流便捷，这为媒体聚焦提供可能，因而绝大多数媒体都把资源配置，如频道、频率、人力、物力等以及工作的着力点集中在城市。农村地区生活较稳定，信源较少，且农村信息时效性较差，采编费时费力，即使信息到了农村也会像星星之火遇到点不燃的湿柴，接收到的信息既不完全，又往往是片断的、模糊的，甚至是过时的、不确定的，这使得多数媒体的注意力很少集中于农村。可以说传媒大众出于投资效益和投入成本的考虑，桎梏了媒体定位的范围和方向，客观上造成大众传媒对社会弱势群体的排斥和歧视，造成信息资源分配上的不平等。

1.2.2.1　城乡投资效益差异

信息技术的提供方 ICT 产业是以利润最大化为行为原则的主体，它们进行技术投资的核心目的是获得投资收益，进行合适的区位选择是有效投资的前提。而 ICT 产业效益的提高不仅依赖自身经营资源量的增长，还依赖外部环境的优化和创新网络的形成。

一方面，ICT 产业技术含量极高，要求进行大量的设备投入和研究开发，还要承担很高的失败风险。一旦产品投入使用，则增加一件产品、一个用户的成本一般都相当低廉。这种高固定成本和低边际成本带来巨大的规模经济效应。随着服务对象

的增多,每个用户的分摊成本、边际成本随之不断下降。因此,大多数 ICT 企业在追求利润最大化的生产原则下,自然选择经济水平发达、人口密集的城市地区。而信息技术提供者"歧视性"地投资地域选择,抑制了信息技术在农村的扩散,致使农村居民对技术低效应用,又进一步挫败企业投资积极性,出现一种恶性循环。

另一方面,ICT 产业选择在城市集中布局,除能够获得规模经济效益外,还能够赢取知识的溢出效益。非产业性的外部交流以及与地方文化的融合都需要"空间的临近性"来保障,人际间的频繁接触和耳濡目染容易使得知识溢出效益达到最大化。因此,ICT 产业虽然在全局范围内扩张,但是为了获得规模经济、专业化分工、外部经济等,往往选择在特定空间集中的布局方式。例如,信息产业会选择集中布局在在大学和科研机构周围,利用人才与知识优势,以信息技术产品研发、风险资本运作为主;而信息服务业还会选择与银行、信托、保险、会计、法律和广告等行业混合布局,以靠近客户市场。从我国城乡经济发展现状来看,只有城市才能较好地满足信息产业这些需求。

1.2.2.2　城乡投入成本差异

在考虑收益的同时,传媒大众还考虑到城乡信息投入成本问题,特别是在信息基础建设方面。由于信息基础设施建设具有时序性,因此大众媒体总是处于节省成本的考虑,优先选择能够与之具有协同效应的设施环境。

信息基础设施是由光纤光缆和相应的软件构成的信号传递体系。ICT 企业为节约成本、降低门槛、获得规模效益,信息设施在建设上存在着与固有基础设施相互依托的需要。例如,互联网设施建设通常是在已有的电话网络、有线电视系统的基础上进行更新与升级,且以既有的公路、铁路、运河等交通线为载体进行布局,在原有槽沟中加铺新的光缆。因而,城乡既有的基础设施条件在很大程度上影响着信息设施的扩展方向。比较而言,这些固有设施在我国城市地区已经能够得到足够的保证,农村地区并不能满足要求。

此外,从地理环境来看,我国农村区别于城市的最大特点在于其人口分布零星、地形复杂,基础设施投入大、建设难。我国农村具有多(行政村多)、远(用户接入距离远)、散(农民居住分散)的显著特点。截至 2013 年年底,我国共有 2853 个县(其中 872 个市辖区、368 个县级市、1442 个县、117 个自治县、49 个旗、3 个自治旗、1 个特区、1 个林区),平均每个县有 14.19 个乡镇,县到乡的一般距离为 20 千米,平均每个乡有 17.08 个行政村,乡到村的一般距离为 5～10 千米。如此的分布特点给信息基础建设带来很大的阻碍,使得城乡之间基础设施建设造价和运营成本相差悬殊。据统计,"光纤进村"的基础设施投资平均每个村近 10 万元,每个农村用户超过 1000 元,投资成本远高于城市。结果导致虽然目前全国 96% 的乡镇通宽带,91% 的行政村能上网,但实际上由于铜缆距离超长,网络质量、网络速度受到严重影响，全国农村地区具备开放网络视讯业务能力的区域仅占 25%，严重影响了农村用户对互联网的感知及需求。

1.3　中国城乡数字鸿沟形成过程

信息技术在城乡之间非均衡扩散是造成城乡数字鸿沟形成的主要原因。随着时间的推移，城乡居民对信息技术的吸收水平和利用效益的差距将逐步累积，最终在信息技术普及与应用方面形成数字鸿沟。

1.3.1　理论分析

技术决定论者认为，信息化可以自然而然地带来一个大同世界：信息网络可以打破时空的阻隔，使世界联结成"地球村"（方维慰，2011）。但形形色色的信息落差与知识分隔比比皆是，形成数字鸿沟，而且在城乡之间表现得尤为突出。实际上隐藏在"城乡数字鸿沟"后面的是先进的信息技术与固有的区域环境之间的选择与磨合，这种选择推动着信息化空间活动的分异与组合，使信息技术在城市和农村传播过程中产生差异，这就决定了当城乡互联网发展在某一时间点进行横向比较时，扩散程度呈现明显的"数字鸿沟"现象。

美国学者 Rogers（1995）指出，技术的扩散过程可以用 S 形曲线来描述，也就是说，某技术的普及率会随时间的变化呈现出 S 形曲线模式。技术扩散开始时缓慢，然后进入快速增长期，当技术达到成熟时增长再次放缓，整个扩散过程如图 1-9 所示。

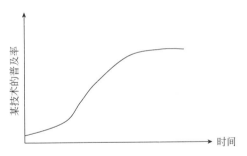

图 1-9　技术扩散的 S 形曲线模式

基于 Rogers 的技术扩散模式和中国互联网络信息中心的研究成果，设定中国城镇和农村的信息通信技术扩散过程也遵循 S 形曲线。但是由于城镇和农村的信息通信技术扩散所处的阶段不同，导致城镇和农村的 S 形曲线形状各有差异。在同一时间点进行横向比较时，城乡之间的信息通信技术扩散程度呈现出明显的"数字鸿沟"现象，如图 1-10 所示。这是从扩散过程的分析角度对城乡数字鸿沟现象的解释，即城乡数字鸿沟实际上是一种扩散过程进度上差距的反映。正是由于农村地区的信息通信技术扩散处在缓慢增长阶段而城镇地区的信息通信技术扩散处在快速增长阶段，所以就造成城乡数字鸿沟逐渐扩大。如果农村地区网络使用基础和接入条件长时间滞后于城镇，农村互联网普及率不能及时赶上，农村互联网发展速度继续放缓，慢于城镇的增长速度，则将可能使城乡社会差距进一步拉大。

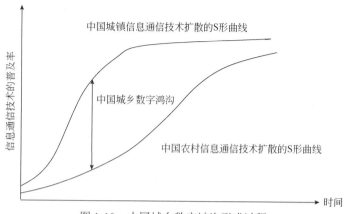

图 1-10　中国城乡数字鸿沟形成过程

信息技术扩散是一个时间推移和空间蔓延的复合过程，指信息技术通过一定的渠道（媒介）随时间逐级逐层地被信息单元传播，并被采纳、利用，使得信息的覆盖面由一点弥漫至整个空间的过程。因此，信息技术扩散可以简要地理解为：信息传播加上信息用户的需求应用，这两个环节相辅相成，缺一不可。

理论上信息技术的扩散有助于缩小信息鸿沟，但由于扩散活动在时间维与空间维上都是非均衡的，因而会呈现技术应用的梯度效应。同时，信息技术发展还遵循"马太效应定律"，信息活动在一定条件下，优势或者劣势一旦出现，就会不断加剧而自行强化，出现流动的累积效果。随着信息技术的迅猛发展，只会导致数字鸿沟不断扩大，而不会出现缩小的趋势。信息通信技术的发展会给已拥有者带来更大的收益，富者越富，贫者越贫。所以，即使城乡互联网普及率差距缩小，城乡的信息贫富分化仍然会加剧。

具体来说，信息技术扩散在城乡之间存在的差异主要体现在以下两点：①在信息传播方面，由于城乡对信息技术的需求程度和接受能力不同，技术与扩散环境的相容度也各不相同，由此可见扩散环境的非均质性决定了技术空间扩散的非均衡性，造成城乡数字鸿沟。考虑到"技术与区域环境的磨合"，信息技术有差别地进行区位选择可以被看成城乡数字鸿沟形成的内生需求，而城乡地区差异是城乡数字鸿沟形成的外在干扰。②在信息用户的需求及应用方面，一国内不同社会群体，由于其在知识传播技能、知识储存量、社交范围、信息选择性、大众传播媒介接受度等方面存在区别，其在接触信息技术、应用和传播信息技术的程度都展现出显著差异（Gurbaxani and Mendelson，1990）。

基于上述研究成果，另外考虑到信息技术的应用扩散是在微观主体即居民之间进行的，可以选择元胞自动机（cellular automata，CA）作为扩散模型，从微观机制层面来研究宏观系统的演化，即从城乡居民入手，对互联网络技术在我国城市和乡村的扩散进行模拟仿真，以显示我国城乡数字鸿沟的形成过程。

1.3.2　网络技术扩散模型选择

在创新技术扩散研究领域中，扩散模型主要可以分为两类：一类是基于潜在采纳者总体统计行为的宏观层面（aggregate level）的数学模型，这是应用最为广泛也是发展最为成熟的扩散模型，最早由 Fourt（1960）、Mansfield（1969）、Bass（1961）等建立，其中 Bass 模型及其扩展（统称为 Bass 模型族）（Mahajan et al.，1995）是这类模型的主要代表；另一类是基于潜在采纳者个体采纳决策行为的微观层面（individual level）的仿真模型，其基本思想是通过模拟个体的行为与互动，对个体的加总得到宏观结果。这类模型主要包括多 Agent 模型（龚晓光和黎志成，2003）、渗流模型（percolation）（Goldenberg et al.，2000）、临界值模型（Granovetter，1978）、CA 模型等，其中 CA 模型的应用最为广泛。

CA 模型最早是在 20 世纪中叶由 John Von Neumann（1951）提出的一种从复杂系统的视角出发，利用人工智能和计算机科学领域的研究成果，在微观层次上构造个体（元胞），微观个体的加总得到宏观结果，属于一种自底向上（bottom-up）的研究方法。虽然该模型提出的时间并不长，但作为一种复杂适应模型，它更符合创新采纳的真实过程，相对于传统的微分式思想来说具有明显的优势：

（1）CA 模型可以深入细致地刻画个体的行为属性特征，在计算能力允许的情况下，理论上可以无限接近真实情况，保存了个体行为的复杂特征，而且对于模型的改动也更加灵活方便。

（2）CA 模型的基本单位是元胞，代表现实中的消费者个体，可以被赋予不同的参数值来表现其个体的行为特征和属性的差异，因此 CA 模型在表达个体属性的差异方面具有很大的优势。

（3）CA 模型能从微观角度揭示创新扩散的内部规律，得到的结果相比数学模型要丰富得多，既可以分析单个个体的采纳行为，也可以分析一个群体的采纳过程，如为什么具有相同偏好的个体容易聚集，且聚集规模服从幂律分布，广告在扩散的早中晚三个时期分别对消费者起到什么作用等。

（4）CA 模型中的元胞具有一定的智能性、交互性甚至学习能力，在仿真的过程中可以与周围的环境进行信息的交流，更贴近实际系统。

城乡群体因各自的主要交流方式、传播媒介和途径以及消费习惯的不同而保持相对的独立性和稳定性，因此在不考虑人口流动的情况下，将城市和农村视为两个独立的研究对象，对互联网技术在这两类群体中的扩散分别进行分析。

在构建基于元胞自动机的技术扩散模型时，引入 Bass 模型进行参数的估计。设 M 为潜在采用者总数（即"采用者"上限），$N(t)$ 为 t 时刻累积的采用创新者数。根据 Bass 模型，在 t 时刻一个潜在的采用者采用创新的条件概率是已采用者数的线性函数，且其中 P 为创新系数，Q 为模仿系数，则 t 时刻采用创新者数 $\Delta N(t)$ 为：

$$\Delta N(t) = P[M - N(t)] + Q\frac{N(t)}{M}[M - N(t)] \tag{1-1}$$

其中，$P[M-N(t)]$代表采用者中只受宣传、推广、大众传媒等外部影响作用的部分，称其为创新者；$Q\frac{N(t)}{M}[M-N(t)]$代表采用者中只受已采用者内部影响作用的部分，称其为模仿者。式（1-1）可以被改写为：

$$\frac{\Delta N(t)}{M - N(t)} = P + Q\frac{N(t)}{M} \tag{1-2}$$

式（1-2）等号右边表示在 t 时刻一个潜在的采用者采用新技术的条件概率，在数值上它等于在 t 时刻已经采用了新技术的潜在采用者的数量和在 t 时刻未采用者数量的比值。

根据前述建立元胞自动机模拟模型的方法，确立和构建技术扩散的元胞自动机模型（L_d，C，N，F）为：

（1）元胞及元胞空间（L_d）。假定元胞空间为该技术扩散的整个系统，每个技术需求者或者拥有者是一个元胞。假设整个扩散系统划分为一组正方形的网格，每个格点代表一个或一群技术需求者，即一个元胞。

（2）状态（C）。每个网格代表一个潜在的技术采用者，根据 Bass 模型，元胞自动机的状态变量是二元的。状态 C 表示引进行为，其中包括不引进该技术（C=0）和引进该技术（C=1）。状态为 0 的元胞表示这个潜在的技术采用者未引进该技术，状态为 1 的元胞表示引进了该技术的潜在采用者。这里认定凡是已引进者，其状态将看作不再改变，即如果某元胞的状态一旦为 1，它以后的状态在演化中将保持不变。

（3）邻居（N）。某一元胞以它邻近的元胞为邻居。对于二维的元胞自动机模型来说，最常见的是 Von Neumann 型和 Moore 型，见图 1-11。在 Von Neumann 型领域模型中，元胞只能在前后左右 4 个方向内移动，优点是规则简单，编程易于实现；缺点是无法模拟 45 度方位角的移动。在 Moore 型领域模型中，由于增加了四个对角线上的邻居，恰好弥补了前者的不足之处。因此从仿真的真实性和效率两方面考虑，采用了 Moore 型，即一个元胞的下一状态由其在该时刻本身的和周围的 8 个邻居的状态决定。

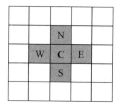

(a) Von Neumann型

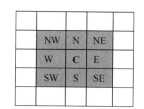

(b) Moore型

图 1-11 元胞自动机邻域的确定

（4）转换规则（F）。依据上一步元胞邻居的状态值和定义的局部规则，每个元胞的状态值是同步更新的。根据 Bass 模型，在 t 时刻一个元胞（潜在采用者）采用一项技术创新的概率取决于两个方面：一是外部影响。在一段时期内，一个个体因受外部影响（如广告和大众媒体）而采用了一项技术创新的概率为 P，那么在整个技术创新时期内，可以认为对所有的潜在技术采用者来说这个概率是不变的，也就是把这个概率设为常数。二是内部影响。由于存在个体间的相互交流，那么有可能在一定时期内，某个个体会受其他已经采用了技术创新个体的影响。这里把一个个体因为相互交流而受到邻域内其他个体的影响的概率设为 Q。在这个模型中，对所有潜在的采用者，Q 被设为常量。并且，假设转换的不可逆反性，所以一个潜在采用者一旦采用了新技术后便不能改变，其状态在以后的演化中保持不变。这里还隐含一个假设，即一个潜在采用者只能同它的邻居相互交流。

把 Moore 型邻域模型中的中心元胞及其邻域看成是整个元胞空间中的一个子空间，如果整个元胞空间是由 a 个子空间共同组成，则子空间个体数量为 $m=1/aM$。在这个子空间中，$n(t)$ 是 t 时刻累积采用创新者数，$m-n(t)$ 是 t 时刻还没有采用创新的（潜在采用者）人数，$\Delta n(t)$ 为在 t 时刻的采用创新者数。因为整个元胞空间是同质的，所以有 $n(t)=1/aN(t)$ 和 $\Delta n(t)=1/a\Delta N(t)$。若用 p_t' 表示表示子空间中在 t 时刻已经采用了新技术的潜在采用者数量和 t 时刻未采用者数量的比值，则：

$$p_t' = \frac{\Delta n(t)}{m-n(t)} = \frac{\Delta N(t)}{M-\Delta N(t)} \tag{1-3}$$

将式（1-2）代入式（1-3）中得到：

$$p_t' = P + Q\frac{N(t)}{M} = P + Q\frac{n(t)}{m} \tag{1-4}$$

根据之前所得到的结论，在 t 时刻一个潜在采用者采用技术创新的概率等于在 t 时刻已经采用了新技术的潜在采用者数量和在 t 时刻未采用者数量的比值，那么就可以得到一个新的结论：在 t 时刻一个潜在采用者采用技术创新的概率 p_t 等于其子空间中在 t 时刻已经采用了新技术的潜在采用者数量和在 t 时刻未采用者数量的比值，其中子空间中采用者数的上限为 m：

$$p_t = p_t' = P + Q\frac{n(t)}{m} \tag{1-5}$$

这样，在每一个迭代步，所有元胞按以下转换规则进行同步更新：

（1）如果一个元胞的状态值在 t 时刻等于"1"，那么在 $t+1$ 时刻它的状态仍将保持为"1"；

（2）如果一个元胞的状态值在 t 时刻等于"0"，那么在 $t+1$ 时刻它的状态变为"1"的概率为：

$$p_t = p + q \frac{n(t)}{m} \qquad (1\text{-}6)$$

其中，$n(t)$ 是在 t 时刻元胞邻域中累积的采用创新者数，m 是邻域中采用者数的上限，p 为创新系数等于 P，q 为模仿系数等于 Q。

1.3.3 数字鸿沟形成模拟

1.3.3.1 数据收集与处理

网络技术扩散的结果以网民增加来体现，因此在对我国城乡网络信息技术的扩散过程进行模拟时，采用我国城乡网民数作为基础数据，用于估算扩散模型中各参数值。根据数据的可获得性和模型对多数据的要求，采用中国互联网信息中心（CNNIC）发布的第 17～34 次《中国互联网络发展状况统计报告》以及《中国农村互联网发展状况调查报告》（2013）。其中每年 12 月的数据直接来自于《中国农村互联网发展状况统计报告》（2013）；2006 年 6 月的数据以当期城镇（农村）网民普及率乘以当期城镇（农村）人口得到，城镇（农村）网民普及率来自于第18 次中国互联网发展状况统计报告，城镇（农村）人口来自于《中国统计年鉴》（2007）；其余年份 6 月的数据均是以当期网民总数乘以网民中城镇（农村）网民所占比例得到，所需网民总数、城镇（农村）网民所占比例均来自于相应年份 6月发布的《中国互联网发展状况统计报告》。具体数据见表 1-7。

表 1-7 城乡互联网接入用户量 （单位：10 万户）

项目	年月								
	2005.12	2006.06	2006.12	2007.06	2007.12	2008.06	2008.12	2009.06	2009.12
城镇	917	1 012	1 139	1 246	1 574	1 895	2 134	2 424	2 772
农村	193	224	231	374	526	635	846	957	1 068

项目	年月								
	2010.06	2010.12	2011.06	2011.12	2012.06	2012.12	2013.06	2013.12	2014.06
城镇	3 049	3 325	3 541	3 771	3 919	4 083	4 258	4 410	4 538
农村	1 151	1 248	1 310	1 359	1 457	1 557	1 648	1 762	1 782

1.3.3.2 模型参数估计

首先构建 Bass 模型，估计模型中的创新系数和模仿系数。根据式（1-2），在 t 时刻新增加的新技术采用者的数量为：

$$dN(t) = \left[P + Q \times \frac{N(t)}{M} \right] [M - N(t)] dt \qquad (1\text{-}7)$$

$$\mathrm{d}N(t) = \left[Q \times \frac{N(t)}{M} \right] \left[M - N(t) \right] \mathrm{d}t$$

两边同时除以 M，并令 $G(t) = \dfrac{N(t)}{M}$，可得到：

$$\mathrm{d}t = \frac{\mathrm{d}G}{P + (Q - P) \times G(t) - Q \times G^2(t)} \qquad (1\text{-}8)$$

解式可以得到：

$$N(t) = M \times \frac{1 - \mathrm{e}^{-(P+Q)t}}{1 + (Q/P)\mathrm{e}^{-(P+Q)t}} \qquad (1\text{-}9)$$

由于 Bass 模型的基本前提条件是市场潜力不随时间的变化而变化，所以此处取 2005～2013 年城镇、农村人口的平均值来表示 M。我国城镇人口逐年增多，农村人口逐年减少，都是随时间的变化而变化的，围绕其均值，对参数进行拟合，最终确定当城镇、农村人口的最大市场潜力为 6 亿人时，Bass 曲线与实际数据拟合的水平最高，即 $M=6000$（单位：10 万户）。根据表 1-7 中的实际数据，利用 SPSS 软件通过非线性回归得到 P 和 Q 两个参数的估计值。

首先估计城市互联网扩散的 Bass 模型参数，具体见表 1-8。

表 1-8　城镇互联网扩散的 BASS 模型参数估计

Parameter	Estimate	Std. Error	95% Confidence Interval	
			Lower Bound	Upper Bound
P	0.062	0.007	0.048	0.077
Q	0.107	0.023	0.058	0.157

可知，$P=0.062$，$Q=0.107$，拟合优度 $R^2=0.977$，可得到城镇中互联网使用者所占比例的扩散量 Bass 模型为：

$$N_{城}(t) = \frac{1 - \mathrm{e}^{-0.169t}}{1 + 1.726\mathrm{e}^{-0.0169t}} \qquad (1\text{-}10)$$

然后估计农村互联网扩散的 Bass 模型中参数，具体见表 1-9。

表 1-9　农村互联网扩散的 BASS 模型参数估计

Parameter	Estimate	Std. Error	95% Confidence Interval	
			Lower Bound	Upper Bound
P	0.024	0.001	0.022	0.027
Q	0.005	0.009	−0.014	0.024

可知，$P=0.024$，$Q=0.005$，拟合优度 $R^2=0.989$，可得农村中互联网使用者所占比例的扩散量 BASS 模型为：

$$N_{乡}(t) = \frac{1 - e^{-0.029t}}{1 + 0.208e^{-0.029t}}$$ （1-11）

最后利用估计的参数来确定元胞自动机模型。元胞空间的大小取 100×60，则与上述 Bass 模型中的潜在采用者总数 M 的值一致。再将之前得出的参数 P 和 Q 的估计值代入式（1-4），便得到城镇和农村元胞自动机模型的演化规则分别为：

$$p_{t城} = 0.062 + 0.107 n_{城}(t) \big/ m$$

$$p_{t乡} = 0.024 + 0.005 n_{乡}(t) \big/ m$$

其中，p_t 随 $n(t)$ 的取值变化而变化，而 $n(t)$ 代表在 t 时刻每个元胞的邻域中技术创新采用者的总人数。令 $m=8$，表示子空间中 Moore 邻域的范围大小。

1.3.3.3　程序设计

这里采用 AgentSheets 公司开发的 AgentSheets 软件对元胞自动机进行仿真。Agentsheets 将 Agent 的结构分为感应器、效应器、状态和行为四个部分，并利用 Visual Agentalk 工具，提供基于规则的开发环境，为基于行为集、规则集和状态集的 Agent 提供了完整的框架，使用户避开 Agent 设计中通信能力和感知能力等方面的设计，将注意力集中到 Agent 规划、个体 Agent 分析和多智能体系统的体系结构设计上。本模型共有三种类型的 Agent：个体 Agent（包括采用者和潜在采用者）、状态控制 Agent 和统计 Agent。仿真模型的结构如图 1-12 所示，状态控制 Agent 向个体 Agent 发送状态转换信息，个体 Agent 与邻近的 Agents 交流信息，统计 Agent 获取个体 Agent 的状态信息和引进信息。

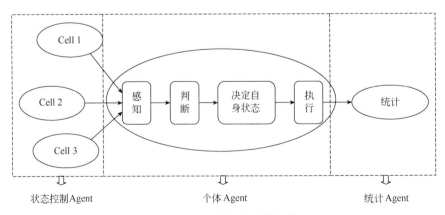

图 1-12　仿真模型的结构框架

1）元胞自动机状态控制 Agent 的特征设计

状态控制 Agent（ticker）包括生成初始状态和状态转换两种。现假定其主要行为包括：

（1）生成初始状态：调用 Cell 的初始化（randomize）行为，即

If no condition Then BROADCAST（Cell，randomize）

（2）状态转换：因为元胞自动机模型中的元胞需要完全同步的运行，所以可以通过广播的形式实现这一过程，在每一个仿真周期中：①所有的 Cell 将会感知（perceive）它周围的环境，然后决定它们自身的属性将会如何改变，但不会立刻改变它们的创新采用状态；②所有的 Cell 会根据它们自身的内部属性执行（act）相应的转换行为，改变自身的技术采用状态，即

WHILE—RUNNING()

If no condition Then BROADCAST（Cell，perceive）and BROADCAST（Cell，act）

2）元胞自动机个体 Agent 的特征设计

此部分控制元胞个体的具体转化过程，包括初始化（randomize）、感知（perceive）和执行（act）三种指令行为，而城乡模型由于初始化结果的差异在具体元胞转化中将逐渐显示出主要区别。

A．城镇个体 Agent 特征设计

（1）初始化（randomize），根据所获得的实际数据，每个元胞有 3%的概率成为一个新技术的采用者，即

ON（randomize）

If %CHANCE(3)Then CHANGE(myself，adopter)and SET(value，to，1)and SET(@total，to，@total+1)

If no condition Then CHANGE(myself，un-adopter)and SET(value，to，1)

（2）感知（perceive），通过与邻域元胞交流信息，然后决定自己的状态：

ON(perceive)

如果一个元胞已经是新技术采用者,那么在以后的周期中它将保持这个状态;

If SEE(myself，adopter)Then no action

如果一个元胞还不是新技术的采用者，那么它将以某个概率采用新技术，这个概率可根据演化规则得出：

If NEXT-TO(=，0，adopter)and %-CHANCE(3.6)Then SET(value，to，1)and SET(@tota，to，@total+1)

If NEXT-TO(=，1，adopter)and %-CHANCE(3.7)Then SET(value，to，1)and SET(@tota，to，@total+1)

If NEXT-TO(=，2，adopter)and %-CHANCE(3.8)Then SET(value，to，1)and

SET(@tota，to，@total+1)

　　If NEXT-TO(=，3，adopter)and %-CHANCE(3.9)Then SET(value，to，1)and SET(@tota，to，@total+1)

　　If NEXT-TO(=，4，adopter)and %-CHANCE(4.0)Then SET(value，to，1)and SET(@tota，to，@total+1)

　　If NEXT-TO(=，5，adopter)and %-CHANCE(4.1)Then SET(value，to，1)and SET(@tota，to，@total+1)

　　If NEXT-TO(=，6，adopter)and %-CHANCE(4.2)Then SET(value，to，1)and SET(@tota，to，@total+1)

　　If NEXT-TO(=，7，adopter)and %-CHANCE(4.3)Then SET(value，to，1)and SET(@tota，to，@total+1)

　　If NEXT-TO(=，8，adopter)and %-CHANCE(4.4)Then SET(value，to，1)and SET(@tota，to，@total+1)

（3）执行（act），根据自身属性改变其状态。

B. 农村个体 Agent 特征设计

（1）初始化（randomize），根据所获得的实际数据，每个元胞有1%的概率成为一个新技术的采用者，即

ON(randomize)

If %CHANCE(1)Then CHANGE(myself，adopter)and SET(value，to，1)and SET(@total，to，@total+1)

If no condition Then CHANGE(myself，un-adopter)and SET(value，to，1)

（2）感知（perceive），通过与邻域元胞交流信息，然后决定自己的状态：

ON(perceive)

如果一个元胞已经是新技术采用者,那么在以后的周期中它将保持这个状态；

If SEE(myself，adopter)Then no action

如果一个元胞还不是新技术的采用者,那么它将以某个概率采用新技术,这个概率可根据演化规则得出：

　　If NEXT-TO(=，0，adopter)and %-CHANCE(1.10)Then SET(value，to，1)and SET(@tota，to，@total+1)

　　If NEXT-TO(=，1，adopter)and %-CHANCE(1.19)Then SET(value，to，1)and SET(@tota，to，@total+1)

　　If NEXT-TO(=，2，adopter)and %-CHANCE(1.28)Then SET(value，to，1)and SET(@tota，to，@total+1)

　　If NEXT-TO(=，3，adopter)and %-CHANCE(1.36)Then SET(value，to，1)and SET(@tota，to，@total+1)

If NEXT-TO(=，4，adopter)and %-CHANCE(1.45)Then SET(value，to，1)and SET(@tota，to，@total+1)

If NEXT-TO(=，5，adopter)and %-CHANCE(1.54)Then SET(value，to，1)and SET(@tota，to，@total+1)

If NEXT-TO(=，6，adopter)and %-CHANCE(1.63)Then SET(value，to，1)and SET(@tota，to，@total+1)

If NEXT-TO(=，7，adopter)and %-CHANCE(1.71)Then SET(value，to，1)and SET(@tota，to，@total+1)

If NEXT-TO(=，8，adopter)and %-CHANCE(1.80)Then SET(value，to，1)and SET(@tota，to，@total+1)

（3）执行（act）：根据自身属性改变其状态。

3）元胞自动机统计 Agent 的特征设计

统计 Agent 负责在每次迭代后统计所有元胞的不同状态，在研究中则是统计已使用信息技术的个体数和还未使用信息技术的元胞个体。

1.3.3.4　结果与分析

在仿真过程中，白色背景代表潜在采用者 Cell，每个黑色单位代表一个采用者 Cell。仿真开始时，系统内只有 20 个单位的采用者，经过 10～50 迭代步数的仿真后，系统内的采用者数量增加。

假设 Step=0 时，城镇和农村拥有相同数量的网络技术采纳者（20 个黑色元胞，1 个元胞代表 10 万人），其余的灰色元胞均为网络技术的未采纳者，且技术采纳者在各自地域范围内的分布相同，如图 1-13 所示。按照前面设计的运行程序，得到了迭代 10 次（图 1-14）和迭代 50 次（图 1-15）的扩散结果。可以明显看出，同一时期城镇居民采用互联网技术的人数明显多于农村居民人数。

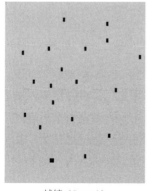 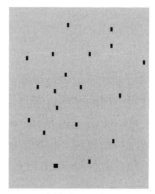

城镇（Step=0）　　　　　　　　农村（Step=0）

图 1-13　城乡互联网技术传播初始界面

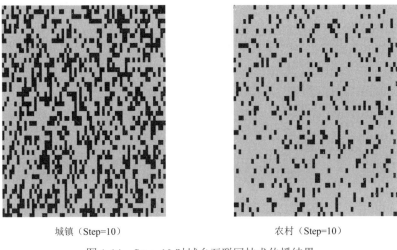

城镇（Step=10） 农村（Step=10）

图 1-14 Step=10 时城乡互联网技术传播结果

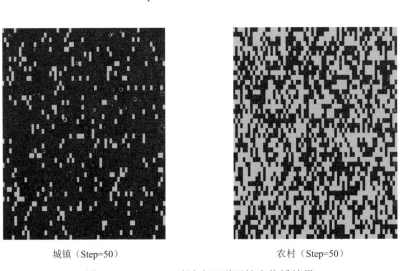

城镇（Step=50） 农村（Step=50）

图 1-15 Step=50 时城乡互联网技术传播结果

互联网技术在城镇居民中间的扩散比农村快，结果导致更多的城镇居民成为网民，与农村之间的差距逐渐拉大，形成数字鸿沟，其中横轴为迭代次数，而纵轴为网民数量，如图 1-16 所示。可以看出，我国城镇和农村虽然在相等情形下开始互联网技术扩散过程，但随着时间的发展，网民差距越来越大，由起初假设条件下的零差距，最终迭代 50 次后，城镇网民将近 2500 万人，是农村网民人数的近两倍。

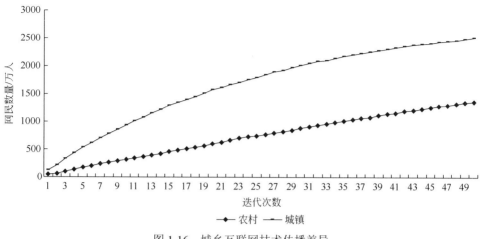

图 1-16　城乡互联网技术传播差异

1.4　中国城乡数字鸿沟测度

城乡数字鸿沟本质上不只是一个技术问题，更是一个社会问题和经济问题。数字鸿沟的形成立足于当代社会信息发展中城乡不同活动主体间信息及技术普及与应用的差距，不仅要考虑城乡居民参与信息活动的机会之差，还需要进一步考虑到这种差距所导致的活动主体获得收益的不同。城乡数字鸿沟的存在使得城市人成为信息的富有者，农村人则成为信息的贫乏者，如果继续忽视城乡数字鸿沟现象，我国城乡之间一直存在的贫富分化不仅只是增加信息分化的内容，而且还会由于信息分化对财富分化的共振效应，导致城市越来越富，农村越来越穷的状况出现。在这种背景下，只有对城乡数字鸿沟的大小进行具体的测度，才能对城乡在信息技术接入和利用方面的差异程度作出准确的判断，将数字鸿沟的表现与各种可能的影响因素结合起来，找得到数字鸿沟产生的主要原因，为各级政府考察城乡数字鸿沟状况提供参考，有助于制定缩小城市化差距的政策措施。

1.4.1　测度指标体系构建

1.4.1.1　构建思路

作为一个综合性多维度问题，城乡数字鸿沟涉及活动主体的知识水平及具体的经济、社会及技术环境，需要分层次具体研究。具体来说，城乡数字鸿沟的测度维度可以概括为信息技术意识、信息技术接入、信息技术利用与信息技术环境四个层面，具体含义见表 1-10。其中，信息意识体现了城乡居民的个人知识能力，是城乡居民应用信息技术的基本前提；信息接入是城乡居民应用信息技术的直观表现，是城乡居民应用信息技术的物质基础；信息利用反映了城乡居民在社会范围内信息化利用的综合性水平，是城乡居民应用信息技术的效果；信息环境是城乡居民应用信息技术的支撑条件，决定着未来信息化水平发展建设的前景。四者均影响着城乡数字鸿沟的大小。

表 1-10　指标体系的标准层

维度	含义
信息技术意识	利用网络技术从事相关活动的敏感程度以及对如何开展活动的知晓程度
信息技术接入	网络技术工具和服务的拥有状况
信息技术利用	整合、使用和消费网络技术及其服务的程度
信息技术环境	影响信息技术接入水平的外部因素的集合

城乡数字鸿沟测度指标体系的总体设计思路是：在层次分析法思想的指导下，首先确定以"城乡数字鸿沟"作为目标层，然后以信息技术意识、信息技术接入、信息技术利用、信息技术环境为标准层，最后依据各维度的具体含义与表现构建指标层。

1.4.1.2　指标确定

由于城乡数字鸿沟各维度的具体表现形式多样，且很多不易量化为具体的指标，所以可以通过问卷调查来确定指标层的具体指标。

1）问卷设计思路

首先采用文献计量学方法从以往研究城乡数字鸿沟的文献中统计出城乡数字鸿沟测度指标，将它们作为一部分备选指标；再从网络技术意识、接入、利用、环境四个维度补充一些新的备选指标；然后采用五度量表，针对各备选指标衡量城乡数字鸿沟的有效性来设计问卷中的答案（非常有效、比较有效、中等有效、一般有效、无效），最终得到"城乡数字鸿沟测度指标"调查问卷。

2）备选指标的确定

文献计量学是利用数学、统计学和逻辑学的理论与方法，对各种类型文献的本质和结构，作数量、品质和运用上的研究与分析（何光国，1994）。这里对中国期刊全文数据库、中国优秀硕士学位论文全文数据库、中国博士学位论文全文数据库、SpringerLink 数据库、EBSCOhost 数据库进行检索，将检索时间设定为建库以来至 2011 年，检索到的篇名包含"城乡数字鸿沟测度"的论文仅 23篇，且全部来自近 6 年，这也从一个侧面说明城乡数字鸿沟测度问题较为新颖，研究成果并不多见。文献计量的具体检索结果见表 1-11。对上述 23 篇文献中的城乡数字鸿沟测度指标进行统计分析，除去重复统计的指标后，得到 14 项指标，如表 1-12 所示。

表 1-11 数据库中有关"城乡数字鸿沟测度"的文献检索结果

项目	年份							总计
	建库以来至 2005 年	2006	2007	2008	2009	2010	2011	
中国期刊全文数据库	0	1	0	2	2	0	0	5
中国优秀硕士学位论文全文数据库	0	0	0	0	0	0	1	1
中国博士学位论文全文数据库	0	0	0	1	0	0	0	1
SpringerLink 数据库	0	2	0	0	1	0	2	5
EBSCOhost 数据库	0	2	2	3	0	2	2	11

表 1-12 "城乡数字鸿沟测度指标"在文献中的统计

序号	测度指标	研究或提及该测度指标的论文篇数	占论文总篇数的比例
1	居民家庭每百户年底家用计算机拥有量	19	19/23=82.61%
2	居民家庭每百户年底移动电话拥有量	18	18/23=78.26%
3	居民家庭每百户年底固定电话拥有量	15	15/23=65.22%
4	居民家庭平均每户全年通信支出	15	15/23=65.22%
5	人均通信业固定资产投资	13	13/23=56.52%
6	通信业从业人员数占从业人员总数比例	12	12/23=52.17%
7	居民家庭每百户年底彩色电视机拥有量	12	12/23=52.17%
8	电子邮件使用频率	10	10/23=43.48%
9	计算机知识水平	9	9/23=39.13%
10	电子政务使用频率	7	7/23=30.43%
11	个人主页使用频率	3	3/23=13.04%
12	每月上网时长	3	3/23=13.04%
13	英语水平	2	2/23=8.70%
14	居民家庭每百户年底收音机拥有量	2	2/23=8.70%

根据文献计量学的标准,将研究或提及该测度指标的论文占论文总篇数的比例大于 50% 的指标选出来,作为城乡数字鸿沟测度的备选指标。由表 1-12 可知,只有 7 项指标满足标准,它们是居民家庭每百户年底彩色电视机拥有量、通信业从业人员数占从业人员总数比例、人均通信业固定资产投资、居民家庭平均每户全年通信支出、居民家庭每百户年底固定电话拥有量、居民家庭每百户年底移动电话拥有量和居民家庭每百户年底家用计算机拥有量。此外,从城乡数字鸿沟的本质出发,补充 4 项网络意识层面的备选指标、5 项网络接入层面的备选指标、5 项网络利用层面的备选指标以及 5 项网络环境层面的备选指标,共得到了 26 项备选指标,如表 1-13 所示。

表 1-13 城乡数字鸿沟测度备选指标

标准层	指标层	指标意义	指标单位
信息技术意识	初中及以上文化水平人口比例*	反映受基础教育水平	%
	大专及以上文化水平人口比例*	反映网络知晓程度	%
	居民每月读书看报平均时长*	反映获取信息意识状况	小时/人
	人均教育固定资产投资*	反映教育发展状况	元/人
信息技术接入	居民家庭每百户年底彩色电视机拥有量	反映网络工具拥有状况	台/百户
	居民家庭每百户年底固定电话拥有量	反映网络工具拥有状况	部/百户
	居民家庭每百户年底移动电话拥有量	反映网络工具拥有状况	部/百户
	居民家庭每百户年底家用计算机拥有量	反映网络工具拥有状况	台/百户
	人均域名数量*	反映网络软件发展状况	个/人
	人均宽带接口数量*	反映网络基础设施状况	个/人
	人均光缆数量*	反映网络基础设施状况	条/人
	人均文教娱乐广播电视固定资产投资*	反映网络基础设施状况	元/人
	人均通信业固定资产投资	反映网络基础设施状况	元/人
	人均网站建设投资*	反映网络软件发展状况	元/人
信息技术利用	居民家庭平均每户全年通信支出	反映网络消费状况	元/户
	居民家庭平均每人全年通信支出占总支出比例*	反映网络消费状况	%
	通信业从业人员数占从业人员总数比例	反映网络服务人员状况	%
	居民家庭平均每人全年文教娱乐用品及服务支出*	反映网络消费状况	元/人
	广播电视业从业人员数占从业人员总数比例*	反映网络服务人员状况	%
	广播电视业发展水平*	反映网络基础设施状况	亿元/年
	通信业发展水平*	反映网络基础设施状况	亿元/年
信息技术环境	居民人均可支配收入*	反映经济发展环境	元/人
	人均 GDP*	反映经济发展环境	元/人
	居民人均生活用电量*	反映消费环境	千瓦·时/人
	居民人均工资性收入*	反映经济发展环境	元/人
	居民人均消费支出*	反映消费环境	元/人

* 表示补充的备选指标

3）问卷发放

由上述 26 项备选指标设计"城乡数字鸿沟测度指标"调查问卷。运用德尔菲法进行问卷发放，并通过多轮问卷调查和反馈使调查对象的意见逐渐趋于一致。

通过查询中国期刊网，我国发表过城乡数字鸿沟相关论文或专著的专家共约 85 人。其中 25 位专家同意参加本次调查。

经过三轮征询，有 80%以上的专家对于指标达成了一致性意见，调查就此结束。

4）问卷调查结果

根据问卷调查中专家的一致性意见，居民每月读书看报平均时长、人均域名数量、人均宽带接口数量、人均光缆数量、人均网站建设投资、广播电视业从业人员数占从业人员总数比例、广播电视业发展水平、通信业发展水平、人均 GDP 等 9 个备选指标不能有效地反映城乡数字鸿沟，故将这些备选指标去掉，最终确定了 4 个维度的指标共 17 项，结果见表 1-14。

表 1-14　城乡数字鸿沟测度指标体系

标准层	指标层	指标意义	指标单位
信息技术意识	初中及以上文化水平人口比例（X_1）	反映受基础教育的水平	%
	大专及以上文化水平人口比例（X_2）	反映网络知晓程度	%
	人均教育固定资产投资（X_3）	反映教育发展状况	元/人
信息技术接入	人均文教娱乐广播电视固定资产投资（X_4）	反映网络基础设施状况	元/人
	人均通信业固定资产投资（X_5）	反映网络基础设施状况	元/人
	居民家庭每百户年底彩色电视机拥有量（X_6）	反映网络工具拥有状况	台/百户
	居民家庭每百户年底固定电话拥有量（X_7）	反映网络工具拥有状况	部/百户
	居民家庭每百户年底移动电话拥有量（X_8）	反映网络工具拥有状况	部/百户
	居民家庭每百户年底家用计算机拥有量（X_9）	反映网络工具拥有状况	台/百户
信息技术利用	居民家庭平均每户全年通信支出（X_{10}）	反映网络消费状况	元/户
	居民家庭平均每人全年文教娱乐用品及服务支出（X_{11}）	反映网络消费状况	元/人
	居民家庭平均每人全年通信支出占总支出比例（X_{12}）	反映网络消费状况	%
	通信业从业人员数占从业人员总数比例（X_{13}）	反映网络服务人员状况	%
信息技术环境	居民人均工资性收入（X_{14}）	反映经济发展环境	元/人
	居民人均消费支出（X_{15}）	反映消费环境	元/人
	居民人均生活用电量（X_{16}）	反映消费环境	千瓦·时/人
	居民人均可支配收入（X_{17}）	反映经济发展环境	元/人

1.4.2　测度方法选择

对城乡数字鸿沟的准确测度是客观评价政策效果，提出正确应对策略的前提，而各种测度方法的选择又是测度城乡数字鸿沟的基础。不少学者针对城乡数字鸿沟的测度方法进行过研究，包括指数法、综合评分法、算术平均法及因子分析法等，研究结论仍存在较大的分歧。因此，如何选择合适的方法进行城乡数字鸿沟测度，需对不同方法的特点、适用范围和优劣势进行概括和比较。

1.4.2.1　测度方法分析

1）指数法

日本经济学家小松畸清介于 1965 年首次提出指数法（index-method），从社会的信息和信息能力角度来测算信息化指数（即社会经济信息化程度）。我国学者根据我国具体的国情对指数法进行了改进，如陈昆玉在小松畸清介指数法的基础上采用模糊评判法对每一层的每一指标引入权重系数，使指数法更加适用于我国的信息化测度（陈昆玉，2001）。

所谓指数法，是在确定一套合理的评价指标体系的基础上，对各项评价指标的指数加权平均，计算出评价综合值，用以评价某一对象的一种方法。即将一组相同或不同指数值通过统计学处理，使不同计量单位、性质的指标值标准化，最后转化成一个综合指数，以准确地评价某一对象的综合水平情况。综合指数值越大，对象的综合水平情况越好，指标多少不限。

指数法的计算思路是：利用层次分析法（或模糊评判法）计算的权重和统计分析取得的指标数值进行累乘，然后相加，最后计算出指标的综合指数。具体来说，指数法将各项指标转化为同度量的个体指数，便于将各项指标综合起来，以综合指数为对象间综合水平评比排序的依据。各项指标的权重是根据其重要程度决定的，体现了各项指标在综合值中作用的大小。

指数法的使用步骤为：

（1）通过模糊评判法（或统计分析）收集每一项二级指标的数值。

（2）采用层次分析法（或模糊评判法）确定一级、二级指标的每一指标权重系数。

（3）将每项二级指标的绝对值定为标准数。

2）综合评分法

综合评分法（composite grade method）是项目评价的一种常用方法，该方法是用于评价指标无法用统一的量纲进行定量分析的场合，而用无量纲的分数进行综合评价。综合评分法的计算思想是采用简单线性加权方式，先分别按不同指标的评价标准对各评价指标进行评分，然后采用加权相加，最后求出总评分（综合评分值）。

综合评分法的使用步骤为：

（1）制定出各项评价指标统一的评价等级或分值范围，然后制定出每项评价指标每个等级的标准，以便打分时掌握。每个等级的标准一般是定性与定量相结合，也可能是定量为主，也可以是定性为主，根据具体情况而定。

（2）采用专家评分法确定权重。专家评分法一般用问卷方式，请研究该问题的有关专家进行打分，再将专家打的分数综合平均后作为权重系数。

（3）制定评分表，其内容包括所有的评价指标及其等级区分和权重系数。

（4）根据指标和等级评出分数值。评价者收集与指标相关的资料，给评价对象打分，填入表格。打分方法一般是先对某项指标达到的成绩作出等级判断，然后进一步细化，在这个等级的分数范围内打上一个具体分。在这一过程中往往要对不同评价对象进行横向比较。

（5）对选择的指标进行相关分析，删除相关性过高的指标，以避免相同因素在计算中占有过大的份额，以保证测度结果的合理性。

（6）对指标进行标准化处理，使量纲不同的各项指标转化为可以直接进行计算的标准化数值。

（7）确定各单项评价指标得分，然后计算各组的综合评分和评价对象的综合评分值。

3）算术平均法

算术平均法是将各个指标的数据（指标量纲不同时应先进行标准化）进行加总，并做简单平均得到综合指标。通常采用的算术平均法主要有：一步算数平均法和二步算术平均法。

一步算数平均法是假设所有的 n 个要素对最终的综合指标的贡献大小相同。先将 n 个指标标准化，然后简单相加，并将该和值除以指标数 n，得到综合指标。计算公式可表示为：

$$Y=\sum_{i=1}^{n}X_i / n=(X_1+X_2+\cdots+X_n)/n \qquad (1\text{-}12)$$

其中，Y 为所求的综合指标；X_i 为各个指标的标准化值。

二步算术平均法是假设各组指标对最终的综合指标的贡献大小相同，并且每组指标内各指标对该组指标的贡献大小相同。先将 n 个指标（假设分为 m 组）标准化，将各组指标的组内指标相加除以其个数，得到每组指标的数值，再将 m 组指标相加除以其个数，即得到综合指标。计算公式可表示为：

$$Y = \frac{1}{m}\sum_{i=1}^{m}A_i \qquad (1\text{-}13)$$

其中，$A_i = \frac{1}{N_i}\sum_{j=1}^{N_i}X_{ij}$，$Y$ 为所求的综合指标，m 为所有指标分成的组数，A_i 为第 i 组指标的数值，N_i 为第 i 组指标的指标个数，X_{ij} 为第 i 组指标的第 j 个指标的标准化数值。

4）因子分析法

因子分析（factor analysis）是从研究变量内部的依赖关系出发，将具有错综复杂关系的变量转化为少数综合因子的统计分析方法。其基本思想是根据变量间联系的紧密程度将原有变量进行分类，每一类变量代表一个基本结构——公共因子，用最少的公共因子的线性函数与特殊因子之和来描述原始变量，可以通过数学模型表示：

$$\begin{cases} X_1 = \beta_{11}F_1 + \beta_{12}F_2 + \cdots + \beta_{1m}F_m + \varepsilon_1 \\ X_2 = \beta_{21}F_1 + \beta_{22}F_2 + \cdots + \beta_{2m}F_m + \varepsilon_2 \\ \qquad\qquad\qquad \cdots \\ X_n = \beta_{n1}F_1 + \beta_{n2}F_2 + \cdots + \beta_{nm}F_m + \varepsilon_n \end{cases} \tag{1-14}$$

其中，X_1，X_2，$\cdots$，X_n 为 n 个原始变量，F_1，F_2，$\cdots$，F_n 为 m 个公共因子，m 小于 n，表示成矩阵为：$X=\beta F+\varepsilon$。其中，F 为公共因子或因子变量，β 为因子载荷矩阵，β_{ij} 为因子载荷，是第 i 个原始变量在第 j 个公共因子上的负荷。ε_1，ε_2，$\cdots$，ε_n 称作特殊因子，是向量 X 的分量 X_i（$i=1$，2，$\cdots$，n）所特有的因子，表示原始变量不能被公共因子所解释的部分，这些特殊因子之间、特殊因子与所有公共因子之间皆相互独立。

因子分析的基本步骤如下：

（1）检验原始变量是否适合于做因子分析。最简单的方法是计算变量之间的相关系数矩阵并进行统计检验，倘若相关系数矩阵中大部分系数都小于 0.3 且未通过检验，则这些变量不适于做因子分析。此外，还有 Bartlett 球形检验、KMO 检验等方法。

（2）提取公共因子。一般选择基于主成分模型的主成分分析法进行因子分析，选取特征值大于等于 1 的特征值为公共因子，根据特征值累计贡献率大于等于80%来确定公共因子数目。

（3）利用旋转方法使因子变量更加具有解释性。采用因子提取方法得到的结果虽能确保因子间的正交性，但可能因子对变量的解释能力较弱，不易解释和命名。此时，可对因子模型进行旋转变换，使公共因子的负荷和更接近 0 或 1，这样命名就较容易。

（4）计算因子得分和综合得分。确定因子变量以后，一般都希望得到各个样本在不同因子上的数值，即因子得分，它与原始变量的得分相对应。可将因子变量表示为原始变量的线性组合，通过如下的因子得分函数计算因子得分。

$$F_j = \alpha_{j1}X_1 + \alpha_{j2}X_2 + \cdots + \alpha_{jp}X_n \qquad (j=1,2,\cdots,m) \tag{1-15}$$

最后，以各因子的方差贡献率为权，由各因子的线性组合得到综合评价函数，计算综合得分。

$$F = (\lambda_1 F_1 + \lambda_2 F_2 + \cdots + \lambda_m F_m)/(\lambda_1 + \lambda_2 + \cdots + \lambda_m) \tag{1-16}$$

此处 λ_i 为因子的方差贡献率。

1.4.2.2　测度方法确定

指数法、综合评分法、算术平均法、因子分析法这 4 种测度方法各有优缺点（表 1-15），在进行测度时应该根据测度指标体系和实际情况，选取合适的方法。选取的方法不仅要在现有条件下能够实现，并且要使得指标权重的确定具有较强的客观性和合理性，从而使测度的结果更为合理、准确。

表 1-15　测度方法评价

方法		评价
指数法	优点	把研究对象看成一个系统，并将其分为若干层，每一层的权重设置都能影响到结果，而且各层次中每个因素对结果的影响程度都是量化的，十分清晰、明确；计算简便，所得结果简单明了，容易为决策者掌握
	缺点	每层因素较多时两两间相对重要性的判断比较困难，计算繁琐；在权重的确定上，由于有评价者的参与，结果易受评价者主观因素的影响；定性成分多，定量数据较少，难以令人信服
综合评分法	优点	通过专家评分法确定权重能够有效地发挥各位专家的作用，集思广益，准确性较高；能够将各位专家意见的分歧之处描述出来，取各家之长，避各家之短
	缺点	在权重的确定上，潜在暗示作用可能会使专家将自己的意见向有利于统计结果的方向调整，因此削弱了专家最初看法的独立性；没有就群体意见的一致性提供一个判断标准，实际使用过程中一般参考四分位图来主观判断，可塑性较大；难以把握集成结果的可信性，对其缺乏有效的衡量；由于过程繁杂，会有不收敛的风险；如果个别专家坚持自己的意见，可能会使群体意见分歧，难以协调
算术平均法	优点	计算简便，具有较强的客观性和可操作性
	缺点	指标权重的设置缺乏合理性，一般难以准确衡量测度目标
因子分析法	优点	各公共因子的权重根据各自的方差贡献率大小来确定，不是人为确定，克服了主观因素的影响，具有较强的客观性和合理性，可信度较高；整个评价过程都可以运用计算机软件方便快捷地进行，可操作性强
	缺点	工作量较大，分析时以整体进行分析，对基础数据的准确性要求较高；在分析中数据出现错误，不容易发现

指数法、综合评分法主观性较强，难以摆脱人为因素的影响，说服力不强；算术平均法虽然具有较强的客观性，但是无法反映出各个指标之间的重要性差异，测度结果不准确；因子分析法具有很强的客观性和合理性，可信度较高。经过综合比较，城乡数字鸿沟的测度方法应该选取因子分析法。

1.4.3　实证研究

围绕上述评价指标体系和测度方法，需进一步明确研究样本，搜集整理数据，最终实现对中国城乡数字鸿沟测度的实证研究。

1.4.3.1　样本选取与数据收集

1）样本选取

由于研究对象是"中国城乡数字鸿沟"，所以选取的样本既包括城镇还包括农村。其中城镇包括城区和镇区，农村是指城镇以外的其他区域。城区是指经国务院批准设市建制的城市市区（设区市的市区和不设区的市），包括街道办事处所辖的居民委员会地域；城市公共设施、居住设施等连接到的其他居民委员会地域和村民委员会地域。镇区是指在城区以外的镇以及镇所辖的居民委员会地域；镇的公共设施、居住设施等连接到的村民委员会地域；常住人口在 3000 人以上独立的工矿区、开发区、科研单位、大专院校、农场、林场等特殊区域[①]。

　　2）数据收集

　　考虑到城乡数字鸿沟是 21 世纪初才开始显现的，因此收集数据的时间范围为 2000～2012 年，这 13 年的数据足以反映我国城乡数字鸿沟的动态变化情况，见表 1-16。其中居民家庭每百户年底彩色电视机拥有量（X_6）、居民家庭每百户年底固定电话拥有量（X_7）、居民家庭每百户年底移动电话拥有量（X_8）、居民家庭每百户年底家用计算机拥有量（X_9）、居民家庭平均每户全年通信支出（X_{10}）、居民家庭平均每人全年文教娱乐用品及服务支出（X_{11}）、居民人均工资性收入（X_{14}）、居民人均消费支出（X_{15}）、居民人均可支配收入（X_{17}）直接来自于《中国统计年鉴》（2001～2013）。

　　其余指标根据计算得出，具体的计算方法和资料来源如下：

　　初中及以上文化水平人口比例（X_1）：

　　　　城镇初中及以上文化人口比例=城镇初中及以上人口/城镇总人口

　　　　农村的初中及以上文化比例人口=农村初中及以上人口/农村总人口

　　所需数据均来自于《中国人口和就业统计年鉴》（2001～2013）；大专及以上文化水平人口比例（X_2）的计算方法和资料来源与 X_1 相同。

　　人均教育固定资产投资（X_3）：

　　　　城镇人均教育固定资产投资=城镇教育固定资产总投资/城镇总人口

　　　　农村人均教育固定资产投资=农村教育固定资产总投资/农村总人口

　　由于从 2011 年统计口径发生变化，为保持数据一致，城镇教育固定资产总投资和农村教育固定资产总投资以非农户教育固定资产总投资和农户教育固定资产总投资替代，其分别来源于《中国城市统计年鉴》（2001～2013）和《中国农村统计年鉴》（2001～2013），而城镇总人口和农村总人口来源于《中国统计年鉴》（2001～2013）；人均文教娱乐广播电视固定资产投资（X_4）、人均通信业固定资产投资（X_5）的计算方法和资料来源和 X_3 相同。

　　居民家庭平均每人全年通信支出占总支出比例（X_{12}）：

　　　　城镇居民家庭平均每人全年通信支出占总支出比例=城镇居民家庭平均
　　　　每人全年通信支出/城镇居民家庭全年总支出

---

① 见国家统计局 2006 年 3 月 10 日发布的《关于统计上划分城乡的暂行规定》

表 1-16　中国城乡数字鸿沟测度指标原始数据

年份	地区	X_1	X_2	X_3	X_4	X_5	X_6	X_7	X_8	X_9	X_{10}	X_{11}	X_{12}	X_{13}	X_{14}	X_{15}	X_{16}	X_{17}
2000	城镇	65.40	8.90	143.40	54.52	733.22	116.56	89.78	19.49	9.72	395.01	627.82	7.90	2.94	4480.50	4998.00	240.70	6280.00
	农村	48.07	0.48	0.42	0.63	22.79	48.74	26.38	4.32	0.46	93.13	186.72	7.25	0.02	702.30	1670.13	30.01	2253.40
2001	城镇	71.08	10.6?	164.39	45.55	819.62	120.52	91.03	33.97	13.31	457.02	690.00	8.61	2.72	4829.86	5309.01	251.17	6859.60
	农村	43.11	0.65	1.31	0.88	22.25	54.41	34.11	8.06	0.69	109.98	192.64	8.06	0.03	771.90	1741.09	32.81	2366.40
2002	城镇	70.95	10.96	196.58	50.55	830.26	126.38	93.65	62.89	20.63	626.04	902.28	10.38	2.58	5739.96	6029.88	266.72	7702.80
	农村	44.48	0.71	0.86	0.75	28.77	60.54	40.77	13.67	1.10	128.53	210.31	8.76	0.03	840.22	1834.31	38.26	2475.60
2003	城镇	68.05	8.19	318.94	99.45	1146.33	130.50	95.41	90.07	27.81	721.13	934.38	11.07	2.43	6410.22	6510.94	295.13	8472.20
	农村	46.08	0.64	0.78	1.38	37.17	67.80	49.06	23.68	1.42	162.53	235.68	10.31	0.04	918.39	1943.30	44.67	2622.20
2004	城镇	72.77	12.65	371.96	139.58	1365.97	133.44	96.44	111.35	33.11	843.62	1032.80	11.75	2.31	7152.76	7182.10	328.43	9421.60
	农村	48.30	0.89	0.75	2.07	30.55	75.09	54.54	34.72	1.90	192.63	247.63	10.98	0.04	998.46	2184.65	51.95	2936.40
2005	城镇	69.44	11.37	392.32	149.17	1647.35	134.80	94.40	137.00	41.52	996.72	1097.46	12.55	2.16	7797.54	7942.88	363.01	10493.00
	农村	45.52	0.76	0.52	2.48	47.47	84.08	58.37	50.24	2.10	244.98	295.48	11.48	0.06	1174.53	2555.40	58.70	3254.90
2006	城镇	71.28	12.94	389.27	160.58	2026.49	137.43	93.30	152.88	47.20	1147.12	1203.03	13.19	2.07	8766.96	8696.55	419.85	11759.50
	农村	47.88	0.97	0.16	2.65	44.57	89.43	64.09	62.05	2.73	288.76	305.13	11.95	0.08	1374.80	2829.02	66.92	3587.00
2007	城镇	72.20	13.22	391.55	202.13	2269.79	137.79	90.52	165.18	53.77	1357.41	1329.16	13.58	2.01	10234.76	9997.47	451.85	13785.80
	农村	50.33	1.08	0.21	2.49	54.77	94.38	68.36	77.84	3.68	328.40	305.66	11.87	0.07	1596.22	3223.85	77.07	4140.40
2008	城镇	72.53	13.13	403.97	252.31	2657.06	132.89	82.01	172.02	59.26	1417.12	1358.26	12.60	1.95	11298.96	11242.85	457.59	15780.80
	农村	51.71	1.18	0.41	2.19	63.03	99.22	67.01	96.13	5.36	360.18	314.53	11.40	0.07	1853.73	3660.68	81.15	4760.00
2009	城镇	73.38	13.74	545.34	367.47	3794.53	135.65	81.86	181.04	65.74	1682.57	1472.76	13.72	1.90	12382.11	12264.55	470.08	17174.70
	农村	53.16	1.46	0.45	1.86	71.86	108.94	62.68	115.24	7.46	402.91	340.56	11.50	0.12	2061.25	3993.45	88.55	5153.20
2010	城镇	77.39	16.72	601.59	439.28	4407.52	137.43	80.94	188.86	71.16	1983.70	1627.64	14.73	1.82	13707.68	13471.45	526.90	19109.40
	农村	54.69	2.06	0.64	2.56	82.52	111.79	60.76	136.54	10.37	461.10	366.72	11.95	0.20	2431.05	4381.82	98.82	5919.00
2011	城镇	77.29	17.17	563.18	456.81	4019.44	135.15	69.58	205.25	81.88	2149.69	1851.74	14.18	1.85	15411.91	15160.89	575.98	21809.80
	农村	55.58	2.67	0.64	0.97	80.08	115.46	43.11	179.74	17.96	547.03	396.36	11.57	0.15	2963.43	5221.13	108.74	6977.30
2012	城镇	77.9	17.79	647.38	599.60	4338.37	136.07	68.41	212.64	87.03	2455.47	2033.50	14.73	1.80	17335.62	16674.32	591.20	24564.70
	农村	56.15	2.25	0.75	0.50	87.74	116.90	42.24	197.80	21.36	652.79	445.49	12.06	0.16	3447.46	5908.02	116.91	7916.60

农村居民家庭平均每人全年通信支出占总支出的比例=农村居民家庭平均每人全年通信支出/农村居民家庭全年总支出

其中城镇和农村的居民家庭平均每人全年通信支出和总支出均来自于《中国统计年鉴》（2001～2013）。

通信业从业人员占总就业人员的比例（X_{13}）：

城镇通信业从业人员占总就业人员的比例=城镇通信业从业人员数/城镇总的从业人员数

农村通信业从业人员占总就业人员的比例=农村通信业从业人员数/农村总的从业人员数

其中城镇通信业从业人员数、农村通信业从业人员数均来自于《中国劳动统计年鉴》（2001～2013），城镇总的从业人员数和农村总的从业人员数均来自于《中国统计年鉴》（2001～2013）。

居民人均生活用电量（X_{16}）：

农村居民人均生活用电量=农村居民的生活用电总量/农村居民总人口

其中农村居民的生活用电总量和农村居民总人口均来自于《中国统计年鉴》（2001～2013）。

城镇居民人均生活用电量=（居民生活用电总量−农村居民生活用电量）/城镇居民总人口

其中居民生活用电总量来自于国家能源局，城镇居民总人口来自于《中国统计年鉴》（2001～2013）。

1.4.3.2　因子分析的适合度检验

应用因子分析法确定各个指标的权重，首先要检验这些原始变量是否适合进行因子分析。因子分析要求原有变量之间要具有比较强的相关性，否则将难以从中综合出能反映某些变量共同特性的少数公共因子变量。因此，需要对原始变量做相关分析。检验原始变量相关性的方法主要有 KMO 检验和 Bartlett 球形检验。KMO 检验值越接近于 1，则越适合于因子分析。Bartlett 球形检验值较大，且其对应的相伴概率值小于要求的显著性水平，则适合于因子分析；该检验值较小且其对应的相伴概率大于显著性水平，则不适合因子分析。采用 SPSS 13.0 软件对原始变量做相关分析，得到 KMO 检验和 Bartlett 球形检验结果见表 1-17。

表 1-17　KMO 检验和 Bartlett 球形检验测度值

KMO 检验值	Bartlett 球形检验		
	卡方值	自由度	Sig.
0.821	1 394.718	136	0.000

由于 KMO=0.821，适合做因子分析；Bartlett 球形检验达到极其显著性的水平（0.000），说明原变量之间具有明显的结构性和相关关系。根据 Kaiser 提出的 KMO 度量标准，这些变量可以进行因子分析[①]。

1.4.3.3　公共因子提取与命名

利用主成分分析法提取特征值大于 1 的因子解作为公共因子，结果见表 1-18。其中，第一个因子解的特征值为 14.694，它解释了所有 17 个变量变异信息总量中的 86.436%，是方差贡献最大的一个主成分；第二个因子解解释了所有变量变异信息总量中的 7.868%。从第三个因子解开始，特征值都小于 1，所以只提取了前两个因子解作为公共因子。并且这两个因子解共解释了所有变量变异信息总量中的 94.304%，达到较高水平。所提取出的公共因子对各个变量的解释程度由"变量共同度"来体现，几乎都在 85%以上，见表 1-19。这表明提取的公共因子共同解释了变量所产生的 85%的变异信息，解释能力很强。

表 1-18　总方差解释表

因子	初始解			提取的载荷平方和			旋转后提取的载荷平方和		
	特征值	方差贡献率	累计方差贡献率	特征值	方差贡献率	累计方差贡献率	特征值	方差贡献率	累计方差贡献率
1	14.694	86.436	86.436	14.694	86.436	86.436	8.729	51.349	51.349
2	1.338	7.868	94.304	1.338	7.868	94.304	7.302	42.956	94.304
3	0.739	4.347	98.651						
4	0.102	0.598	99.249						
5	0.079	0.464	99.713						
6	0.025	0.149	99.862						
7	0.010	0.061	99.923						
8	0.006	0.036	99.959						
9	0.003	0.016	99.975						
10	0.001	0.008	99.983						
11	0.001	0.007	99.990						
12	0.001	0.005	99.995						
13	0.000	0.003	99.997						
14	0.000	0.001	99.999						
15	0.000	0.001	100.000						
16	0.000	0.000	100.000						
17	0.000	0.000	100.000						

注：提取方法为主成分分析法

---

① Bartlett 球形检验以变量的相关系数矩阵为出发点，其零假设为相关系数矩阵是一个单位阵。如果 Bartlett 球形检验值较大，且其对应的相伴概率值小于用户心中的显著性水平，就拒绝零假设，认为原始变量之间存在相关性，适合于作因子分析；反之，不能做因子分析。Kaiser 提出由 KMO 检验值大小判断是否适合做因子分析的标准：KMO>0.9，非常适合；0.8<KMO<0.9，适合；0.7<KMO<0.8，一般；0.6<KMO<0.7，不太适合；KMO<0.5，不适合

表 1-19　变量共同度

项目	变量								
	X_1	X_2	X_3	X_4	X_5	X_6	X_7	X_8	X_9
共同度	0.963	0.982	0.985	0.975	0.981	0.992	0.959	0.973	0.994

项目	变量								
	X_{10}	X_{11}	X_{12}	X_{13}	X_{14}	X_{15}	X_{16}	X_{17}	—
共同度	0.996	0.995	0.839	0.941	0.933	0.991	0.994	0.989	—

　　所选择的公共因子对每个指标的贡献率见表 1-20。通过因子载荷矩阵可以看出，所有变量在第一个公共因子上的载荷都较高。为了加强公共因子对实际问题的分析和解释能力，选取"方差最大法"对因子载荷矩阵进行正交旋转。

表 1-20　未经旋转和旋转后的因子载荷矩阵

变量	未旋转的公共因子		旋转后的公共因子	
	1	2	1	2
X_{14}	0.991	−0.038	**0.763**	0.634
X_{16}	0.991	−0.071	0.572	**0.778**
X_{15}	0.989	−0.116	**0.813**	0.573
X_{11}	0.987	−0.005	**0.737**	0.656
X_{17}	0.981	−0.158	**0.835**	0.538
X_3	0.978	−0.053	**0.763**	0.614
X_9	0.975	−0.169	**0.838**	0.526
X_5	0.975	−0.130	**0.812**	0.555
X_{10}	0.969	−0.226	**0.865**	0.133
X_2	0.950	0.300	0.506	**0.858**
X_4	0.934	−0.144	**0.790**	0.519
X_1	0.929	0.360	0.451	**0.889**
X_6	0.902	0.207	0.534	**0.756**
X_8	0.849	−0.401	**0.901**	0.268
X_{13}	0.829	0.550	0.248	**0.964**
X_7	0.789	0.466	0.277	**0.872**
X_{12}	0.732	−0.478	**0.865**	0.497

　　可以看出，载荷矩阵旋转后，载荷大小进一步分化，变量与因子的对应关系更加清晰，可以很容易地标识出各个因子所影响的主要变量。影响第一个公共因子的主要变量是：居民家庭每百户年底移动电话拥有量（X_8）、居民家庭平均每户全年通信支出（X_{10}）、居民家庭平均每人全年通信支出占总支出比例（X_{12}）、居民家庭每百户年底家用计算机拥有量（X_9）、居民人均可支配收入（X_{17}）、居民人均消费支出（X_{15}）、人均通信业固定资产投资（X_5）、人均文教娱乐广播电视固定资产投资（X_4）、人均教育固定资产投资（X_3）、居民人均工资性收入（X_{14}）、居民家庭平均每人全年文教娱乐用品及服务支出（X_{11}），主要反映了信息技术普及

情况，故可称为信息技术普及因子；影响第二个公共因子的主要变量是：通信业从业人员数占从业人员总数比例（X_{13}）、初中及以上文化水平人口比例（X_1）、居民家庭每百户年底固定电话拥有量（X_7）、大专及以上文化水平人口比例（X_2）、居民家庭每百户年底彩色电视机拥有量（X_6）、居民人均生活用电量（X_{16}），主要反映了信息技术应用主体的情况，故可将其命名为信息技术主体因子。

1.4.3.4　结果与分析

根据回归算法计算出因子得分矩阵，即因子得分函数的系数，见表 1-21。

表 1-21　因子得分矩阵

变量	公共因子	
	1	2
初中及以上文化水平人口比例（X_1）	−0.133	0.243
大专及以上文化水平人口比例（X_2）	−0.102	0.210
人均教育固定资产投资（X_3）	0.076	0.015
人均文教娱乐广播电视固定资产投资（X_4）	0.119	−0.038
人均通信业固定资产投资（X_5）	0.114	−0.028
居民家庭每百户年底彩色电视机拥有量（X_6）	−0.058	0.156
居民家庭每百户年底固定电话拥有量（X_7）	−0.193	0.295
居民家庭每百户年底移动电话拥有量（X_8）	0.243	−0.184
居民家庭每百户年底家用计算机拥有量（X_9）	0.134	−0.050
居民家庭平均每户全年通信支出（X_{10}）	0.162	−0.082
居民家庭平均每人全年文教娱乐用品及服务支出（X_{11}）	0.052	0.042
居民家庭平均每人全年通信支出占总支出比例（X_{12}）	0.276	−0.232
通信业从业人员数占从业人员总数比例（X_{13}）	−0.233	0.344
居民人均工资性收入（X_{14}）	0.069	0.024
居民人均消费支出（X_{15}）	0.108	−0.020
居民人均生活用电量（X_{16}）	0.015	0.085
居民人均可支配收入（X_{17}）	0.129	−0.043

注：提取方法为主成分分析法，旋转方法为方差最大法旋转

公共因子 F_1、F_2 的得分函数、以 2 个公共因子的方差贡献率/累计方差贡献率为权重得到综合得分式分别如下：

$$F_1 = -0.133X_1 - 0.102X_2 + 0.076X_3 + 0.119X_4 + 0.114X_5 - 0.058X_6 - 0.193X + 0.243X_8 + 0.134X_9$$
$$+ 0.162X_{10} + 0.052X_{11} + 0.276X_{12} - 0.233X_{13} + 0.69X_{14} + 0.108X_{15} + 0.015X_{16} + 0.129X_{17}$$

$$(1-17)$$

$$F_2 = 0.243X_1 + 0.210X_2 + 0.015X_3 - 0.038X_4 - 0.028X_5 + 0.156X_6 + 0.295X_7 - 0.184X_8 - 0.050X_9$$
$$- 0.082X_{10} + 0.042X_{11} - 0.232X_{12} + 0.344X_{13} + 0.024X_{14} - 0.020X_{15} + 0.085X_{16} - 0.043X_{17}$$

$$(1-18)$$

$$F(X) = (0.5135F_1 + 0.4296F_2)/0.9430 \qquad (1\text{-}19)$$

城乡数字鸿沟体现的是一种差距现象，因此以城镇和农村各项指标的因子综合得分之差来表示城乡数字鸿沟的数值。由于 17 项指标使用了不同的量纲，所以在综合得分计算前通过 SPSS 用正规化方法（z-score 法）对原始数据进行标准化处理以消除量纲的影响，即令 $y_j = \dfrac{x_j - \bar{x}_j}{\sigma_j}$，其中 $\bar{x}_j$ 和 σ_j 分别是指标 X_j 的均值和标准差。主要是因为标准化后的数据均值为 0、方差为 1，消除了量纲和数量级的影响，同时保持原始数据的稳定性。在经过标准化处理后，协方差阵就是相关系数矩阵，这在求解因子载荷矩阵、计算因子得分和综合得分上可以意义明确，更容易理解。之后将标准化后的数据代入上述式（1-17）～式（1-19），计算综合得分及城乡数字鸿沟，见表 1-22 所示。无论是城镇还是农村，其因子综合得分都存在逐年增大的趋势，基本说明城镇和农村的信息化水平都在逐年提高。

表 1-22　综合得分及排名

年份	城/乡	第一公共因子	第二公共因子	综合得分	城乡数字鸿沟
2000	城镇	−1.824 05	1.768 74	−0.187 48	0.695
	农村	−0.840 35	−0.933 02	−0.882 66	
2001	城镇	−1.670 21	1.783 72	−0.096 89	0.756
	农村	−0.740 60	−0.987 90	−0.853 34	
2002	城镇	−1.182 59	1.526 12	0.051 28	0.781
	农村	−0.595 56	−0.889 96	−0.729 75	
2003	城镇	−0.713 49	1.204 22	0.160 08	0.886
	农村	−0.545 31	−0.942 18	−0.726 17	
2004	城镇	−0.486 39	1.288 53	0.322 15	0.988
	农村	−0.484 81	−0.882 04	−0.665 82	
2005	城镇	−0.014 66	0.926 53	0.414 11	1.031
	农村	−0.350 12	−0.934 54	−0.616 40	
2006	城镇	0.276 20	0.859 48	0.541 95	1.101
	农村	−0.310 67	−0.854 71	−0.558 55	
2007	城镇	0.632 28	0.715 09	0.670 07	1.180
	农村	−0.301 77	−0.758 41	−0.509 83	
2008	城镇	0.820 62	0.603 61	0.721 85	1.199
	农村	−0.270 84	−0.724 83	−0.477 69	
2009	城镇	1.377 85	0.411 41	0.937 71	1.365
	农村	−0.158 71	−0.747 52	−0.426 97	
2010	城镇	1.790 26	0.381 96	1.148 88	1.510
	农村	0.007 71	−0.802 14	−0.361 23	
2011	城镇	2.075 45	0.234 49	1.236 99	1.543
	农村	0.361 02	−1.102 38	−0.305 62	
2012	城镇	2.565 25	0.084 05	1.435 17	1.677
	农村	0.583 56	−1.228 31	−0.241 81	

2000～2012 年我国城乡数字鸿沟数值的变化情况见图 1-17。可以看出,第一,中国城乡数字鸿沟呈逐年扩大的趋势。从 2000 年的 0.695 增大到 2012 年的 1.677,扩大了 2.42 倍。这说明虽然城乡的信息化水平都在逐年提高,但是农村信息化水平每年提高的程度远远不如城镇,结果就造成城乡数字鸿沟逐年扩大。第二,2000～2012 年城乡数字鸿沟的扩大过程经历了四个阶段,2000～2002 年增长较平缓,2003～2008 年增速稍微变大,2008～2010 年出现大幅度增长,从 2010 年开始增速又有所下降。这表明 2008～2010 年农村的信息化水平发展缓慢,与城市的差距逐年增大,直至最近几年农村的信息化水平才出现增长的势头,但最终还是难以追赶上城市的信息化水平。

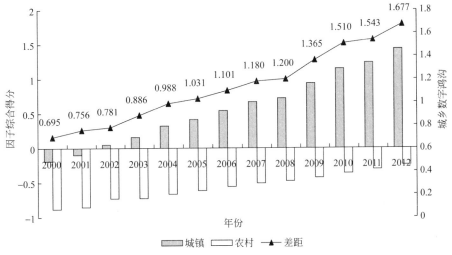

图 1-17　2000～2012 年中国城乡数字鸿沟变化情况

1.5　中国城乡数字鸿沟对城市化进程的影响

1.5.1　我国城市化的特点

城市化是人类历史进程的必然趋势,是迈向文明社会的重要过程,其水平的高低已成为衡量现代社会发达程度的一个重要标志(Cooper and Yue,2008)。目前我国处于城市化加速阶段,城市化发展迅速,2014 年我国城镇化率达到 54.77%,相当于世界平均水平,但与发达国家或地区的城市化水平相差甚远,特别是新加坡(100%)、英国(90.1%)、澳大利亚(89.1%)等。总体来说,改革开放以来,中国城市化率平均每年以 1% 的速度在增长,远高于世界城市化速度,位居世界第一,用了 30 年的时间完成英国 200 年、美国 100 年和日本 50 年走过的城市化路程。同时，由于工业化与信息化进程、经济发展水平等因素存在差异，不同国家和地区的城市化存在差异。我国作为一个从计划经济向市场经济转轨中的发展中国家，不仅承受着经济增长与经济结构优化调整的双重压力，还面临着工业化与信息化的双重挑战，城市化进程更具复杂性。我国城市化进程在城市化推进模式、城市化发展水平、城市化规模结构、城市化发展趋势等方面具有不同的特点。

1.5.1.1 政府主导

中国城市化最突出的特征是采取以政府为主导的推进模式。从各国城市化发展历史看，城市化推进模式主要有两种：市场主导机制和政府主导机制。如果将没有直接行政干预或者行政干预较弱的城市化过程称为"市场主导型城市化"，而受到直接行政干预的城市化过程就可以称为"政府主导型城市化"。西方国家的市场经济制度确立了其以市场为核心的经济模式，城市规模、城市布局、城市产业分工均是市场选择和市场作用的结果，属于市场主导型城市化。然而在我国城市化进程中，政府行为在城市化进程中起着关键性的作用，从中央到地方的各级党政机关的相应部门对于城市规划与建设、土地使用等事务有着严格的审批和直接决定的权力。

在政府主导作用下，我国城市化发展和演变遵循"宏观社会经济的主要任务—城市化责任—政府作为—城市化表现"的逻辑线索，以宏观社会需求作为其逻辑起点并决定了政府干预城市化的重点。不同时期的具体表现为：

（1）计划经济体制下，我国城市化进程出现波动甚至停顿。新中国成立初期，为了尽快做大经济总量，中央政府采取了以"投资"带动"重工业"的赶超战略。在第一个五年计划中，城市被视作工业化基地，提出变"消费城市"为"生产城市"的口号。短时间内，大规模的国家投资带来城市用地和人口的急剧扩张。政府为了防止盲目的人口流动，20世纪60年代开始，城镇化被视为工业化的成本，并作为"开源节流"的对象被严格控制。在计划经济体制下，中央减少甚至取消城市建设预算，同时通过"户籍制度""用工制度"限制城乡居民身份的转换以控制农民对有限城市福利的分享，城镇化基本停滞甚至出现"逆城镇化"现象。

（2）随着市场化改革，小城镇和中小型轻工业城市迅速发展。改革开放初期，我国经济社会发展的主要任务是探索改革方向，释放经济活力。中央政府采取了以农业部门为试点，进行市场化改革，再向国有部门推广的渐进式增量改革思路。在农村联产承包责任制等政策鼓励下，农业迅速发展，大量剩余农产品为工业化的资本积累和轻工业的繁荣发展提供了有利条件，形成农业带动轻工业，轻工业带动重工业的良性发展链条，并为人口城镇化提供了巨大动力。一方面，联产承包责任制使大量农村剩余劳动力得到解放，在城乡二元分割体制尚未破除的发展背景下，乡镇企业发展突出；另一方面，国有企业"拨改贷""承包制""利改税"

等政策的全面推行使城市工业，尤其是轻工业得到全面发展，城市对劳动力的需求不断增强。为了满足工业发展对农业以及轻工业的带动作用，政府由经济活跃的小城镇和中小城市开始逐渐开放户籍政策，配套工业生产、居民生活的基础设施也同步建设。这一时期，城镇化与工业化呈现趋同的增长态势，小城镇和中小型轻工业城市的发展尤其迅速。

（3）中央与地方政府的分权制，促成大城市发展。20 世纪 90 年代中期，我国全面推进市场化改革，中央政府将经济发展的部分决策、管理权下放给地方政府，导致地方政府代替中央政府成为城镇化管理和推动的直接主体。为了在激烈的竞争环境下谋求发展先机，地方政府纷纷实施主动城镇化战略，通过城市土地资源参与资本市场运作，刺激了长期压力下的中国民营资本和国际资本的实体化与产业化。各地政府通过行政区域集中土地资源，竞相启动空间扩张的规划方案，扩大城市规模。城市原有的建设用地控制规模不断被突破，以争取更多可建设用地指标，大城市得到发展。

1.5.1.2　城市化发展虚高

中国城市化是一种典型的"不完全城市化"，存在半城市化现象，城市化发展虚高。虽然半城市化现象在世界各国的城市发展进程中均普遍存在，但在我国特有的制度背景下，这种不彻底不仅表现在地区景观和空间结构方面，而且还表现为城市化进程中大量存在的不完全城市化人口，即半城市化现象主要体现在人口和土地两方面。

1）人口半城市化

人口半城市化是指农村人口向城市人口转化过程中的一种不完整状态，其表现为农民已经离开乡村到城市就业与生活，但他们在劳动报酬、子女教育、社会保障、住房等许多方面并不能与城市居民享有同等待遇，在城市没有选举权和被选举权等政治权利，不能真正融入城市社会。我国现有城市化率的统计口径不仅包括在城市生活 6 个月以上但没有享受到与城市居民等同的公共福利和政治权利待遇的农民工，还包括在镇区生活、务农的农业户籍人口，这些并没有真正转变身份的人口约占城镇总人口的一半，这部分人就是"半城市化人口"。如果扣除进城务工农民人口数，即以非农人口占总人口的比例来测算城市化率会有所差异，这个差异可以反映我国半城市化水平。

我国各年的城市化率是按照城镇常住人口计算出的均高于按非农人口计算出的数据，且随着经济的发展，有逐年扩大的趋势，如图 1-18 所示。2012 年，我国用城镇人口测算的城市化率为 52.57%，表明中国城市化正处于加速发展阶段；而采用非农人口测算的城市化率为 35.42%，表明中国城市化发展正处于起步阶段到中期高速发展阶段之间。实际上，我国目前面临的主要难题并不是如何把农民转移到城市，而在于如何将进城农民工转化为市民，实现从人口半城市化向真正意义上的城市化转变。

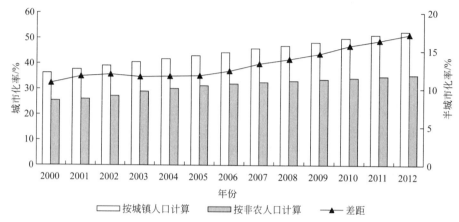

图 1-18 2000～2012 年我国按城镇人口和非农人口计算的城市化率比较

资料来源：《中国人口统计年鉴》（2001～2006）、《中国人口和就业统计年鉴》（2007～2013）

2012 年，我国 31 个省份的城市化率按照城镇人口测算，均出现高估现象，且半城市化程度不同，如图 1-19 所示。其中浙江半城市化水平最高，达到 31.48%。从半城市化空间分布来看，我国人口半城市化现象普遍存在，主要集中于中西部地区，天津、河北、山西、内蒙古、辽宁、山东、湖北、广东、海南、重庆、四川、贵州、云南、陕西、甘肃、青海和宁夏等省份的半城市化率为 10%～20%，浙江、安徽、福建、江西、河南、湖南及广西等省份的半城市化率均在 20%以上。近年来，随着国家区域发展战略的调整，中西部地区开始形成成渝经济区、关中-

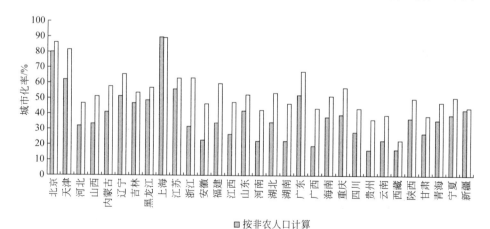

图 1-19 2012 年我国按城镇人口和非农人口计算的区域城市化率比较

资料来源：《中国人口和就业统计年鉴》（2013）

天水经济区、中原经济区、泛北经济区等新的区域经济增长极，经济发展较快，创造了众多就业机会。受到经济、技术和认知水平等因素的限制，农民会将本省城市或邻近省市作为进城务工的第一选择，因此中西部地区成为近年来吸纳农村劳动力转移的主要地区。

2）地区半城市化

半城市化地区并无具体地点，是城市和农村相互融合的特殊经济地理空间，其发展受到城市中心扩散效应和远郊乡村向城市景观转变的双重影响，同时还具有自身城市化发展的潜力。半城市化地区主要分为两类：一种是城乡结合部、城中村，主要是由于大多为城市辐射和扩散效应产生，可以称其为城市型半城市化地区；另一种是由于农村地区农民非农化和兼业水平的提高，以及乡村工业化、城镇化引起，称为乡村型半城市化地区（韩非和蔡建明，2011）。

20 世纪 90 年代，我国许多地、县改为市后，将大量周边农村划为市区，同时大中城市为了实现城市空间扩张，也将大量郊区县归并为市区，但这些被划归为市区的农村，有相当部分并没有实现城市化，这里的基础设施和公共服务依然是"农村"水平，农民的生活消费方式也没有市民化。从图 1-20 中可以看出，2000～2013 年我国土地城市化的速度明显加快，并且超过人口城市化速度，前者是后者的 1.91 倍，远超过国际社会公认的 1.12 倍这一标准（王亚男等，2012）。

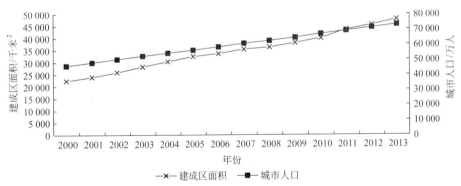

图 1-20　2000～2013 年我国土地城市化与人口城市化比较

资料来源：《中国统计年鉴》（2001～2014）

1.5.1.3　区域差异明显

由于地理条件、国家政策、地区经济基础等多方面因素的共同影响，我国的城市化一直存在着显著的区域差异。

1）城市化水平差异

当前我国城市化水平的区域差异呈现出东部与东北部高，中部与西部低的分布特征。按照 2013 年的城镇人口比例计算，我国东、中、西、东北部的平均城市化率分别为 66.92%、49.26%、45.43%、59.35%。具体来看，2013 年我国东部与东北地区除河北省以外，其余省份的城市化率均大于 50%，其中上海、北京、天津的城市化水平均高达 80% 以上；我国中部和西部地区除了山西、湖北、重庆、内蒙古、宁夏以外，其余省份的城市化率均低于 50%，其中西藏、贵州、甘肃的城市化率不足 40%，处于较低水平（表 1-23）。

表 1-23　2013 年我国区域城市化率比较

区域	省份
东部地区	北京（86.30%）、天津（82.01%）、上海（89.60%）、河北（48.12%）、江苏（64.11%）、浙江（64.00%）、福建（60.77%）、山东（53.75%）、广东（67.76%）、海南（52.74%）
中部地区	山西（52.56%）、安徽（47.86%）、江西（48.87%）、河南（43.80%）、湖北（54.51%）、湖南（47.96%）
西部地区	重庆（58.34%）、内蒙古（58.71%）、广西（44.81%）、四川（44.90%）、贵州（37.83%）、云南（40.48%）、西藏（23.71%）、陕西（51.31%）、甘肃（40.13%）、青海（48.51）、宁夏（52.01%）、新疆（44.47%）
东北地区	辽宁（66.45%）、吉林（54.20%）、黑龙江（57.40%）

资料来源：《中国统计年鉴》（2014）

2）城市化速度差异

我国城市化率提升速度的区域差异表现为西部与中部速度快，东部次之，东北部最慢。2000～2013 年我国东、中、西、东北部的平均城市化增长率分别为 33.96%、64.14%、54.66%、14.33%。具体来看，2000～2013 年城市化率提升最快的为 30%～50% 的中度城市化地区，包括中部六省以及西部部分省份，以河南最为显著；相较而言，城市化率高于 50% 的高度城市化地区，如北京、上海、天津和东北部的辽宁、吉林和黑龙江，以及城市化率低于 30% 的低度城市化地区（西藏）则呈现出城市化率提升缓慢的特征（表 1-24）。

表 1-24　2000～2013 年我国区域城市化水平增长率

区域	省份
东部地区	北京（11.30%）、天津（13.92%）、上海（1.46%）、河北（84.51%）、江苏（54.52%）、浙江（31.50%）、福建（46.19%）、山东（41.45%）、广东（23.20%）、海南（31.49%）
中部地区	山西（50.56%）、安徽（72.10%）、江西（76.62%）、河南（88.79%）、湖北（35.53%）、湖南（61.21%）
西部地区	重庆（76.31%）、内蒙古（37.56%）、广西（59.18%）、四川（68.23%）、贵州（58.48%）、云南（73.29%）、西藏（25.25%）、陕西（59.05%）、甘肃（67.14%）、青海（39.56%）、宁夏（60.38%）、新疆（31.49%）
东北地区	辽宁（22.51%）、吉林（9.10%）、黑龙江（11.37%）

注：2000～2013 年城市化水平增长率=（2013 年城市化水平-2000 年城市化水平）/2000 年城市化水平

资料来源：《中国统计年鉴》（2001，2014）

1.5.1.4　城市规模结构两极分化

我国城市的规模结构逐步呈现出城市人口增多与城市数量减少的两极分化现象。2000 年我国共 663 个市，其中直辖市、副省级市及地级市共 263 个，县级市 400 个，人口共 33 145 万人，而 2013 年城市数量减少为 658 个，其中直辖市、副省级市及地级市共 290 个，县级市 368 个，人口则增加至 48 239 万人。按照城市市区常住人口对我国城市进行分组，如表 1-25 所示。2000~2013 年我国城市规模变化情况具有以下特点：第一，城市体系结构以中、小型城市居多，几乎占全国城市数量的 80%，超大型城市数量最少。第二，100 万人口以上的城市数量增长迅速。大城市增长了 45.24%，特大城市和超大型城市数量虽然比较少，但几乎都实现了翻倍增长。第三，更多的人口向大城市集聚。其中超大城市人口数量增加了 286.63%，特大城市增长 39.16%，大城市为 61.81%，与之相对应的是其他规模的城市居民数则基本不变或有所下降。

表 1-25　不同规模城市数量和人口数量变化

城市数量及人口数量	Ⅱ型小城市	Ⅰ型小城市	中型城市	大城市	特大城市	超大城市
2000 年城市数量/个	357	109	107	84	5	1
2013 年城市数量/个	260	155	109	122	9	3
2013 年与 2000 年城市数量比/%	72.83	142.20	101.87	145.24	180.00	300.00
2000 年人口数量/万人	3321	3606	7495	13717	3869	1137
2013 年人口数量/万人	3241	5027	7996	22195	5384	4396
2013 年与 2000 年人口数量比/%	97.59	139.41	106.68	161.81	139.16	386.63

注：根据 2014 年国务院印发的《关于调整城市规划分标准的通知》，以城区常住人口为统计口径分Ⅱ型小城市（人口<20 万人）、Ⅰ型小城市（20 万人≤人口<50 万人）、中型城市（50 万人≤人口<100 万人）、大城市（100 万人≤人口<500 万人）、特大城市（500 万人≤人口<1000 万人）、超大城市（人口≥1000 万人）

资料来源：《中国城市统计年鉴》（2001，2014）

1.5.1.5　城市群快速发展

中国进入快速城市化时期，城市群发展成为新的特征。城市群是指在特定的地域范围内具有相当数量的不同性质、类型和等级规模的城市，依托一定的自然环境条件，以一个或两个超大或特大城市作为地区经济的核心，借助于现代化的交通工具和综合运输网的通达性，以及高度发达的信息网络，发生与发展着城市个体之间的内在联系，共同构成一个相对完整的城市"综合体"（姚士谋等，2001）。城市群已成为全新的国家参与全球竞争与国际分工的基本地域单元，其发展深刻影响着国家的国际竞争力，对国家经济持续稳定发展具有重大意义。因此，以城市群为主体推进中国城市化进程成为中国特色城市化道路的重要选择。

2006 年 3 月中国政府在发布的《中华人民共和国国民经济和社会发展第十一

个五年规划纲要》中明确提出,要把城市群作为推进城镇化的主体形态,逐步形成以沿海及京广、京哈线为纵轴,长江及陇海线为横轴,若干城市群为主体,其他城市和小城镇点状分布,永久耕地和生态功能区相间隔,高效协调可持续的城镇化空间格局。京津冀、长江三角洲和珠江三角洲等区域已形成城市群发展格局,应发挥带动和辐射作用,加强城市群内各城市的分工协作和优势互补,增强城市群的整体竞争力。具备城市群发展条件的区域,要加强统筹规划,以特大城市和大城市为龙头,发挥中心城市作用,形成若干用地少、就业多、要素集聚能力强、人口分布合理的新城市群。2008 年以来,国家又颁布了一系列的区域发展规划,包括珠江三角洲地区、长江三角洲地区、京津冀、山东蓝色半岛经济区、黄河三角洲高效生态经济区、福建省海峡西岸经济区、江苏沿海地区、辽宁沿海经济带、关中-天水经济区、呼包鄂经济圈及沿黄经济带、成渝经济区、武汉城市圈、长株潭城市群和广西北部湾经济区等区域,其中多数是以城市群为主体的。2014 年 3 月 16 日,中共中央、国务院印发的《国家新型城镇化规划(2014～2020)》中进一步提出将我国城市群建设为"两横三纵"城镇化战略格局,东部地区的京津冀、长江三角洲和珠江三角洲三大城市群毫无争议地成为未来重点发展的城市群,成渝、中原、长江中游、哈长四大城市群也被列为中西部地区重点培育的城市群。我国的主要城市群见表 1-26。

表 1-26　我国的主要城市群

名称	空间范围
辽中城市群	沈阳、抚顺、本溪、辽阳、鞍山和铁岭等
京津冀北城市群	北京、天津、唐山、秦皇岛、承德、张家口、保定和廊坊等
长江三角洲城市群	上海、南京、镇江、苏州、无锡、常州、南通、杭州、嘉兴和湖州等
珠江三角洲城市群	广州、佛山、东莞、惠州、江门、中山、深圳、珠海、香港和澳门
吉中城市群	长春、吉林、四平、辽源等
鲁北城市群	济南、泰安、淄博、莱芜、聊城、德州、滨州和东营等
鲁东城市群	青海、潍坊、烟台和威海等
宁绍舟城市群	宁波、绍兴和舟山等
海峡西岸城市群	厦门、泉州、漳州和龙岩等
粤东城市群	汕头、潮州、揭阳、梅州和汕尾等
关中城市群	西安、咸阳、宝鸡、渭南和铜川等
中原城市群	郑州、开封、许昌、焦作(济源)、新乡、安阳、鹤壁和濮阳等
成渝城市群	成都、重庆、雅安、眉山、乐山、资阳、内江、自贡、宜宾和泸州等
武汉城市群	武汉、孝感、鄂州、黄石、黄冈、天门、仙佻、潜江和咸宁等
长株潭城市群	长沙、株洲和湘潭等
长江中游城市群	武汉、长沙、合肥、南昌等
哈长城市群	哈尔滨、长春、吉林、大庆、齐齐哈尔、牡丹江、延吉、四平等

此外，城市群发展的更高级空间形态是都市连绵区（周一星和张莉，2003）。我国沿海分布着六大城市连绵区，内地正蕴含着新的大城市连绵区。长江三角洲、珠江三角洲两个大城市连绵区已经基本形成，京津唐地区正处于加速形成过程中，辽中南、山东半岛、海峡西岸已显现雏形；中部、西北、西南还有若干个城镇群地区今后有可能发展成连绵区。

1.5.2 城乡数字鸿沟的特点

1.5.2.1 一种信息分化问题

信息分化是社会学领域的一个新的概念，其基本含义是：在当代社会信息化发展过程中，由于信息技术的迅速发展和有效应用而导致不同信息活动主体或区域间的信息差距及其不断扩大的现象。城乡数字鸿沟是城乡群体因为信息的拥有及应用的差异而产生的，是信息分化的一种特定类型。由于城乡不同社会群体对于信息的应用习惯和水平存在显著差异，即使能够保障信息技术的普遍接入，减少信息环境的差异，但各种社会人群因其固有的社会阶层和习惯在信息使用上仍存在各种各样的"盲点"，有些甚至由此走向另外的一个极端。这种信息差异已全面渗透到人们的经济和社会生活中，成为信息时代最为突出的社会区隔。

1.5.2.2 社会经济地位再分化

从发展社会学的角度来看，城乡数字鸿沟是工业时代以来社会分化向信息时代延伸的结果，是社会分化现象在信息时代的突出表现。工业时代由于人们之间在物质财富占有上的巨大差距，本来就导致剧烈的社会分化，而在当今信息时代城乡居民之间在信息占有与使用上的巨大差距，现有的社会信息化不仅没有能够解决工业时代遗留下来的社会分化问题，反而进一步加大了整个世界社会经济发展的不平衡，造成社会再分化。也可以说，工业时代以来的社会分化直接导致信息时代的城乡数字鸿沟，如果不能有效地加以调控，信息时代的城乡数字鸿沟问题则会在很大程度上加剧社会分化情形。

1.5.2.3 城市化发展的外部阻力

城市化是一个由各种自然、社会、经济要素共同组成的适应性系统。在工业化、信息化等外部动力以及自然资源等支持力的作用下，城市化系统内部各要素（产业、人口、资金等）发生相应变化并通过要素之间的相互作用进行相对运动和重构之后，又反作用于城市化系统。如图 1-21 所示，将城市化系统视作在斜坡上爬行的物体，受到支撑力、驱动力以及阻滞力的作用。斜坡是城市化发展路径安排的抽象表征。当然，现实中任何一条城市化道路都不会像模型中的斜坡那样笔直和规则，但通过简单的斜坡模型仍可看出，一旦斜坡发生变化，城市化受力情况会发生变化。

在图1-21中，城市化驱动力在不同的地区、发展阶段不同，其类型和表现形式往往差异很大。驱动力大小通常是影响城市化发展速度和规模的决定力量，而不同的驱动力类型则对城市化发展的速度、模式和质量均产生深远的影响；城市化支撑力来源于自然资源与环境的基础保障作用；城市化阻滞力是指城市化系统与资源环境基础之间的摩擦力，实质上是城市化发展路径中发展规模、速度、模式等与资源环境基础支撑能力的不相适应。

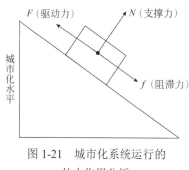

图1-21　城市化系统运行的
外力作用分析

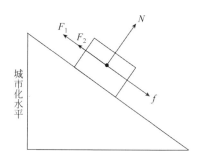

图1-22　信息化背景下城市化系统
运行的外力作用

如图1-22所示，F_1是信息化对城市化的驱动力，F_2代表城乡数字鸿沟存在下的信息化对城市化的驱动力，$F_1–F_2$代表城乡数字鸿沟对城市化的阻力；N是自然资源对城市化的支持力；f是环境污染、资源短缺对城市化的阻滞力。由此可以看出，虽然城乡数字鸿沟与自然资源短缺或环境污染对城市化的作用结果均为阻碍城市化进程，但在两者属性不同，城乡数字鸿沟是城市化的外部阻力，自然资源短缺或环境污染是城市化的内部阻力。信息化作为城市化系统的外部驱动力，在促进城市化进程中与城乡二元结构等社会分化问题相作用产生城乡数字鸿沟问题，其作用结果是将信息化对城市化的驱动力减小，进而影响城市化进程。自然资源作为城市化发展的基础，当城市化发展规模、速度、模式等与资源环境基础支撑能力不相适应时，引发资源短缺或环境污染对城市化的阻滞。

1.5.3　中国城乡数字鸿沟对城市化进程的阻尼效应

在当代社会中，尽管城乡数字鸿沟是社会信息化过程中新出现的一种特定的社会分化类型，它有着自己的运行模式与运行规律，但城乡数字鸿沟绝不是一种孤立的社会分化现象。它与当代社会的诸种社会分化紧密相连，并同时为当代社会的诸种社会分化提供一种新的分化途径，阻碍城乡融合以及城乡一体化进程，最终对城市化进程产生阻尼效应。

1.5.3.1　形成机理

信息化可以加速城市化，城乡数字鸿沟作为信息化过程中的一种现象会阻碍城市化进程，使得加速程度有所下降，表现出来就是城市化实际速度的减小。中国城乡数字鸿沟对城市化进程的阻尼机理可以从经济城市化、社会城市化、人口城市化三个层面说明，如图 1-23 所示。

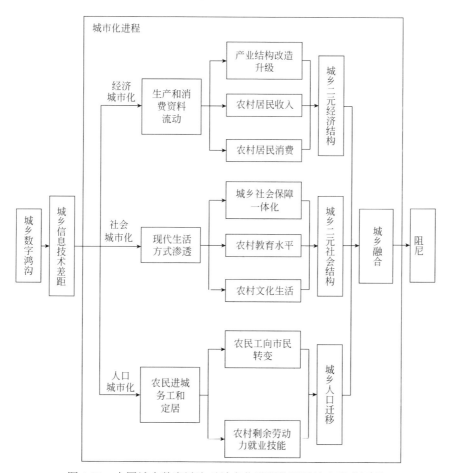

图 1-23　中国城乡数字鸿沟对城市化进程的阻尼效应形成机理

第一，信息化力图推动农业现代化进程，使农业经济活动向非农业经济活动转变，但城乡数字鸿沟的出现却阻碍了信息技术在农业生产领域的集成应用，难以确保农业信息有效供给，影响信息技术在相关政务管理领域的应用，严重妨碍了农业基础设施、装备与信息技术的全面融合，推迟了农业向二三产业转变的进程，影响农村居民从事非农生产。

第二，信息化力图从社会保障、教育水平和思想文化方面使农民的生活方式向城市转变,但城乡数字鸿沟不但使得农民的信息化生活水平远远低于城市居民，同时进一步阻塞了农民接受新信息的渠道，使以"网络生活"为核心的现代生活方式在农村难以渗透。

第三，信息化力图使农民向市民转变，但城乡数字鸿沟的出现却导致农村剩余劳动力难以通过网络获取就业和培训信息，使农村人口难以适应现代数字化、信息化的城市生活，阻碍农民进城务工和定居。

1.5.3.2　强化效应

二元经济结构体现了农业与工业两部门经济的差异程度。在我国广大的农村地区主要以农业生产为主，而城市地区则以现代化工业生产为主，由此形成城乡二元经济结构。从经济城市化的层面来看，中国城市化进程的主要内容就是二元经济结构向一元经济结构转变。然而城乡数字鸿沟却力图加剧不合理的二元经济结构，对这种经济结构产生强化效应，阻碍了城市化进程。

1）强化效应的表现

二元经济结构主要表现为城乡产业结构失衡、城乡收入和消费水平差距大。城乡数字鸿沟对我国二元经济结构的强化效应主要表现在两个方面：一是阻碍农村产业结构改造和升级；二是阻碍农村居民收入和消费水平提高。

A．阻碍农村产业结构改造和升级

城市化进程的推进以及二元经济结构的一元化必然要求对农村的产业结构进行改造和升级，这意味着第一产业在国民经济中所占比例将有序下降，同时二三产业所占比例将逐步上升。城乡数字鸿沟造成的农村信息化水平低下不但阻碍了农村传统产业的改造，而且阻碍了农村现代产业的发展和升级。

城乡数字鸿沟阻碍了农村传统产业的改造。我国农村传统产业大多是以家庭为生产单位、人力加畜力为生产工具的生产模式进行生产，这一模式下的效率十分低下，妨碍了农业劳动生产率的提高。近年来，国家一直在花大力气进行农村传统产业的改造，出台一系列"利用信息技术改造农村传统产业"的相关政策措施，力图通过信息化平台改变农村传统产业的生产模式。用信息技术改造传统农业，主要是应用互联网、计算机、远程遥感等先进的信息技术生产工具进行产量估算、灾害预报、资源调查、病虫害防治等，以此来革新整个农业的生产体系。然而目前我国农村信息化水平低下，大部分行政村都没有建立自己的农作物信息数据库，利用信息技术进行产量估算、灾害预报等只能是一种空想，根本无法实现，城乡数字鸿沟阻碍了农村传统产业的规模化生产，不利于农村传统产业的改造。

城乡数字鸿沟阻碍了农村现代产业的发展和升级。乡镇企业是我国农村现代产业的主要经营者，随着我国城市化进程的不断推进，政府制定一系列政策进行农村现代产业的升级，并重点提出"以信息共享、互联互通为契机，建立农业技术信息网络平台和乡镇企业信息平台，实现农业的工业化"。农村现代产业的升级主要是依靠乡镇企业进行产业转变。城乡数字鸿沟限制了我国乡镇企业采用现代信息技术作为生产手段，阻碍了乡镇企业生产由劳动密集型的农业向技术密集型的二三产业转变。乡镇企业作为农村现代产业调整升级的主力军，是农业经济产生集聚效益的载体。据农业部发布的《2009 年中国乡镇企业发展研究报告》，我国乡镇企业互联网接入率仅为城市企业的一半，近六成的乡镇企业未引入或未计划引入信息管理系统（中华人民共和国农业部乡企局，2009）。由于乡镇企业的信息化程度一般都不高，导致其采购、加工、销售以及广告等环节的效率要低于城市的企业，这已成为乡镇企业无法做大做强的一个重要原因。乡镇企业的信息化程度低，使得企业的生产手段落后，规模难以扩大，规模效益难以发挥，农村现代产业难以向工业和服务业升级。

B. 阻碍农村居民收入和消费水平提高

城乡居民收入和消费水平的趋同化是二元经济结构转变的重要表现。然而，城乡数字鸿沟造成了城乡居民之间的"信息落差"，阻碍农村居民"创收""增收"，同时也影响农村居民提高消费水平。

城乡数字鸿沟阻碍农村居民收入水平的提高。在当今的信息时代，信息作为一种重要的经济资源对群体的收入分配起着关键作用，拥有较多的信息意味着获取收入机会的增加，而缺乏信息则意味着获利机会的减少甚至实际收入的损失（薛伟贤和刘骏，2010）。农村居民掌握的信息资源往往少于城镇居民，使他们失去很多致富的机会，从而阻碍其收入水平的提高。从表 1-27 可以看出，2009～2013 年网上银行、网上炒股在我国城镇居民中的普及率远高于农村居民，其中城乡居民网上银行普及率相差 4～5 倍，网上炒股普及率相差 5～13 倍，这表明农村居民失去了很多提高自身收入尤其是非农收入的渠道和途径。与农村居民相比，城镇居民更会利用网络信息参与网络金融活动，他们更有机会通过网络获得信息和取得服务，通过低成本的网上结算方式和支付手段获得更多的经济利益。而对于那些处于信息劣势地位的农村居民来说，他们难以通过网络知晓农产品需求信息，也很难通过电子商务平台降低金融交易成本，优化农村市场的资源配置，这不仅意味着获取收入机会的损失，而且意味着实际收入的减少。在这样一种状况下，农村居民很难运用信息技术工具消除自身所处的贫困状况，甚至出现"富者愈富，贫者愈贫"的"马太效应"。

表 1-27 2009～2013 年网上银行、网上炒股在城乡居民中的普及率对比（%）

项目	年份									
	2009		2010		2011		2012		2013	
居民类型	城镇居民	农村居民	城镇居民	农村居民	城镇居民	农村居民	城镇居民	农村居民	城镇居民	农村居民
网上银行普及率	11.90	2.36	16.16	2.92	20.42	3.99	25.87	6.35	27.62	7.11
网上炒股普及率	7.26	1.32	8.56	1.11	5.13	0.78	4.36	0.57	4.16	0.31

注：网上炒股包括网上炒股票和炒基金；以城镇居民网上银行普及率为例，说明城乡居民网络应用普及率的计算方法。城镇网上银行普及率=（城镇网民接入量×城镇居民网上银行使用率）/城镇居民总人口

资料来源：城乡网民接入量和城乡网上银行、网上炒股使用率来自于中国互联网络信息中心.中国农村互联网发展状况调查报告（2009～2013）.北京：中国互联网络信息中心.2010～2014；城乡居民总人口来自于《中国统计年鉴》（2014）

城乡数字鸿沟阻碍农村居民消费水平的提高。一方面，城乡数字鸿沟阻碍了农村居民收入水平的提高，农村居民难以通过网络信息获取更多的收益，自然就会阻碍消费水平的提高。另一方面，城乡数字鸿沟会阻碍农村居民消费模式的革新。如今从网上购买日常消费品已不是什么新鲜事，传统消费模式正在向网络消费模式转变，农村居民拥有的信息技术工具远远落后于城镇居民，即便是能够拥有也常因应用技术水平的限制，使其获取消费信息的能力受到影响。由表 1-28 可知，2009～2013 年网上消费、网上支付在我国农村居民中的普及率较低，其中城乡居民网上消费普及率相差 4～6 倍，网上支付普及率相差 4～5 倍，这说明农村居民难以通过网络增加消费品的种类、数量等，难以享受网上丰富的消费品，而随着网络消费模式对传统消费模式的逐渐替代，农村居民消费水平的提高也将越来越受到城乡数字鸿沟的阻碍。

表 1-28 2009～2013 年网上消费、网上支付在城乡居民中的普及率对比（%）

项目	年份									
	2009		2010		2011		2012		2013	
居民类型	城镇居民	农村居民	城镇居民	农村居民	城镇居民	农村居民	城镇居民	农村居民	城镇居民	农村居民
网上消费普及率	13.62	2.73	18.57	3.45	23.53	5.00	28.05	7.17	33.3	8.70
网上支付普及率	11.90	2.34	15.89	2.88	20.42	3.99	25.87	6.23	28.89	7.19

注：以城镇居民网上消费普及率为例，说明城乡居民网络应用普及率的计算方法。城镇网上消费普及率=（城镇网民接入量×城镇居民网上消费使用率）/城镇居民总人口

资料来源：城乡网民接入量和城乡网上消费、网上支付使用率来自于中国互联网络信息中心.中国农村互联网发展状况调查报告（2009～2013）.北京：中国互联网络信息中心.2010～2014；城乡居民总人口来自于《中国统计年鉴》（2014）

2）强化效应的形成过程

二元经济结构下,我国城市和农村分别形成了封闭性的生产部门和消费部门,

生产资料和消费资料[①]流动受限制是这种经济结构的主要特点（厉以宁，2008）。从形成过程上看，中国城乡数字鸿沟就是通过阻碍生产资料和消费资料流动形成强化效应的。

二元经济转化为一元经济的过程势必会产生城乡间生产和消费资料的流动。农村的农林牧渔产品等向城市流动，为城市的生产和消费提供资料；与此同时，城市资金以及工业产品等生产和消费资料向农村扩散和流动，从而改变农村的经济面貌。

由于城乡数字鸿沟的存在，城乡生产领域的信息难以互联互通，农业产品作为生产和消费资料难以流动到城市生产和消费所需部门，这样一来就会对二元经济结构产生强化效应。在我国农村地区，由于大多数农民对网络知识不甚了解，根本没有想到农产品可以放到网上去卖，失去很多销售农产品的机会。而对于城市地区的许多生产单位来说，投入大量财力物力建立的生产和消费资料采购网往往效率低下，未能吸引大量农产品生产和销售者登录网络进行交易。在中国社会科学院农村发展研究所的一项调查中指出，当前我国许多乡镇政府和企业花大力气开发生产了当地特色的农产品（如新型瓜果蔬菜、特色茶叶等），但是苦于宣传力度不够，销路难以扩展，这些问题原本可以通过互联网得以缓解（如建立农产品电子货架、网上展销系统、远程订购等），却又因城乡数字鸿沟造成的信息不畅而越发严重（中国社会科学院农村发展研究所，2009）。

由于城乡数字鸿沟的存在，城市的资金以及工业产品生产和消费资料等也难以深入到农村生产和消费部门，这样一来也会形成对二元经济结构的强化效应。在我国一些偏远的农村地区，当地政府和企业为了发展经济，开展了大量的招商引资工作，但是他们大多不能想到或不习惯从网上寻找投资信息，更没有建立专门的招商引资网站。据农业部和国家信息中心 2010 年联合开展的一项调查显示，该年内我国乡镇企业通过互联网销售农产品或寻找农业项目投资的仅有 6000 家，这个数字与 18 万家乡镇企业相比，微不足道，而获得的总投资额也仅为 1700 余万元（中华人民共和国农业部，2010）。高效化肥、农业机械等工业产品作为农业生产资料在现代农村经济活动中越来越重要，其可以提高农业生产效率，将粗放低效封闭式的自给性传统农业转变为由现代工业、现代科学技术与现代经营管理武装的集约高效持续发展的开放式商品农业（刘巽浩，1994）。目前很多工业产品生产资料都已建立了网络展销系统，而广大农民却由于不会上网无法得知这些信息，造成先进的生产资料难以在农村扩散和渗透，"靠天吃饭"的传统封闭小农生产思想难以转变为现代化的农业生产思想。此外，城市生产的大量消费品也难以

---

① 生产资料，也称生产手段，它是指进行生产时所需要使用的资源或工具，一般包括资金、机器设备、工具、原料等。消费资料，亦称消费品，它是指用来满足人们物质和精神消费所需要的那部分社会产品，一般包括吃穿住用行等方面的产品

通过网络流通到农村居民手中，影响农村居民消费资料的获取和使用。

1.5.3.3　固化效应

1988 年第 9 期《经济研究参考资料》上发表了由农业部政策研究中心农村工业化、城市化课题组根据调研结果写成的研究报告《二元社会结构——城乡关系、工业化、城市化》，首次提出二元社会结构的概念，即指城市社会为一元，农村社会为另一元的城乡分隔和差异状态。我国二元社会结构的成因主要有：

第一，城乡在经济、文化、教育等方面的差距，导致农村处于弱势地位。由于我国长期严格的户籍制度引发就业、福利、教育等一系列不平等的社会制度体系，我国的城市和农村一直处于不同的发展环境中，日益形成一个高度僵化、严格分离的社会结构。

第二，城乡资源配置结构不协调，影响农村的发展。由于城市的中心作用和市场机制等因素的存在，各种资源集中地流向城市，而农村却较少得到要素资源的支持。从社会城市化的层面来看，中国城市化进程的主要内容就是二元社会结构向一元社会结构转变。然而城乡数字鸿沟力图加剧现代城市社会与传统农村社会的分隔，对我国业已存在的城乡二元社会结构产生固化效应，阻碍城市化进程。

1）固化效应的表现

二元社会结构主要表现为城乡居民的社会保障水平、教育水平以及文化生活差异大。城乡数字鸿沟对我国二元社会结构的固化效应主要表现在三个方面：一是阻碍城乡社会保障一体化；二是阻碍农村教育水平提高；三是阻碍农村文化生活现代化。

A. 阻碍城乡社会保障一体化

随着城市化进程的推进，城市与农村的社会保障也将逐步趋同。目前我国已迈入信息社会，信息化已广泛地渗透到社会保障体系的各个层面，然而城乡数字鸿沟导致的城乡信息基础设施差距以及居民信息技术使用差距却阻碍了城乡社会保障一体化。

城乡数字鸿沟阻碍城市流动人口社会保障的接续。据人力资源和社会保障部2012 年发布的《劳动和社会保障信息化建设"十二五"规划》，我国每年约有 1 亿流动人口，有 4000 万人在省际流动，6000 万人在省内流动，而这 1 亿流动人口中来自农村的劳工占 80%，他们受到自身信息技术使用水平的限制，通常不能在网上完成失业保险、养老保险、医疗保险等社保金的跨省跨市缴纳和互认，甚至完全不知晓社保信息化方面的信息，这样一来就造成流动人口的社保信息和手续难以跨地区对接，对城市流动人口社会保障水平的提高产生不良影响。据《光明日报》报道，2010 年陕西省共有流动人口 640 多万人，但是全年在网上办理养老保险跨省跨市转移的仅有 170 人，而大部分接受采访者都认为"不会使用网络"是其不能办理该手续的主要原因（陈勇宁，2011）。城乡数字鸿沟是流动人口社保全国联网接续难以实现的重要原因，其结果引发了城市大量流动人口社保服务的缺失。

城乡数字鸿沟阻碍农村居民社会保障的转移接续。随着我国信息化的推进，利用信息技术实行城乡社保制度衔接、促进城乡社保体系一体化已成为政府努力的方向，早在 2002 年国家计委就在《国民经济和社会发展第十个五年计划纲要》中将社会保障信息化建设"金保工程"列为我国电子政务建设的 12 个重点工程之一，此后人力资源和社会保障部一直致力于实现城乡居民社保统一经办管理。但是，由于农村落后的信息基础设施以及农村居民较低的信息素养，社会保障信息化难以在农村社区推广开来。人力资源和社会保障部发布的《2011 年中国社会保障状况和政策》白皮书指出，由于城乡信息基础设施差距大，我国社保信息化网络难以在农村普及，社会保障信息管理标准难以统一，农村社区失业、养老、医疗、工伤、救助等社保信息难以在城乡间转移接续，城乡社会保障体系不能很好地统筹发展（中华人民共和国人力资源和社会保障部，2012）。

B. 阻碍农村教育水平提高

以网络技术为代表的信息技术迅猛发展，为改善农村学习与教学环境、增加农村居民学习机会、提高农村教育质量提供了巨大潜力，尤其是网络远程教育为提升我国农村教育水平、降低文盲率带来了福音。但是城乡数字鸿沟对我国农村教育信息化造成了负面影响，使其难以发挥应有的作用。

我国一直实行的是向城市倾斜的教育发展政策，农村得到的教育资源十分有限，无法满足广大农村居民提高教育水平的需要。进入信息时代以后，我国政府寄希望于农村教育信息化，通过实施"农村现代远程教育计划"以及"全国教育信息资源共享工程"等，大力发展农村网上中小学教育、职业教育和成人教育，使网络教育成为农村居民学习先进实用技术的重要手段，成为农民脱离文盲状态的一大途径，成为农民开阔视野、增长才干的重要渠道。然而城乡数字鸿沟的存在造成了城乡教育信息化发展的不平衡，2008～2011 年城乡居民中的网络教育普及率分别为 5.91% 和 1.59%、9.23% 和 2.46%、12.27% 和 2.88%、14.54% 和 3.08%，城乡差距达 3～4 倍。据《2011 年中国网络教育发展研究报告》，2003～2010 年我国在 25 万个行政村建成了网络教育接收站点，覆盖了 20 万所农村小学以及 4 万所农村中学，但是由于农村地区教育主干网的网速较慢、传输的课程视频和电子教科书质量不高，农村居民难以通过网络享受到丰富的教学内容、先进的教学方法与实验条件等优质的教育资源，阻碍农村教育水平的提高（北京师范大学"中国网络教育发展研究"课题组，2012）。

C. 阻碍农村文化生活现代化

文化生活现代化是当今信息社会城市化的一项重要内容。城乡数字鸿沟阻碍农村文化生活现代化主要体现在文化娱乐和社交生活两方面。

城乡数字鸿沟阻碍农村文化娱乐的现代化。互联网等信息技术可以为城乡居民带来丰富多彩的多媒体文化娱乐服务，网络电视、网络游戏、数字媒体与娱乐已在城市大量普及，然而由于农村地区光缆、有线网络基站、无线网络站点以及数据交换平台等信息软硬件落后，导致农村地区的文化娱乐难以跟上时代的步伐。从表 1-29 可看出，2009～2013 年网络音乐、网络文学、网络游戏在我国农村居民中的普及率较低，与城镇居民相差 3 倍多，这说明农村居民难以通过网络工具实现文化娱乐的现代化。

表 1-29　2009～2013 年网络音乐、网络文学、网络游戏在城乡居民中的普及率对比（%）

项目	年份									
	2009		2010		2011		2012		2013	
居民类型	城镇居民	农村居民	城镇居民	农村居民	城镇居民	农村居民	城镇居民	农村居民	城镇居民	农村居民
网络音乐普及率	36.01	12.81	37.06	12.57	42.42	14.77	46.06	18.05	46.62	18.73
网络文学普及率	18.35	6.38	20.35	6.33	22.27	7.74	25.41	8.80	28.71	10.50
网络游戏普及率	29.48	10.83	30.82	10.84	35.05	13.07	35.34	14.02	35.22	13.07

注：以城镇居民网上音乐普及率为例，说明城乡居民网络应用普及率的计算方法。城镇网络音乐普及率=（城镇网民接入量×城镇居民网络使用率)/城镇居民总人口

资料来源：城乡网民接入量和城乡网络音乐、网络文学、网络游戏的使用率来自于中国互联网络信息中心.中国农村互联网发展状况调查报告（2009～2013）.北京：中国互联网络信息中心.2010～2014；城乡居民总人口来自于《中国统计年鉴》（2014）

城乡数字鸿沟阻碍农村社交生活的现代化。正如国际电信联盟报告 *World Telecommunication/ICT Development Report 2010: Developing Countries*（2010）中指出的那样，即时通信、博客、在线交友等网络社交方式的普及正在改变中国人的城市生活，但是巨大的城乡数字差距却阻碍了农村的社交模式由传统向现代转变。在网络社交不断兴起的现代社会，我国许多农村地区尤其是偏远山村仍旧维持着""白天地里干活，晚上串门唠嗑"的社交模式，很少使用 QQ 等现代社交工具。如表 1-30 所示，2009～2013 年城乡居民即时通信、电子邮件、社交网站、网上博客普及率都相差 3～4 倍，反映出农村居民在应用网络技术进行社交方面极其落后，难以实现农村社交生活的现代化。

2）固化效应的形成过程

二元社会结构下，我国城市和农村社会具有不同的生活方式，而现代生活方式渗透受制约是这种社会结构的主要特点（邓鸿勋和陆百甫，2012）。从形成过程上看，中国城乡数字鸿沟就是通过阻碍现代生活方式渗透形成固化效应的。

表1-30 2009～2013年即时通信、电子邮件、社交网站在城乡居民中的普及率对比（%）

项目	年份									
	2009		2010		2011		2012		2013	
居民类型	城镇居民	农村居民	城镇居民	农村居民	城镇居民	农村居民	城镇居民	农村居民	城镇居民	农村居民
即时通信普及率	30.89	10.57	36.06	12.28	44.93	16.67	48.93	19.90	52.05	24.07
电子邮件普及率	26.21	6.91	27.41	6.81	29.04	7.16	28.63	7.99	29.31	6.44
社交网站普及率	14.14	3.61	25.38	6.88	27.46	9.12	29.77	10.51	—	—

注：以城镇居民即时通信普及率为例，说明城乡居民即时通信普及率的计算方法。城镇居民即时通信普及率=（城镇网民接入量×城镇居民即时通信使用率）/城镇居民总人口

资料来源：城乡网民接入量和城乡居民即时通信、电子邮件和社交网站的使用率来自于中国互联网络信息中心. 中国农村互联网发展状况调查报告（2009～2013）. 北京：中国互联网络信息中心. 2010～2013，城乡居民总人口来自于《中国统计年鉴》（2014）

二元社会转化为一元社会的过程势必要求现代生活方式在城乡不断渗透。信息时代现代生活方式的核心就是"网络生活"，这种生活方式几乎每时每刻都在同网络打交道，能否参与网络已经成为融入现代生活的标志。城乡数字鸿沟通过阻碍现代生活方式渗透，使得城乡隔离的二元社会结构在我国更加凝固而不易软化和消解。

由于城乡数字鸿沟的存在，现代生活方式难以渗透到农村。农村居民在长期的耕种生活中养成墨守成规、因循守旧的习惯，他们对于网络这一新技术往往采取敬而远之的态度，城乡数字鸿沟造成了其对于网络生活的排斥心理，农村旧有的思想意识和价值观念很难得到改善和革新。国家信息中心（2011）在《中国城乡数字鸿沟与网络生活参与研究报告》中指出，2010年农村居民愿意参与网络生活的仅占 8%，绝大部分农村居民因"不懂上网"、"没有联网设备"或"上网费用太高"等原因而不愿改变现有的生活方式，他们不愿意在网上购物、缴纳水电费、电话费、社会保险等，更没想过通过互联网参与政府的公共管理事务（如选举村长、评选先进党员等）。这样一来，农村原有的封闭生活方式难以被打破，农村居民参与现代社会生活并获得自身发展的权利是不平等的，机会也是不平等的，在某种意义上农民将处于"二等公民"的社会地位。

由于城乡数字鸿沟的存在，城镇居民通过现代生活方式获取的社会资源远比农村居民多得多。在人们心目中城镇居民比农村居民具有更高的社会地位，这种心理上的差异来源于两者间所享受的社会福利保障、教育水平和日常生活方式的差距。社会福利保障方面，因为城镇居民能够熟练运用网络手段并且广泛参与网络生活，可以在第一时间获得与个人利益休戚相关的社会信息，无论是国家新政策出台或者原有制度改革，都能通过网络手段实现信息的发布和获取的无缝对接，甚至通过网络听取有关专家的建议采取扩大或保护自身利益的措施；农村居民则缺乏这种有效获取信息的手段，在国家福利保障制度落实过程中不能及时正确地

办理有关手续，从而享受不到国家赋予公民的保障，与城镇居民相比，扩大自身利益的措施就更加无从谈起。教育方面，由于我国实行市场经济之后各领域资源自由流动，高水平教育从业者、信息化教学设施以及科学高效的教育理念等都聚集在城市范畴之内，城镇居民与农村居民自然形成了受教育水平的差距；为了缩小这一差距，国家大力推行网络远程教育，可是其以数字信息为载体的特点，加上城乡存在巨大数字鸿沟的客观事实，使得网络远程教育在农村并未顺利推广，城乡教育间的差距随着时间的推移有增无减。生活方面，得益于信息化浪潮，城镇居民不断加快自己的生活节奏，单位与单位间畅通的信息渠道细化了城市居民的工作分工，提高了工作效率，创造了更多的财富，同时也催生了城镇居民对更高水平生活的需求，两者相互促进，使得城镇居民的生活方式不断朝着更有效的方向转变；而另一头的农村居民则在很大程度上继续着原始的农耕生活，不但生产生活效率低下，而且日益形成的城乡间生活观念上的差异，为日后农村居民向城镇居民转变埋下隐患。城乡数字鸿沟导致的这一系列问题都会随着城镇的进步和农村的停滞不前日益严重，对我国二元城乡社会结构产生固化效应，阻碍城市化进程。

1.5.3.4　排斥效应

从人口城市化层面来看，中国城市化进程的主要内容就是农村人口向城市人口转变。根据 D.T.Bagne 提出的"推拉理论"，在我国发生人口迁移的原因主要包括两个方面：

第一，农村的过剩劳动力是主要的推动力。由于我国农业技术不断进步，农村存在大量的富余劳动力，需要寻找转移的机会。从图 1-24 中可以看出，2000～2013 年我国农用机械水平呈现逐年加强趋势，由 2000 年的 52 573 千瓦·时增加至 2013 年的 103 907 千瓦·时，扩大了近约 1 倍。而农业就业人数在此期间呈现出逐年减少的趋势，从 2000 年的 36 042 万人，下降至 2013 年的 24 171 万人，减少近 1/3。

第二，城市发展中对劳动力的需求是主要的拉力因素。随着城市经济的整体发展，一些劳动密集型产业及工种，如建筑、住宿餐饮等，需要大量工作人员，为农村剩余劳动力转入城市提供了就业可能。从图 1-25 中可以看出，2000～2013 年我国建筑业、住宿与餐饮业快速发展，两类行业 2013 年的企业法人数较 2000 年分别扩大了约 70% 和 200%，迅速扩大的企业数量加大了对劳动力的需求。

通过上述分析发现，由于农村推力以及城市拉力的共同作用，目前我国农村人口正快速向城市迁移，城镇人口稳步增长，然而城乡数字鸿沟却力图将农村人口排斥出城市，对农村人口产生了排斥效应，阻碍了城市化进程。

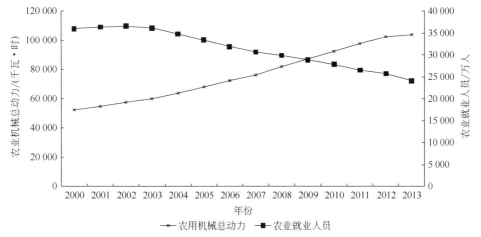

图 1-24　农用机械水平与农业就业人员比较分析

资料来源:《中国统计年鉴》(2001～2014)

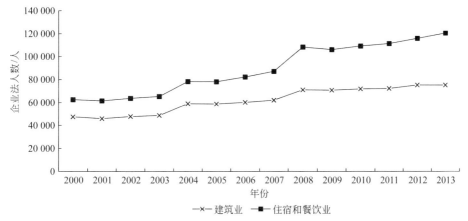

图 1-25　2000～2013 年我国建筑业、住宿和餐饮业发展情况

资料来源:中国统计年鉴 (2001～2014)

1) 排斥效应的表现

中国城乡数字鸿沟对农村人口的排斥效应主要表现在两个方面:一是阻碍农民工向市民转变;二是阻碍农村剩余劳动力就业技能的提高。

A. 阻碍农民工向市民转变

随着城市化进程的推进,农民从农村进入城市、从农业流向工业和服务业是世界城市化的普遍现象。但是由于我国特有的城乡分割的二元体制,形成农民工群体。农民工就是农民工人,是在城市地区从事非农产业的农民,这一群体比起居住在农村地区从事农业的人口来说更容易转变为城市人口,从而加速城市化。然而,城乡数字鸿沟使农民工群体难以真正融入城市生活而处于被"边缘化"的困境。

如今在城市生活离不开网络信息技术，城市化力图使原本的农民工转变为市民，但是由于城乡数字鸿沟的存在，农民工群体难以通过网络去实现城市生活，他们与原本就居住在城市的市民存在较大的价值观差距和思想观念差距，从而产生与城市生活格格不入的感觉，难以实现"城市人"的身份认同。国家统计局农村司发布的《2014 年农民工监测调查报告》显示，当年我国农民工总数已达 27 395万人，通过农民工的抽样调查发现，能够使用城市信息网络（如城市交通信息网络、城市天然气信息网络、城市供电网络系统、自助银行与信用卡网络等）的只有三成左右。信息时代城市网络无处不在，到处充斥着信息，对于进入城市并期望成为城市新居民的农民工来说，掌握现代信息工具无疑有助于其接受城市生活的价值观和思想观念，实现其身份认同，从而转变成为真正的"城市人"。

B．阻碍农村剩余劳动力就业技能的提高

城乡数字鸿沟使得农村剩余劳动力难以通过网络培养和提高就业技能，从而阻碍了农民进城务工（郭勇，2004）。农村剩余劳动力进城务工的关键是就业技能问题。由于缺乏就业技能以及素质不高，农村大量的剩余劳动力难以在城市实现稳定就业。

随着现代工业的兴起和新型服务业的发展，就业市场迫切需要一种快捷高效的劳动技能培训方式来加速农村劳动力的就业转移。近年来，信息技术在就业培训领域广泛应用，各级政府在农村建立以互联网视频为基础的劳动就业培训中心、劳务站、劳动保障工作站等机构，依托信息技术构建劳动技能远程培训系统，开展了网上电工、家政、烹饪等技能培训，为农村剩余劳动力转移提供信息服务平台（中华人民共和国人力资源和社会保障部就业促进司，2011）。但是农村互联网传输速度慢、网络不稳定等问题阻碍农村信息终端接收信息和传递培训知识，妨碍信息服务的网络化和互动性，影响农村剩余劳动力就业技能的提高。

2）排斥效应的形成过程

城市化进程的推进必然导致人口向城市转移，而这一过程的关键在于农村人口进城之后能否获得稳定的工作以及能否实现在城市定居。从形成过程上看，中国城乡数字鸿沟就是通过阻碍农民进城务工和定居来形成排斥效应的。

按照城市经济学中的人口迁移理论，农村人口向城市迁移的根本动因是农业部门存在着大量的边际生产率为零甚至为负的剩余劳动力（米尔斯和郝寿义，2003）。农业部门技术水平落后，生产率较低，而现代工业和服务业部门生产率较高，工资率要比农业部门高得多，从而诱使农村剩余劳动力通过非农就业向工业和服务业部门大量聚集的城市迁移并定居下来。

由于城乡数字鸿沟的存在，加大了农民进城工作和定居的困难，对农村人口产生了排斥效应。首先，城乡数字鸿沟造成我国农村劳动力的就业信息来源减少、就业信息流通不畅,来自农村的很多剩余劳动力难以在城市找到合适的就业岗位。信息时代城市的很多就业信息都是通过网络发布的,我国农村剩余劳动力难以得知这些就业信息,他们大多单纯地依靠亲戚朋友和同乡等"口口相传"的方式获取就业信息,导致其对城市里的工作岗位数量、专业需求等不了解,找不到就业的门路,失去到城市就业的机会。2010 年我国农村剩余劳动力已达 2.2 亿人,解决如此大规模的劳动力就业问题关系到我国城市化的顺利发展(吴刚,2011)。中国社会科学院农村发展研究所 2011 年的一项调查显示,我国农村剩余劳动力中考虑通过网络咨询和获取就业信息的仅占两成(其中绝大多数是 25 岁以下的青年劳动力),大部分农村剩余劳动力与网络就业信息无缘,而政府搭建的农村剩余劳动力自主就业数字化平台往往因使用者有限的信息技能而使应用效果大打折扣(中国社会科学院农村发展研究所,2011)。其次,即使农民能够进城工作也难以在城市定居。在信息经济时代,劳动者的素质和具备的专业技能成为就业的先决条件,但是与城市居民相比,进城务工的劳动者在受教育程度、技能水平等方面存在明显的劣势,尤其是对信息技术利用方面。在自身能力的约束下,虽然农民能够进城工作,但大部分集中在"脏、累、苦、危"的行业,这些行业劳动强度大,缺乏社会保障,子女上学、居住等都存在诸多困难,使得农民难以真正融入城市生活。相反城镇居民由于对信息技术的掌握,多从事一些技术型、信息型、智力型的行业,获得的薪资水平也较高,这无疑使得拥有更多信息知识的"富有者"获得更高的报酬,而单纯靠出卖体力的低素质劳动者则收入甚微。难以适应充斥着各种信息的现代化城市生活、收入少、受到城市居民的排挤等因素都使得农民难以或者不愿意在城市定居,阻碍了农村人口向城市迁移,最终形成了排斥效应。

1.5.3.5　实证检验

前述内容从外在表现和形成过程角度定性地分析了阻尼效应,但还需要更多经验证据的支撑,这里从定量角度对阻尼效应,即强化效应、固化效应、排斥效应的存在性进行检验。

1)模型构建

结构向量自回归模型(structural vector auto regression model,SVAR 模型)是向量自回归模型(vector auto regression model,VAR 模型)的改进,一方面它克服了 VAR 模型由于待估参数过多而产生的过度参数化问题,另一方面它应用的前提条件更为宽松(Reale and Tunnicliffe,2002)。SVAR 模型利用经济时间序列数据,分析经济系统外部变量长期性的冲击对于系统内部变量产生的效应。该模型适用于外部变量为一元的情况,并将外部变量作为"脉冲"用以观察内部变量的"响应",故其应用的前提条件是内部变量必须对外部变量的冲击有某种反应。

可将中国城乡数字鸿沟作为一元的外部冲击变量,分别考察它对内部变量二元经济结构、二元社会结构、城乡人口迁移进行冲击后所产生的效应。由于前面已经定性地分析了强化效应、固化效应、排斥效应的外在表现和形成过程，故可认为二元经济结构、二元社会结构以及城乡人口迁移对城乡数字鸿沟的冲击会产生反应，所以这里是满足 SVAR 模型应用前提条件的。

将二元经济结构、二元社会结构、城乡人口迁移、城乡数字鸿沟分别用变量 E、S、P、DD 来表示。由于 SVAR 模型容易引起异方差，故一般采用变量的自然对数建模，设 E、S、P、DD 的自然对数分别为 LE、LS、LP、LDD。下面分别构建强化效应、固化效应、排斥效应的计量模型，它们都是滞后 n 阶的 SVAR 模型。

强化效应的计量模型为：

$$\begin{pmatrix} LDD_t \\ LE_t \end{pmatrix} = \begin{pmatrix} A_{E1} \\ A_{E2} \end{pmatrix} + \begin{pmatrix} B_{E11} & B_{E12} \\ B_{E21} & B_{E22} \end{pmatrix} \begin{pmatrix} LDD_{t-1} \\ LE_{t-1} \end{pmatrix}$$
$$+ \begin{pmatrix} C_{E11} & C_{E12} \\ C_{E21} & C_{E22} \end{pmatrix} \begin{pmatrix} LDD_{t-2} \\ LE_{t-2} \end{pmatrix} + \cdots + \begin{pmatrix} \Pi^{E}_{1t} \\ \Pi^{E}_{2t} \end{pmatrix} \tag{1-20}$$

其中，$\begin{pmatrix} LDD_t \\ LE_t \end{pmatrix}$ 为强化效应计量模型滞后零阶的变量向量，$\begin{pmatrix} LDD_{t-1} \\ LE_{t-1} \end{pmatrix}$ 为滞后一阶的变量向量，$\begin{pmatrix} LDD_{t-2} \\ LE_{t-2} \end{pmatrix}$ 为滞后二阶的变量向量，$\begin{pmatrix} A_{E1} \\ A_{E2} \end{pmatrix}$ 为常数向量，$\begin{pmatrix} B_{E11} & B_{E12} \\ B_{E21} & B_{E22} \end{pmatrix}$ 为滞后一阶变量的参数向量，$\begin{pmatrix} C_{E11} & C_{E12} \\ C_{E21} & C_{E22} \end{pmatrix}$ 为滞后二阶变量的参数向量，$\begin{pmatrix} \Pi^{E}_{1t} \\ \Pi^{E}_{2t} \end{pmatrix}$ 为随机误差向量。

固化效应的计量模型为：

$$\begin{pmatrix} LDD_t \\ LS_t \end{pmatrix} = \begin{pmatrix} A_{S1} \\ A_{S2} \end{pmatrix} + \begin{pmatrix} B_{S11} & B_{S12} \\ B_{S21} & B_{S22} \end{pmatrix} \begin{pmatrix} LDD_{t-1} \\ LS_{t-1} \end{pmatrix}$$
$$+ \begin{pmatrix} C_{S11} & C_{S12} \\ C_{S21} & C_{S22} \end{pmatrix} \begin{pmatrix} LDD_{t-2} \\ LS_{t-2} \end{pmatrix} + \cdots + \begin{pmatrix} \Pi^{S}_{1t} \\ \Pi^{S}_{2t} \end{pmatrix} \tag{1-21}$$

其中，$\begin{pmatrix} LDD_t \\ LS_t \end{pmatrix}$ 为固化效应计量模型滞后零阶的变量向量，$\begin{pmatrix} LDD_{t-1} \\ LS_{t-1} \end{pmatrix}$ 为滞后一阶的变量向量，$\begin{pmatrix} LDD_{t-2} \\ LS_{t-2} \end{pmatrix}$ 为滞后二阶的变量向量，$\begin{pmatrix} A_{S1} \\ A_{S2} \end{pmatrix}$ 为常数向量，$\begin{pmatrix} B_{S11} & B_{S12} \\ B_{S21} & B_{S22} \end{pmatrix}$ 为滞后一阶变量的参数向量，$\begin{pmatrix} C_{S11} & C_{S12} \\ C_{S21} & C_{S22} \end{pmatrix}$ 为滞后二阶变量的参数

向量，$\begin{pmatrix} \Pi_{1t}^{S} \\ \Pi_{2t}^{S} \end{pmatrix}$ 为随机误差向量。

排斥效应的计量模型为：

$$\begin{pmatrix} LDD_t \\ LP_t \end{pmatrix} = \begin{pmatrix} A_{P1} \\ A_{P2} \end{pmatrix} + \begin{pmatrix} B_{P11} & B_{P12} \\ B_{P21} & B_{P22} \end{pmatrix} \begin{pmatrix} LDD_{t-1} \\ LP_{t-1} \end{pmatrix} \\ + \begin{pmatrix} C_{P11} & C_{P12} \\ C_{P21} & C_{P22} \end{pmatrix} \begin{pmatrix} LDD_{t-2} \\ LP_{t-2} \end{pmatrix} + \cdots + \begin{pmatrix} \Pi_{1t}^{P} \\ \Pi_{2t}^{P} \end{pmatrix} \quad (1\text{-}22)$$

其中，$\begin{pmatrix} LDD_t \\ LP_t \end{pmatrix}$ 为排斥效应的计量模型滞后零阶的变量向量，$\begin{pmatrix} LDD_{t-1} \\ LP_{t-1} \end{pmatrix}$ 为滞后一

阶的变量向量，$\begin{pmatrix} LDD_{t-2} \\ LP_{t-2} \end{pmatrix}$ 为滞后二阶的变量向量，$\begin{pmatrix} A_{P1} \\ A_{P2} \end{pmatrix}$ 为常数向量，

$\begin{pmatrix} B_{P11} & B_{P12} \\ B_{P21} & B_{P22} \end{pmatrix}$ 为滞后一阶变量的参数向量，$\begin{pmatrix} C_{P11} & C_{P12} \\ C_{P21} & C_{P22} \end{pmatrix}$ 为滞后二阶变量的参数向

量，$\begin{pmatrix} \Pi_{1t}^{P} \\ \Pi_{2t}^{P} \end{pmatrix}$ 为随机误差向量。

2）数据收集与检验

A. 资料来源与处理

20 世纪 90 年代以来随着移动电话、互联网在全世界的快速普及，城乡信息化差距越来越大（Compaine，2001；Peters，2001），而在中国这样一个城乡差距原本就很大的发展中国家，城乡数字鸿沟更是迅速拉大（国家信息中心"中国数字鸿沟研究"课题组，2009），因此研究中数据的起始时间取为 1990 年。收集的数据如表 1-31 所示。

表 1-31　1990～2012 年中国二元对比系数、二元社会差异
系数、城乡人口迁移数量、城乡数字鸿沟数据

年份	E（无量纲）	S（无量纲）	P/万人	DD（无量纲）
1990	0.247 0	0.921 8	347	0.047
1991	0.219 4	0.934 0	706	0.083
1992	0.197 6	0.920 1	669	0.105
1993	0.189 7	0.865 7	696	0.128
1994	0.208 6	0.848 9	678	0.209
1995	0.228 4	0.854 9	690	0.290
1996	0.240 3	0.866 8	1 820	0.371
1997	0.224 7	0.845 7	1 812	0.452
1998	0.214 7	0.837 1	1 829	0.533

续表

年份	E（无量纲）	S（无量纲）	P/万人	DD（无量纲）
1999	0.196 4	0.800 4	1 821	0.641
2000	0.177 3	0.802 4	1 845	0.695
2001	0.168 1	0.800 8	1 848	0.756
2002	0.158 7	0.816 0	1 839	0.781
2003	0.152 1	0.813 6	1 844	0.886
2004	0.175 1	0.798 7	1 566	0.988
2005	0.170 0	0.806 6	1 603	1.031
2006	0.168 5	0.832 6	1 739	1.101
2007	0.175 1	0.842 2	1 995	1.180
2008	0.183 4	0.867 3	1 412	1.199
2009	0.187 3	0.890 2	1 739	1.365
2010	0.193 7	0.868 6	2 076	1.510
2011	0.209 0	0.898 5	1 679	1.543
2012	0.221 6	0.921 1	1 662	1.677

根据《新帕尔格雷夫经济学大辞典》（1996），二元经济结构常用二元对比系数[①]来度量，此系数越小说明经济结构的二元性越明显，这里通过《中国统计年鉴》（1991~2013）中相关数据计算得到 E。

国际上常常用恩格尔系数来衡量一个国家和地区人民生活水平的状况，所以此处选取城乡居民的恩格尔系数之比来表示城乡之间的二元社会结构差异，城乡居民的恩格尔系数直接来源于《中国统计年鉴》（1991~2013）。

在我国，城镇人口每年净增加可分为两部分：城镇人口的自然净增长数量和农村向城市的迁移数量。城镇人口每年的自然净增长数量可以用每年城镇人口的总量与每年城镇人口的自然增长率（城镇的出生率与死亡率之差）相乘得到，因此每年城乡人口的迁移数量等于当年城镇人口总的增加量减去城镇人口的自然增加量。其中每年城镇人口数量来源于《中国统计年鉴》（1991~2013），1990~2000年每年城镇人口的自然增长率来源于《中国统计年鉴》（2001），2001~2012 年每年城镇人口自然增长率的计算公式为

每年城镇人口自然增长率=上年城镇人口自然增长率+本年全国人口

自然增长率的一阶差分−全国人口自然增长率−阶差分的平均值+

可获得数据年份内城镇人口然增长率−阶差分的平均值

假定城镇人口的自然增长率和全国人口的自然增长率变化同步，本年全国人口自然增长率的一阶差分反映与上一年相比本年全国人口自然增长率的变化量，全国人口自然增长率一阶差分的平均值反映 1990~2012 年全国人口自然增长率

---

① 二元对比系数是指二元经济中农业部门和非农部门比较劳动生产率的比率，其中，农业部门比较劳动生产率=农业产值所占比例/农业劳动力所占比例，非农部门比较劳动生产率=非农业产值所占比例/非农业劳动力所占比例

的平均变化程度，可获得数据年份内城镇人口自然增长率一阶差分的平均值近似反映 1990～2012 年城镇人口自然增长率的平均变化程度（卢向虎等，2006）。

在此直接引用前面对 2000～2012 年我国城乡数字鸿沟大小的测度结果，1990～1999 年城乡数字鸿沟数据则根据已有数据利用线性回归法估算得到。

B．平稳性检验

某些时间序列数据的统计规律会随着时间推移而发生变化，这样的时间序列数据是非平稳的。若是直接对非平稳时间序列数据进行计量经济学分析，则会导致出现伪回归现象，所以需要进行数据的平稳性检验。这里采用增广迪基-福勒（ADF）检验法对 LE、LS、LP、LDD 中时间序列数据进行平稳性检验。

按照时间序列数据特征来确定检验形式，主要是确定截距项、趋势项和滞后阶数，其中截距项、趋势项分别用 C、T 表示，C=0 表示无截距，C=1 表示有截距，T=0 表示无趋势，T=1 表示有趋势；而滞后阶数用 n 表示，如 n=1 表示滞后 1 阶，n=2 表示滞后 2 阶。利用 Eviews 7.1 软件得到 LE、LS、LP、LDD 时间序列数据的趋势见图 1-26，LE 和 LS 的时间序列数据无截距无趋势，而 LP 和 LDD 的时间序列数据有截距有趋势。此外，滞后阶数从 0 到 3 进行测试，选取使施瓦茨准则（Schwarz criterion，SC）和赤池信息准则（Akaike info criterion，AIC）数值最小的一个滞后阶数。

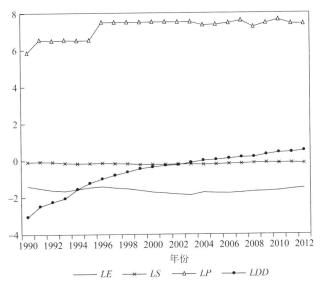

图 1-26　1990～2012 年 LE、LS、LP、LDD 时间序列数据的趋势

根据上述分析，LE、LS、LP、LDD 的检验形式分别为（1，0，1）、（0，0，0）、（1，1，0）、（1，1，2），检验结果见表 1-32。LE、LS、LP、LDD 的时间序列数据在 5%显著性水平上都不能拒绝有单位根的原假设，因此所有变量的时间序列数据都是非平稳的。

表 1-32　1990~2012 年 *LE*、*LS*、*LP*、*LDD* 时间序列数据的平稳性检验结果

变量	检验形式 (C, T, n)	ADF	临界值		结论
			1%	5%	
LE	(1, 0, 1)	−1.809 882	−3.788 030	−3.012 363	非平稳
LS	(0, 0, 0)	−0.331 717	−2.674 290	−1.957 204	非平稳
LP	(1, 1, 0)	−2.695 099	−4.440 739	−3.632 896	非平稳
LDD	(1, 1, 2)	−3.920 504	−2.573 063	−2.324 130	非平稳

注：滞后阶数的确定依据 AIC-SC 准则

同理，对 *LE*、*LS*、*LP*、*LDD* 时间序列数据的一阶差分（分别用 Δ*LE*、Δ*LS*、Δ*LP*、Δ*LDD* 表示）进行单位根检验，检验结果见表 1-33。一阶差分在 5%显著性水平上都可以拒绝有单位根的原假设，因此所有变量都是一阶单整的，它们之间可能存在着协整关系。

表 1-33　1990~2012 年 *LE*、*LS*、*LP*、*LDD* 一阶差分时间序列数据的平稳性检验结果

变量	检验形式 (C, T, n)	ADF	临界值		结论
			1%	5%	
Δ*LE*	(0, 0, 0)	−2.935 368	−2.679 735	−1.958 088	平稳
Δ*LS*	(0, 0, 0)	−3.437 238	−2.679 735	−1.958 088	平稳
Δ*LP*	(1, 1, 0)	−5.863 603	−4.467 895	−3.644 963	平稳
Δ*LDD*	(1, 1, 0)	−4.603 189	−4.467 895	−3.644 963	平稳

注：滞后阶数的确定依据 AIC-SC 准则

C. 协整检验

协整检验是诊断变量之间是否存在长期依存关系的一种检验方法。许多变量的时间序列具有非平稳性，但是两个或两个以上非平稳时间序列有可能存在某个线性组合是平稳的，则称这些变量是协整的。如果几个变量是协整的，那么它们之间就存在着长期的依存关系。

检验变量之间是否存在协整关系的方法有 EG 两步法和 Johansen 极大似然法。前一种方法主要适用于两个变量之间的协整检验，而后一种方法适用于多个变量之间的协整检验。由于此处是研究 *LE* 与 *LDD*、*LS* 与 *LDD*、*LP* 与 *LDD* 两两之间的关系，故选用 EG 两步法。

运用 Eviews 7.1 软件对 *LE* 与 *LDD*、*LS* 与 *LDD*、*LP* 与 *LDD* 分别进行协整检验，结果如下：

$$LE=-0.067LDD-1.680 \tag{1-23}$$

$$LS=-0.021LDD-0.172 \tag{1-24}$$

$$LP=0.429LDD+7.469 \tag{1-25}$$

再分别对式（1-23）~式（1-25）的残差序列进行 ADF 平稳性检验，结果发

现：①式（1-23）残差序列的统计量为-2.173 052＜-1.958 088（5%显著性水平上），表明 LE 与 LDD 之间存在协整关系；②式（1-24）残差序列的统计量为-3.719 755＜-2.679 735（1%显著性水平上），表明 LS 与 LDD 之间存在协整关系；③式（1-25）残差序列的统计量为-3.016 195＜-2.674 290（1%显著性水平上），表明 LP 与 LDD 之间存在协整关系。

3）模型拟合

在拟合计量模型之前，需要选取计量模型的滞后阶数。下面利用 SVAR 模型滞后阶数判断标准来选取式（1-20）～式（1-22）的滞后阶数。运用 Eviews 7.1 软件计算出全部的五种滞后阶数准则（表 1-34），当至少三种准则确定的滞后阶数相同时，可判断出应该选取的滞后阶数。

表 1-34　待拟合计量模型滞后阶数的五种准则计算结果

待拟合计量模型	滞后阶数	LR 准则	FPE 准则	AIC 准则	SC 准则	HQ 准则
式（1-20）	0	NA	0.010 090	1.079 428	1.178 906	1.101 017
	1	117.095 5$^{#}$	2.22×10^{-5}	-5.045 148	-4.746 713$^{#}$	-4.980 380
	2	8.249 157	$1.97 \times 10^{-5#}$	-5.179 168$^{#}$	-4.682 377	-5.071 822$^{#}$
式（1-21）	0	NA	0.001412	-0.887 446	-0.787 967	-0.865 856
	1	115.798 1$^{#}$	$3.33 \times 10^{-6#}$	-6.939 720$^{#}$	-6.641 285$^{#}$	-6.874 952$^{#}$
	2	2.257 419	4.30×10^{-6}	-6.699 856	-6.202 464	-6.591 909
式（1-22）	0	NA	0.038 559	2.420 040	2.519 518	2.441 629
	1	94.837 88$^{#}$	0.000 292$^{#}$	-2.467 779$^{#}$	-2.169 344$^{#}$	-2.403 011$^{#}$
	2	0.417 533	0.000 422	-2.112 923	-1.615 531	-2.004 976

表示根据相应准则确定的滞后阶数

对于式（1-20）来说，有 3 种准则（FPE 准则、AIC 准则、HQ 准则）确定的滞后阶数同为 2，故可判断式（1-20）应选取的滞后阶数为 2。用 Eviews 7.1 软件计算出式（1-20）的常数向量和参数向量，得式（1-20）的拟合结果为：

$$\begin{pmatrix} LDD_t \\ LE_t \end{pmatrix} = \begin{pmatrix} 0.16 \\ -0.46 \end{pmatrix} + \begin{pmatrix} 0.62 & 0.51 \\ 0.012 & 1.32 \end{pmatrix} \begin{pmatrix} LDD_{t-1} \\ LE_{t-1} \end{pmatrix}$$
$$+ \begin{pmatrix} 0.23 & -0.47 \\ -0.027 & -0.59 \end{pmatrix} \begin{pmatrix} LDD_{t-2} \\ LE_{t-2} \end{pmatrix} + \begin{pmatrix} \Pi_{1t}^E \\ \Pi_{2t}^E \end{pmatrix} \tag{1-26}$$

对于式（1-21）来说，五种准则确定的滞后阶数都同为 1，故可判断式（1-21）应选取的滞后阶数为 1。用 Eviews 7.1 软件计算出式（1-21）的常数向量和参数向量，得式（1-21）的拟合结果为：

$$\begin{pmatrix} LDD_t \\ LS_t \end{pmatrix} = \begin{pmatrix} 0.11 \\ 0.004 \end{pmatrix} + \begin{pmatrix} 0.88 & 0.17 \\ 0.01 & 0.98 \end{pmatrix} \begin{pmatrix} LDD_{t-1} \\ LS_{t-1} \end{pmatrix} + \begin{pmatrix} \Pi_{1t}^S \\ \Pi_{2t}^S \end{pmatrix} \tag{1-27}$$

对于式（1-22）来说，五种准则确定的滞后阶数都同为 1，故可判断式（1-22）应选取的滞后阶数为 1。用 Eviews 7.1 软件计算出式（1-22）的常数向量和参数向量，得式（1-22）的拟合结果为：

$$\begin{pmatrix} LDD_t \\ LP_t \end{pmatrix} = \begin{pmatrix} 1.10 \\ 4.82 \end{pmatrix} + \begin{pmatrix} 0.94 & -0.14 \\ 0.18 & 0.36 \end{pmatrix}\begin{pmatrix} LDD_{t-1} \\ LP_{t-1} \end{pmatrix} + \begin{pmatrix} \Pi_{1t}^P \\ \Pi_{2t}^P \end{pmatrix} \tag{1-28}$$

式（1-26）～式（1-28）的拟合优度分别为 $R^2=0.899\,38$、$R^2=0.873\,56$、$R^2=0.868\,49$，说明三个式子的拟合效果都很好。

4）脉冲响应分析

在式（1-26）～式（1-28）的基础上，将 LDD 作为脉冲变量，分别考察 LE、LS、LP 对脉冲的响应趋势。

依据式（1-26），用 Eviews 7.1 软件给予 LDD 一单位的脉冲，得到由 LDD 脉冲引起的 LE 的响应函数，如图 1-27 所示，其中实线表示脉冲响应函数，虚线表示正负两倍标准差偏离带。LE 的脉冲响应函数值基本全都在横轴以下，LE 对于 LDD 一个标准差的冲击呈现负向的响应趋势，这表明城乡数字鸿沟会导致二元对比系数减小，即城乡数字鸿沟会加剧二元经济结构，对二元经济结构确实产生强化效应。

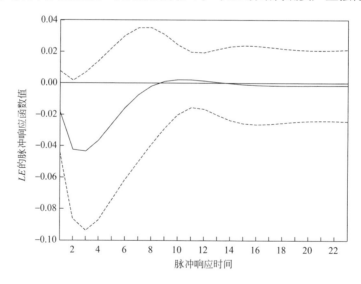

图 1-27　由 LDD 脉冲引起的 LE 的响应函数

依据式（1-27），用 Eviews 7.1 软件给予 LDD 一单位的脉冲，得到由 LDD 脉冲引起的 LS 的响应函数，如图 1-28 所示。LS 的脉冲响应函数值全都在横轴以下，LS 对于 LDD 一个标准差的冲击呈现负向的响应趋势，这表明城乡数字鸿沟会导致二元社会差异系数减小，即城乡数字鸿沟会使得社会结构的二元性越来越明显，对二元社会结构确实产生固化效应。

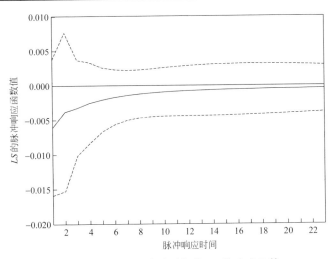

图 1-28　由 *LDD* 脉冲引起的 *LS* 的响应函数

依据式（1-28），用 Eviews 7.1 软件给 *LDD* 一单位的脉冲，得到由 *LDD* 脉冲引起的 *LP* 的响应函数，如图 1-29 所示。*LP* 的脉冲响应函数值全都在横轴以下，*LP* 对于 *LDD* 一个标准差的冲击呈现负向的响应趋势，这表明城乡数字鸿沟会使得农村迁移到城市的人口数量减少，对农村人口确实产生排斥效应。

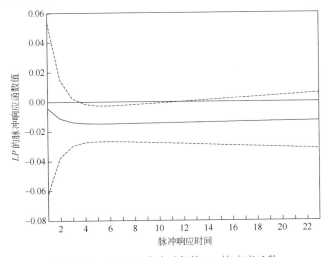

图 1-29　由 *LDD* 脉冲引起的 *LP* 的响应函数

综上所述，通过实证检验发现，中国城乡数字鸿沟对城市化进程阻尼效应确实是存在的，其包括对二元经济结构的强化效应、对二元社会结构的固化效应、对农村人口的排斥效应。中国城乡数字鸿沟阻碍了城市化进程，从经济城市化层面来看它加剧二元经济结构，从社会城市化层面来看它导致了社会结构的二元性更加明显，从人口城市化层面来看它造成农村人口迁移到城市越发困难。

1.6　小　　结

主要研究中国城乡数字鸿沟及其对城市化进程的影响。首先在全面系统地认识城乡数字鸿沟的基础上分析中国城乡数字鸿沟的外在表现，然后探讨其形成原因以及形成途径，继而对城乡数字鸿沟的大小进行测度，重点剖析中国城乡数字鸿沟对城市化进程的阻尼效应。主要研究结论有：

第一，梳理城乡数字鸿沟的概念，并结合我国实际情况，研究中国城乡数字鸿沟的表现，揭示城乡数字鸿沟这样一种现象到底是什么。研究结果表明：

（1）城乡数字鸿沟可定义为：在当代社会信息化发展过程中，由于信息技术的迅速发展和有效应用，而导致的一种城乡两大不同社区的信息活动主体之间以网络技术为代表的信息技术普及与应用程度的差距。

（2）城乡数字鸿沟是一种包含技术、知识、经济和社会的综合性不平等问题，表现为"个人技术层面的不平等""个人知识水平层面的不平等""经济上的不平等""新的社会不平等"。城乡数字鸿沟本质是城乡群体因为信息的拥有及应用的差异而导致的参与各种活动机会与获得的收益不同。

（3）中国城乡数字鸿沟的表现有三个方面：在信息接入层面，城乡在传统信息工具（彩色电视机和固定电话）和新兴信息工具（移动电话和家用计算机）接入存在差距；在信息利用层面，在商务交易类和交流沟通类的应用中，城市网民的使用率远高出农村网民，但在网络娱乐的应用中，农村网民与城市网民较为接近，尤其是网络游戏，城乡网民使用率差距不大；在信息消费层面，城市居民信息消费倾向明显高于农村居民，表明农民信息消费意识差。

第二，从供需视角分析中国城乡数字鸿沟的形成原因，并采用技术扩散理论，运用二维元胞自动机方法分析互联网在城乡的扩散模式，模拟中国城乡数字鸿沟的形成过程。研究表明：

（1）城乡数字鸿沟是在城乡居民对信息需求不足以及传媒大众对信息供给不足的条件下产生的，其形成的主要原因为：城乡居民收入差距、城乡居民文化水平差距、城乡信息投资收益与成本差异等。

（2）同一时期城镇居民采用互联网技术的人数明显多于农村居民人数，可见互联网技术在城镇居民中间的扩散比农村快，结果导致更多的城镇居民成为网民，与农村之间的差距逐渐拉大，形成数字鸿沟。

第三，从信息技术意识、信息技术接入、信息技术利用、信息技术环境四个维度，构建包含 17 项指标的中国城乡数字鸿沟测度指标体系，选取 2000～2012 年相关数据，利用因子分析法测度中国城乡数字鸿沟的大小。通过测度发现：

（1）中国城乡数字鸿沟呈逐年扩大的趋势。从 2000 年的 0.695 增大到 2012

年的 1.677，扩大了 2.4 倍。这说明虽然城乡的信息化水平都在逐年提高，但是农村信息化水平每年提高的程度远远不如城镇，结果就造成城乡数字鸿沟逐年扩大。

（2）2000～2012 年城乡数字鸿沟的扩大过程经历了四个阶段，2000～2002 年增长较平缓，2003～2008 年增速稍微变大，2008～2010 年出现大幅度增长，从 2010 年开始增速又有所下降。这表明 2008～2010 年农村的信息化水平发展缓慢，与城市的差距逐年增大，直至最近几年农村的信息化水平才出现增长的势头，但最终还是难以追赶上城市的信息化水平。

第四，在分析中国城市化特点以及城乡数字鸿沟特点的基础上，主要从城乡数字鸿沟对二元经济结构的强化效应、对二元社会结构的固化效应以及对农村人口的排斥效应来分析城乡数字鸿沟对城市化影响的结果；然后构建向量自回归模型，从定量的角度检验城乡数字鸿沟对二元经济结构强化效应、对二元社会结构固化效应、对农村人口排斥效应的存在性，研究表明：

（1）从城市化推进模式、城市化发展水平、城市化规模结构、城市化发展趋势等方面来看，中国城市化进程呈现出：政府主导、城市化发展虚高、区域差异明显、城市规模两极分化、城市群快速发展的特点。

（2）城乡数字鸿沟是一种信息分化问题，从发展社会学的角度来看，它是工业时代以来社会分化向信息时代延伸的结果，是社会分化现象在信息时代的突出表现，隶属城市化发展的外部阻力。

（3）从经济、社会和人口层面来看中国城乡数字鸿沟对城市化进程存在阻尼机理，城乡数字鸿沟的出现导致先进的信息技术难以装备传统农业、农村居民难以获得经济信息，阻碍农业向二三产业转变、阻碍农村居民从事非农生产；城乡数字鸿沟造成以"网络生活"为核心的现代生活方式在农村难以渗透；城乡数字鸿沟的出现导致农村剩余劳动力难以通过网络获取就业和培训信息，使农村人口难以适应现代数字化、信息化的城市生活，阻碍农民进城务工和定居。

（4）中国城乡数字鸿沟对二元经济结构的强化效应主要表现在两个方面：一是阻碍农村产业结构改造和升级；二是阻碍农村居民收入和消费水平提高。对二元社会结构的固化效应主要表现在三个方面：一是阻碍城乡社会保障一体化；二是阻碍农村教育水平提高；三是阻碍农村文化生活现代化。对农村人口的排斥效应主要表现在两个方面：一是阻碍农民工向市民转变；二是阻碍农村剩余劳动力就业技能的提高。

（5）构建向量自回归模型，从定量的角度检验城乡数字鸿沟对二元经济结构强化效应、对二元社会结构固化效应、对农村人口排斥效应的存在性。通过脉冲响应函数发现，城乡数字鸿沟会导致二元对比系数减小，对二元经济结构确实产生了强化效应；城乡数字鸿沟导致二元社会差异系数减小，对二元社会结构确实产生了固化效应；城乡数字鸿沟会使得农转非人口数量减少，对农村人口确实产生了排斥效应。

第2章 中国城乡数字鸿沟对城市化 进程的阻尼作用机理

2.1 系统动力学模型简介

系统（system）一词作为科学的术语或者生活用语，在不同的场合往往具有不同的含义。长期以来，学术界对于系统概念定义以及其特征的描述并没有形成统一规范的定论。一般来说，系统可以最少被分解成两个及多个组成部分，这些部分按照一定的方式结合在一起，相互依存，也相互制约。对于系统可以定义如下：系统是由若干个成分组成，这些部分相互联系、相互制约，并发挥出一定的功能。基于此，从下面三个方面来理解系统的含义：①系统是由若干要素组成的。②系统有一定的结构。系统的结构是指系统所包含元素之间的组织方式和相互之间联系以及影响方式。一个系统是它的所有构成要素的集合，所有要素之间存在着一定的相互联系、相互制约的关系。系统内各个要素之间的联系方式、组织秩序以及控制内在的表现形式，就是系统结构。③系统具有一定的功能。系统通过与外部环境联系并作用所体现出来的特性和能力就是系统的功能。

系统动力学（system dynamics，SD）以系统的思考为理论基础，但更前进一步，是将计算机仿真模型融入其中的计算机实验仿真方法。系统动力学创始人为美国麻省理工学院的 Jay W. Forrester 教授，他在1961年发表经典著作《工业动力学》。初期它主要应用于工业企业管理，后来，随着学科的发展，其应用范围日益扩大，遍及经济以及社会等各类系统，故改称为系统动力学。系统动力学在20世纪80年代初期达到成熟的阶段。

到目前为止，系统动力学研究范围十分广泛，常用于社会经济系统的研究。凡涉及人类社会活动以及经济活动的系统都属于社会系统，如这里要研究的城乡数字鸿沟以及城市化的系统均属于社会经济系统的范畴。

系统动力学所研究的对象是复杂的系统，除一般系统具有的结构复杂、影响众多、存在时滞现象以及系统内部参数随时间变化等特征外，还有其他的特征：系统是高阶数、多回路、非线型的反馈系统；系统内部众多反馈回路中存在一些主要的回路，这些主要回路的不断更替变化以及相互作用决定了系统的动态行为；系统经过多次反馈后，会对外部扰动逐步呈现出反应迟钝的倾向（王其藩，1995）。

正是基于复杂系统的认识，系统动力学建模需要借助计算机语言或相关软件来实现。在 20 世纪 50 年代系统动力学发展初期，出现了 DYNAMO 计算机模拟语言，其取名来自 Dynamic Models（动态模型）的混合缩写，含义为建立真实系统的模型。通过这一仿真语言在计算机上对真实系统进行仿真，对系统的结构、功能以及行为之间的动态关系进行研究，从而能够寻求到更优的系统结构以及功能。系统动力学主要适用于以下问题的研究：

（1）长期性及周期性问题。像产品生命周期、自然界生态平衡或者具有长期的周期性变化规律的社会问题，如经济危机等。目前，已有不少学者研究这方面的系统动力学模型，如系统动力学人口预测模型，对人口变化的机制作出较为科学合理的解释。

（2）数据不充分问题。在实际研究中，有时候会遇到某些变量的数据难以取得的问题。系统动力学并不要求每个数据都精确地取得，有时候可以根据系统中要素之间的关系，利用现有的数据，借助系统动力结构的分析，对缺失的数据进行推算，得到的结果往往也是能够运用于系统中的。

（3）对精确度要求并不是非常严格的社会经济方面的问题。一般来说，对社会经济问题的研究主要是希望探讨其发展趋势及变化规律，对其动态变化规律感兴趣，而对其精确度要求并不是很严格。这样，就可以使用系统动力学的方法，采用计算机仿真技术来模拟系统的变化过程，从而对这些问题进行相应的分析。

（4）强调进行有条件预测的问题。系统动力学侧重于要素间的关系，更强调产生某类结果的条件，通过采用假设条件的形式，为预测提供新的手段。

系统动力学对问题的理解，是建立在系统的行为和其内在的机制之间的相互依赖关系之上的，通过建立数学模型并进行过程操作及模拟得到结论，并发掘产生特定形态变化的因果关系，系统动力学将之称为结构。而将结构可以理解为一组互相联系在一起的变量之间的连接方式或连接规律。举个例子来说，某个组织内的行动是按照一些既定的准则或惯例来进行的，这些准则相互之间有着一定的联系，而组织内成员按照这些准则来行动，这就决定了组织行为的特征。

在采用系统动力学进行研究的过程中，常常使用到系统框图、因果关系图和流图三种图形来表示系统结构。系统框图是用方块或者圆圈简明地代表系统的主要子块并描述它们之间物质与信息流的关系。因果关系图有时候也被称为影响图、向图或是因果循环图，简单反映各要素之间传导的方向及各种量的流向，普遍地用于构思模型的初始阶段。而流图则能完整地反映系统的动态性能和积累效应，是在因果关系图的基础上绘制的。

在了解系统分析的常用工具后，需要了解系统动力学中最基本的一个概念，就是"反馈"。"反馈"指的是"系统内部的同一个单元或者同一个子块输入与输出之间的相关关系"，所描述的是信息的传输与回授。系统内部某个单元输出一定的量，经由一定的连接，传导到其他的子块或单元，然后可以回到该单元上。在因果图表示的反馈结构中，可以看到一个回路中所有的变量连接在一起形成一个环状的结构，称之为反馈回路。只要在某个系统中包含的所有关系之中存在着一个反馈环的关系，则这个系统就能被叫做"闭环系统"。相反地，在系统中并不包含任何反馈关系的系统被称为"开环系统"。在闭环系统中，即便是外界不对该系统进行输入，其自身也会按照一定的规律不停地循环作用；而在开环系统中，系统的运行主要靠外界条件的改变来维持。一般来说，能够按照特定的规律自身进行动态行动的系统，都是闭环系统。在一个复杂的系统中，往往包含着多个反馈回路。一般来说，一个复杂系统中所包含的反馈回路往往不止一个，这些回路之间往往还互相连接作用，从而形成复杂的系统结构。

在对反馈系统的结构进行分析时，按照反馈过程的特点，反馈可划分为"正反馈"和"负反馈"两种。当某个反馈回路中间所包含的连接均指向同一方向，即全是"同向连接"，或者这个反馈环中间的反向箭头个数为偶数的时候，它就是一条正反馈回路；反之，当某个反馈回路中间包含的"反向连接"的个数为奇数，那么这条反馈回路就可被称为"负反馈回路"。

正反馈回路和负反馈回路具有不同的特点。正反馈回路并不稳定，它能通过自身的运动不断强化，常被称为增强回路。在正反馈回路中，某处变量发生偏离后，系统通过自身的运行放大该偏离；而负反馈回路则常被称作稳定回路。其特点是能够不断地对外界的刺激给予相应反馈，不断缩小与目标之间的偏离，使得系统回到一个既定的值，从而保证系统的稳定运行。

用系统动力学模型对问题进行分析主要是通过仿真来实现的，其大部分计算结果都是一些模拟曲线以及模拟值，这些结果随时间变化的规律反映了系统的特征。利用系统动力学模型可以处理复杂的多重反馈的系统，而这些系统往往都是非线性、高阶次的，一般的数学方法难以进行处理。建立系统动力学模型的基本步骤如下：

1）确定建模的目的

从系统动力学角度来看，建立系统动力学模型往往是为了研究某一具体的问题而设置的，其目的就是为了解决问题。在确定了所要研究的问题之后，对建模的目的也应有一个明确的了解。因此，在系统动力学建模过程中，首先要解决的问题就是确定建模的目的。

2）确定系统边界

系统动力学是将研究对象视为整个系统来处理的。而对于研究问题的实质以及建模目的而言，系统只是一个相对的概念。在了解建模目的的基础上，才能够确定系统所要分析的关键问题，从而确定系统的边界。系统边界不是一条假想的线，而是问题研究中系统变量要素的集合。如世界模型中人口、自然资源、资本、污染量等，这些要素的集合就是系统的边界。对边界的确定也就是相应地分析系统所包含的要素有哪些。

3）因果关系分析

通过对系统之间要素的因果关系分析，并通过反馈回路来描述系统内各因素之间的相互关系。在系统动力学中，反馈环是用来构造系统的第一层。反馈环是系统中最基本的构造，其数量多少是系统复杂程度的象征。反馈环上的信息通过实际观察和调研获取。而系统内部的某项变化或决策通过在各个回路中运行并且发挥作用，使得系统的行为更加复杂。

4）建立系统动力学模型

上面所说的因果关系分析，在系统动力学中是属于定性分析的内容。对系统进行定量的分析需使用系统动力学中的其他工具。流图是常用的构建模型的工具。此外，还需数学公式来定量分析要素之间的数量关系。所谓的系统动力学模型的建立就是通过分析来确定系统中各个反馈环中的状态变量以及速率变量，并最终写出系统中全部的变量式。其中变量式的建立需要进行更深入、更具体的实证分析，而且往往要与其他的统计模型方法相结合。

5）运行模型

采用系统动力学专用的语言，结合前面建立的因果关系模型以及系统模型，将其转化为仿真模型，在计算机上通过参数调控等方式得到仿真结果。

6）结果分析

对仿真结果进行分析，是检验系统构造方面缺陷和错误的一个好办法。如果所得到的结果并不合理，则对模型进行修正，直到得到满意结果为止。

系统动力学建模过程如图 2-1 所示。

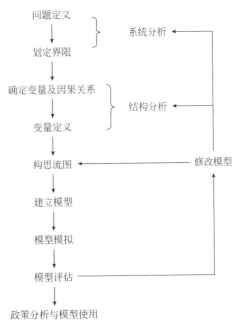

图 2-1　系统动力学建模过程与步骤

2.2　中国城乡数字鸿沟对城市化进程阻尼作用系统构建

城乡数字鸿沟对城市化进程阻尼作用系统涉及的因素众多，各因素间的关系错综复杂。构建一个城乡数字鸿沟对城市化进程阻尼作用的系统动力学模型，分析系统内部反馈结构以及动态行为，了解城乡数字鸿沟对城市化进程的阻尼作用机理。

2.2.1 建模目的及模型假设

应首先明确建模目的并对模型作出一些假设，在尽量贴近现实的前提下将系统简单化，以便探讨阻尼作用因果链和阻尼作用系统流图。

2.2.1.1 建模目的

中国城乡数字鸿沟对城市化进程有着负面影响，它会阻碍城市化的发展。研究中国城乡数字鸿沟对城市化进程的阻尼，不仅要知道阻尼的存在性，更要知道为什么会形成这种阻尼。所要建立的系统动力学模型就是从这一问题出发，以动态的、复杂性的视角建立起刻画城乡数字鸿沟以及城市化诸要素变量的定量关系模型，分析中国城乡数字鸿沟所包含的要素是如何作用于城市化的，并通过系统动力学模拟的方法，观察系统内变量的变化规律，以此为依据分析城乡数字鸿沟对城市化进程的阻尼作用机理。鉴于此，提出以下四个具体的建模目的：

（1）明确阻尼作用系统包含几个子系统、各个子系统所含的要素及子系统的结构。首先，从我国现实的经济社会状况来看，城市化正在加速发展，而城乡数字鸿沟也在不断扩大，阻尼作用系统正形成一个复杂系统，它不仅包括"城市化"这一核心主体子系统，而且还包括"城乡数字鸿沟"这一外部影响客体子系统等。其次，各个子系统都是多个要素构成的集合体，城市化子系统包含人口集聚、城区空间范围、产业结构等要素，城乡数字鸿沟子系统包含城乡信息技能差距、城乡信息基础设施差距等要素，这就需要通过建模来实现分析目标。

（2）通过判别和检验阻尼作用系统中各变量间的因果关系，深入探讨阻尼作用因果链。系统动力学把系统的行为模式看成是由系统内部各变量间的因果关系决定的，因此阻尼作用因果链分析尤为重要。在中国城乡数字鸿沟对城市化进程阻尼作用系统中，哪些变量是"因"，哪些是"果"，关系到系统内部物质流和信息流的传递路径，对于理清阻尼作用因果链有基础性作用。

（3）通过绘制阻尼作用系统流图定量分析系统内变量的变化规律。因为"进程"本身就是一种时间过程，要分析对城市化"进程"的阻尼作用，必定会涉及各子系统和总系统随着时间变化的规律，而流图不仅能够为分析系统内变量逻辑关系提供工具，更能够为构建 DYNAMO 定量式组提供平台。

（4）通过模拟阻尼作用找出作用的途径，探讨作用的特征。对于阻尼作用系统这样的复杂系统来说，仅仅通过对系统的分量部分（子系统）的了解，并不能对系统整体的性质作出完全的解释，而需要通过模拟系统分量之间的相互作用来考察涌现出的宏观性质。

2.2.1.2　模型假设

模型的建立都应具有一定的假设条件,这里构建的系统动力学模型也不例外。假设条件有些是必需的,有些是为了简化模型而设定的。在建模过程中合理地提出假设条件,不仅能够使所构造的系统更加贴合实际,从而更加准确地描述系统的行为,而且还能够避免产生许多不必要的问题,从而增强模拟效果。为了突出研究目标,将主要精力集中于主要问题和主要矛盾,研究提出以下假设:

（1）中国城乡数字鸿沟对城市化进程阻尼作用系统具有连续性。根据系统状态的改变情况可以将系统划分为连续系统与离散系统两类,系统动力学模型所强调的是系统状态随时间的变化而变化,在这种连续系统中,每一系统行为背后都是由某些变量的变化引起与之具有因果循环关系的变量变化所造成的。研究假设城乡数字鸿沟影响城市化作用系统的状态改变是连续的,即其系统行为的变化不是离散随机的,而是一个连续、渐进的行为过程。

（2）研究所构建模型的仿真时间段选取合理。要使仿真结果符合现实情况,研究的时间段应满足以下条件:一是在选取时间段内仿真过程能够使研究问题清晰化,由于研究选取的仿真时间是 2000～2012 年,这段时期正是我国城乡数字鸿沟对城市化进程阻碍日益凸显的时候（Williams et al., 2012）,因此可以用这段时期来较为清楚地描述问题;二是在仿真时间段内变量对系统的作用能够充分地反映出来,研究选取的仿真时间长度是 13 年,达到系统动力学所要求的仿真时间在五年以上的前提条件,而且在这 13 年的时间内数据较稳定,因此在 2000～2012 年进行仿真可使城乡数字鸿沟对城市化的作用充分地表现出来。

（3）研究在构建系统时假设系统边界以外的其他变量保持不变。城市化和信息化是我国发展的主旋律,系统边界以外的其他相关因素应围绕这一主旋律,因此,假设国际社会经济发展平稳、我国对外开放政策保持不变等,专注于"城乡数字鸿沟对城市化进程阻尼"这一主要问题展开研究。

（4）城乡数字鸿沟对城市化影响的系统边界确定合理。系统边界的确定关系到所构建的模型能否反应出现实情况,同时关系到城乡数字鸿沟影响城市化的作用机理是否准确。研究认为,城乡数字鸿沟影响城市化的作用系统可分为三个子系统,即城乡数字鸿沟子系统、耦合子系统、城市化子系统。因此,研究对该系统的划分是能够反映城乡数字鸿沟对城市化影响实际状况的,并具有其科学合理性。

（5）研究所要构建模型中式是符合真实情况的。如果式的设计不符合真实情况,最终的仿真结果将会有较大的误差。研究在变量类型判断的基础上,根据 2000～2012 年的数据采用线性回归等方法拟合式并进行了检验,确保所构建的式能够准确反映变量之间的函数关系。

2.2.2　系统边界确定

系统边界明确了在构建系统时，哪些部分应该划入系统模型，而哪些部分不应该划入系统模型（王其藩，1994）。系统边界是一个范围有限的轮廓，把建模目的所考虑的内容圈入边界内，而与边界外其他部分隔开。涉及与所研究问题有重要关系的概念及变量需考虑进模型；反之，在边界外的概念与变量需排除在模型之外。为确定系统边界，应从所研究的问题起步，考虑该问题是一个什么样的问题，在明确建模目的基础上构建系统模型。

根据建模目的，这里所构建的系统主要研究城乡数字鸿沟对城市化进程的阻尼作用。鉴于此，首先确定系统边界内必需的两个子系统，它们分别是城乡数字鸿沟子系统及城市化子系统：城乡数字鸿沟子系统囊括其自身所包含的要素，这些要素在一起共同反映城乡数字鸿沟子系统的状态、性质、特征等方面的内容。

其次，既然城乡数字鸿沟对于城市化进程具有阻尼作用，那么城乡数字鸿沟子系统与城市化子系统之间也应当存在交互作用，将两者交互作用形成的子系统称为耦合子系统。"耦合"这一概念指的是两个或两个以上的系统通过相互作用而彼此影响的现象，是一种在各子系统间互动下，相互依赖、相互协调、相互制约的动态关联关系。耦合子系统是城乡数字鸿沟子系统与城市化子系统的关联体，城乡数字鸿沟子系统的要素与城市化子系统的要素之间相互作用、相互影响中形成的非线性关系总和就是耦合关系。耦合子系统包含城乡数字鸿沟与城市化交互作用的各个要素，这些要素既不属于城乡数字鸿沟子系统，也不属于城市化子系统，而是两个子系统互联互通的"桥梁"和"纽带"，两个子系统通过它可以有机地结合起来，并产生出新的更大作用，即系统论中所说的"整体大于部分之和"。

综上所述，中国城乡数字鸿沟对城市化进程阻尼作用系统的边界应当由三个部分组成，即城乡数字鸿沟子系统、城市化子系统、耦合子系统，如图 2-2 所示。

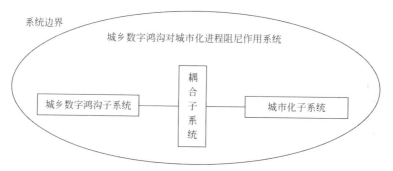

图 2-2　中国城乡数字鸿沟对城市化进程阻尼作用系统边界

2.2.3　系统要素确定

通过对子系统所涉及的因素进行分析之后，确定系统的构成要素。首先对城乡数字鸿沟的内涵进行分析，由此确定城乡数字鸿沟子系统的要素，再根据城市化内涵及影响因素确定城市化子系统的要素，然后根据城乡数字鸿沟与城市化之间的耦合关系来确定耦合子系统的要素。

2.2.3.1　城乡数字鸿沟子系统要素确定

要确定城乡数字鸿沟子系统所包含的要素，首先需要全面理解城乡数字鸿沟的内涵。城乡数字鸿沟不是一个简单的信息技术普及方面的问题，它涉及城乡群体之间的信息资源拥有差距、利用差异以及阶层之间的分化等问题。

城乡数字鸿沟是随着全球信息化进程的推进、社会在由工业化向信息化转变过程中，城乡间以网络技术为代表的信息通信技术普及与应用程度的差距，其代表的是一种城乡信息分化现象。城乡数字鸿沟本质上不仅是城乡地区在信息基础设施方面的技术鸿沟，还是城乡居民在获取和利用信息资源方面的知识鸿沟，更是城乡地区在经济发展和收入方面的经济鸿沟，及生活方式和消费习惯方面的社会鸿沟。

1）城乡数字鸿沟是城乡地区在信息基础设施方面的技术鸿沟

在技术层面上，城乡数字鸿沟反映的是城乡地区接入信息技术上存在的差距，它是城乡地区之间信息基础设施方面的技术鸿沟，直接导致了城乡居民参与信息活动的机会鸿沟和信息不公平。信息技术改变了原来较为单一的信息获取渠道，通过移动电话、互联网等为城乡居民开辟了收集信息的众多方便快捷的途径，为城乡居民在生产生活中有效利用信息提供了基础，从而获取更多收益。然而，由于城乡地区之间在信息技术基础设施方面的巨大鸿沟，并不是所有的信息使用者都有机会连接到这些信息设备，这种机会上的差距使得信息时代理应缩小的城乡技术差距反而扩大了。

城乡信息技术鸿沟主要体现在城乡信息基础设施差距方面，包括硬件设施差距和软件设施差距。

在信息技术硬件设施方面，城市地区的信息技术硬件远远领先于农村地区，农村地区的信息接入较城市地区设备少，且信息的传输速率慢，这样一来就会最终在两个地区之间形成信息技术鸿沟。通过计算机接入互联网的传统上网方式，受到网络线路铺设成本较高、终端设备昂贵、设备操作相对复杂、使用场所固定等因素的限制，因此人口密集的城镇在信息技术普及方面有着先天优势，而农村地区大多位于偏远地点，离城市中心区域较远且交通不发达，加上地广人稀，建立信息技术硬件设施投资的成本相对城镇较高。大多数农村地区的信息技术硬件设施的投资还是以满足农业和低层次、低附加值需求的行业为主要目标，而用以向农村居民发布高层次生产生活信息的移动电话基站和互联网宽带设施还相当缺乏。此外，由于农村居民对外社会经济联系较少，通信需求不多，故导致政府和企业不愿意"浪费"太多资源来建设和维护农村地区的信息技术硬件设施。

在信息技术软件设施方面，现有的信息软件大多是与城市居民相关的，而与农村居民相关的信息服务软件和服务较为缺乏。城市具有完善的软件设施体系，信息软件种类丰富，数据库系统完善，更新速度极快，使得城市居民能够高效率地通过各种信息软件平台获取信息资源、进行信息交流以及网上交易等，享受到良好的信息软件服务。而农村的信息软件服务，在内容上不仅局限于农业技术推广、农情信息监测预报等，而且网上农业信息资源在种类、数量、深度、广度及其管理上相对城市仍处在一个低水平运作的状态，已有的信息资源也十分零散不成系统。网上信息资源的混乱无序性增加了农村网络用户获取网上信息资源的难度，严重影响了网络信息资源的利用率，使农民很难通过信息软件平台来进行信息的发布以及信息的获取。

2）城乡数字鸿沟是城乡居民在获取和利用信息资源方面的知识鸿沟

在知识层面上，城乡数字鸿沟反映的是城乡居民之间的知识分隔，属于知识水平和能力上的鸿沟。一般来说，知识水平越高，就越能有效使用互联网等现代信息技术获取和利用信息资源。信息的可辨认性、可开发性、时效性和动态性特点，决定了具备一定的知识结构和知识水平是有效利用信息技术进行生产生活的前提条件。农村居民的知识水平较为低下，使其很难有效地利用、操作和使用复杂的信息技术。此外，有限的知识水平使农村居民的创造能力明显不足，对新兴网络机会的反应迟钝，对信息时代的变革与发展缺乏信心和勇气。

城乡知识鸿沟主要体现在城乡信息技能差距和城乡教育水平差距两个方面。

居民的信息技能决定了使用者在计算机和网络资源中搜索、选择和处理信息的能力。不论是获取还是利用信息资源都需要正式的信息技能（即使用计算机和网络协助工作，如进行文件处理和使用超链接文本进行文件传输），以及相关的辅助性信息技能（包括为解决某个问题，带着特定的目的去搜索、选取、处理并评估有用信息的能力）。由于受到主观信息技术能力的影响，农民不一定能全面准确地认识、表达自身的信息需求。同时，农村居民在知识传播技能、已有知识储存量、社交范围、信息选择性、大众传播媒介接受度等方面与城市居民也存在较大差异。这种差异导致了农村居民的信息技能明显偏低，信息技术的应用比较困难。例如就计算机而言，一部分农村居民可能只会进行简单的开关机、网页浏览等，而城市居民能够在网上进行下载上传、搜索信息等，对于信息技术的应用效率远高于农村居民。

城乡教育水平差距导致农村居民与城市居民信息技术应用主观能动性不对

称。网络环境下，缺乏必要的科学文化素质，就难以认识到信息的价值，更难以对所需信息作出正确的鉴别、分析和处理。城市人群及受过高等教育的信息使用者将信息平台视为人际、交易娱乐等综合性舞台，多使用计算机去工作、经营企业、获得教育等；而受教育较少的人群对在网络上较初级的娱乐功能感兴趣，大多使用计算机去娱乐或者是玩游戏，其次才是教育（Bonfadelli，2002）。农村居民接受教育程度低于城市居民，普遍缺乏获取知识、吸收知识和交流知识的能力，无法及时获取可以改善自身处境的信息，很难通过对信息技术的应用来获得更好发展的机遇，不能够参与创造和分享以知识为基础的信息社会文明成果，其本质就是与现代化隔离、与开放无缘，最终成为时代的"落伍者"。

3）城乡数字鸿沟是城乡地区在经济发展和收入方面的经济鸿沟

在经济层面上，城乡数字鸿沟所反映的是信息时代城乡地区及其居民的贫富分化，它是由就业水平、生产效率和城乡收入差距共同决定的经济发展差距的经济鸿沟。从就业的角度来看，知识经济的环境使得由于信息不足、知识匮乏、收入有限、信息技术贫困的农村居民处于不利的社会地位，很难适应现代化的工作要求；从生产效率来看，当前以信息技术为标志的新一轮农业科技革命对农业科技创新和推广产生着重要影响，然而中国农民在信息技术使用方面的落后，大大影响了中国农业生产效率，降低了生产水平；从收入差距方面来看，收入水平决定了城乡居民接触新型信息化工具的机会，而最新、最丰富的信息资源同样需要大量的经济支出，可以说，个人信息获得和拥有信息的状况与个人的经济收入之间呈现出正相关性。

城乡经济鸿沟主要体现在城乡收入差距方面。显而易见，信息技术对经济活动的作用日益显著，数字鸿沟在一定程度上造成了经济中的分配不均现象，而农村居民由于其普遍低于城市居民的经济收入，在信息化产品及服务方面的投入有限，造成了城乡居民在信息应用方面的直接差距。

因为收集、整理、处理信息需要一定的费用，而使用信息者就应该为接入信息承担费用，这些费用包括购置信息设施等。个人的经济收入水平每提高一个档次，其信息拥有状况就会提高一个水平，收入越高，信息拥有的状况就越好。因此，要想使用先进的信息技术，首先需要能支付得起购买计算机和享受信息通信服务的费用，这使得居民收入也成为影响数字鸿沟的重要因素，也就是说，个人的经济收入水平直接决定其信息拥有状况。农村居民有限的收入大多用来解决基本的衣食住行等问题，限制了其对信息通信工具的购买和相应服务的消费。城镇居民较高的收入水平使其负担得起质量更好的计算机等信息技术工具，也能够享受到质量更高的互联网服务等信息技术服务。

4）城乡数字鸿沟是城乡地区在生活消费方面的社会鸿沟

在社会层面上，城乡数字鸿沟反映的是城乡地区社会群体在生活方面存在的差异，它是由城市居民与农村居民因为文化观念、生活方式和消费环境的差距所决定的社会鸿沟。在文化观念方面，当信息化在社会各领域特别是大城市蓬勃发展时，农村居民对于信息化还是不甚了解，不明白"它"究竟是干什么用的，只知道好像跟计算机有关系，于是有部分农村较富裕的家庭购买了计算机，但是不知道该如何利用它来创造财富，只是拿它来炫耀和娱乐，无法真正融入信息社会之中；在生活方式方面，不同于城市居民的集中式居住方式，农村居民居住分散，这种被迫割裂的小群体式的生活模式，使农村居民的生活范围局限于小范围内面对面的日常活动交流，娱乐活动也较少，信息获取的渠道较窄、成本高，没有形成使用信息技术的日常需求；在消费环境方面，城市居民身处信息中心，随着信息化快速发展已逐步形成信息消费及电子商务等生活和消费观念，但是农村居民受其信息技术环境和本身信息技能的限制，并不能充分利用信息化的便利，享受信息化产品，也并未形成信息化背景下的消费观和生活方式，这种价值观上的差距会随着时间逐渐积累，形成社会鸿沟。

城乡社会鸿沟主要体现在城乡消费差距方面。

城乡消费差距（尤其是城乡信息消费差距）反映了城乡居民对资源（尤其是信息资源）的利用量。信息消费的差距使得城乡居民在信息通信消费过程中相应形成了一个"中心—外围"的二元消费结构。城市拥有良好的信息消费条件，因此在信息消费的过程中，城市居民消费总体水平更高、消费能力更强，同时拥有更强的消费意识和更多的消费手段。与城市居民相比，农村在信息消费方面的投入、信息消费服务等方面都存在明显的差距，农村信息消费市场发育不完善、信息服务业发展滞后等因素形成的信息消费障碍使农村处于信息消费的外围，而传统的消费观念使农村居民在接受信息化产品和使用信息化服务的方面缺乏主动意识，使农村信息消费市场疲软，农村居民对于信息化产品及服务的消费习惯和消费意识并未形成。

通过对城乡数字鸿沟内涵的分析，可以得出城乡数字鸿沟了系统所包含的要素有城乡信息基础设施差距、城乡信息技能差距、城乡教育水平差距、城乡收入差距、城乡消费差距，如图 2-3 所示。

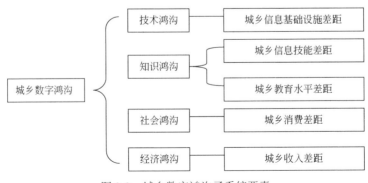

图 2-3　城乡数字鸿沟子系统要素

2.2.3.2　城市化子系统要素确定

城市化子系统是城乡数字鸿沟对城市化进程阻尼作用系统的另一个重要子系统。搞清楚城市化所包含的内容有助于了解中国城乡数字鸿沟对城市化进程阻尼作用系统及其城市化子系统的相关要素。城市化子系统是城乡数字鸿沟对城市化进程阻尼作用系统的目标系统，其要素反应的是该系统运行的结果。城市化是指农村人口向城市人口转移和聚集的现象，其内涵包括经济的增长、产业结构的升级、生活水平的提升、非农人口的增加、城市现代化的提高、农业文明向现代城市文明的转变以及居民思维方式、文化素养的全面改善（简新华和黄锟，2010）。近年来，国民经济的高速增长使我国对于城市化的渴求越来越强烈，而城市化与工业化、现代化之间纠缠不清的关系使得城市化成为一种包含众多纷繁复杂现象的巨大系统，从单一方面的局部出发是无法解释甚至理解这些现象的，唯有从城市化的内涵进行分析才能从这些复杂现象中解脱出来，以便抓住其主要的构成要素。这里可以从经济城市化、社会城市化以及人口城市化三个角度进行分析。

1）经济城市化

所谓经济城市化过程就是指生产与消费资料从农村向城市流动的过程，包括产业结构的改造升级，农村居民在城市化过程中收入增加，消费也随之增加等，最终形成城乡二元经济结构。经济城市化主要体现在经济发展水平、产业结构这两个方面。

经济发展是城市化的动力，城市的形成是经济发展的必然结果。也就是说，经济的发展形成人财物等资源聚集的中心，促进了"城"与"市"的发展，才导致城市的形成（United Nations Population Division，2004）。经济发展主要是劳动分工、专业化生产以及交易成本减少共同导致的结果，在追求经济发展目标的推动下，经济活动往往在空间上表现出集中的趋势，这就促进了城市化真正"化起来"。此外，由于分工的细化，各个部门的合作也吸引不同类型的经济活动在某一范围内聚集，推动城市的发展。没有经济的发展，就没有城市的发展，城市化水平也就无法提高。

城市化可以理解为生产力发生变革导致劳动、资本等生产要素逐渐从农业部门解放出来，转而进入非农产业部门，而这实质上就是产业结构的变化。产业结构升级是城市发展到一定阶段后开始出现的一种必然趋势，其主要表现为第一产业向二三产业的转化，劳动密集型产业占优逐步转变为资本密集型和技术密集型占优，与此同时产业结构以产值高、资本结构合理、科学技术应用广泛为特征（李志国，1999）。城市化的重点就在于城乡产业结构的整体升级，传统农业的占比逐步减小，高附加值、资金和技术密集的新型产业占比逐步增大，工业和服务业逐渐取代农业而成为产业结构的主角。

2）社会城市化

社会城市化主要指的是现代生活方式的渗透，包括城乡社会保障一体化、农村教育水平向城市靠拢以及农村的文化生活越来越现代化等，最终形成城乡二元社会结构。社会城市化主要体现在生活水平、基础设施水平以及城区空间范围三个方面。

生活水平是美国学者弗里德曼所提出的城市化核心内涵之一，主要表现为居民在衣、食、住、行、医、教、娱等方面日常生活所能达到的水平（United Nations Development Programme，1977）。生活水平反映了城市化过程中物质生活条件和生活质量。与乡村生活相比而言，城市生活最突出的特点是生活现代化以及社会服务水平较高，使得生活更加舒适、便利，生活节奏更快，效率更高，文化及娱乐活动内容更丰富，对外联系更紧密，并且拥有较高的社会福利和较多的社会保障（Henderson，2003a）。

供电供水设施、道路交通设施、能源供给设施、学校教育设施、卫生保健设施、垃圾回收和污水排放设施等基础设施是城市化的重要内容。随着城市化的推进，城市基础设施的发展水平已成为综合衡量一个地区城市化水平和社会化程度的重要依据（Renaud，1981），而城市化的发展又要求城市基础设施的发展，可以说，城市化的发展速度和发展水平在一定程度上受到基础设施承载能力的制约。

城市是城市化的主要载体，而城区空间扩张就是发生在城市化载体上的现象，它是与经济发展和人口集聚同步进行的。随着城市化建设的向前发展，城区空间面积会逐渐扩大，主要表现为农村地域向城市地域转变，或是城市空间的增长延伸。

3）人口城市化

城市化过程必定是伴随着农村人口向城市人口转变以及农村人口进城务工或定居的过程，即人口集聚的过程。农民工向市民转变以及农村剩余劳动力在城市就业就体现了城乡人口迁移，即人口城市化。人口城市化主要体现在人口聚集。

人口聚集也是弗里德曼提出的城市化核心内涵之一，主要表现为农业人口进入城市之后转变为非农人口，或者直接在农村变城市之后当地农民就地转化为城市居民。人口向城市集聚主要是从事经济活动的需要，经济因素在推进人口流动和集聚方面起到了不可忽视的作用，甚至可以说，经济因素与城市人口集聚是无法分开的，两者相互结合就形成了城市。

通过对城市化内涵的解析，可以得到城市化子系统所包含的要素有城市化、经济发展水平、产业结构水平、生活水平、基础设施水平、人口集聚、城区空间范围，如图 2-4 所示。

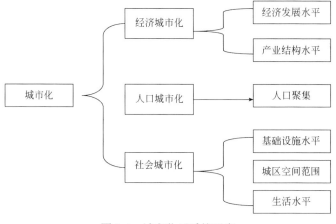

图 2-4　城市化子系统要素

2.2.3.3　耦合子系统要素确定

耦合子系统包含城乡数字鸿沟与城市化交互作用的因素，这些因素是两个子系统互联互通的"桥梁"和"纽带"，从而使得两个子系统有机地联系起来。耦合子系统中的要素应当是独立于城乡数字鸿沟子系统与城市化子系统之外的社会经济系统中已存在的一些因素，而城乡数字鸿沟子系统与城市化子系统需要第三者耦合子系统来相互联系、相互影响、相互发生作用，其包括教育发展水平、收入水平、信息技术应用、消费水平等要素。

1）教育发展水平

城乡数字鸿沟通过教育发展水平与城市化联系起来。城乡数字鸿沟影响教育发展水平的提升，妨碍农村居民文化素质的提高，限制农村劳动者就业技能和就业机会的获取，影响了城市化的发展（Bertinelli and Black，2004）。以网络技术为代表的信息通信技术迅猛发展，为改善农村学习与教学环境、增加农村居民学习机会、提高农村教育质量提供了巨大潜力，尤其是远程教育为提高农村居民文化素质带来了福音。然而城乡数字鸿沟的存在，使得农村居民更难通过网络享受到丰富的教学内容、先进的教学方法与实验条件等优质教育资源，造成城乡居民在拥有信息以及教育资源上产生差距，教育资源享有、获取不平等状况的长期存在进一步扩大了城乡居民的知识差距，妨碍了居民文化素质的提升。随着城乡教育水平差距的扩大，进一步限制了农村劳动者就业技能和就业机会的提高。农民从农村进入城市不仅是居住地点、生活方式的转换，最为重要的是他们将实现从第一产业转向第二、第三产业，二三产业的特点要求劳动者具有更高的文化、技术、思维水平。所以真正由农民转变为市民这要取决于其自身的知识和技能水平（Carlino，2001）。城乡教育水平差距的扩大，使得农民进城就业面临着更严重的知识和技能壁垒，从而阻碍了农村人口向城市人口转移的人口城市化进程。

　　2）收入水平

　　城乡数字鸿沟通过收入水平与城市化发生了联系。城乡数字鸿沟对收入水平提高产生了负面影响，妨碍了农村居民购买信息通信技术工具与服务，进而影响了城市化。就居民个人而言，获取信息资源，首先必须要有家用计算机、移动电话等信息通信技术工具。这些工具对于大多数城镇居民来说，还能承受得起，而对于大多数农村居民来说，如此高昂的费用是难以承受的。另外，即便农村居民有经济能力购置家用计算机或移动电话等信息技术工具，其享受服务的费用也是一道难以逾越的门槛。城镇居民负担得起质量更好的计算机等信息技术工具，也能够享受到质量更高的互联网服务。

　　3）信息技术应用水平

　　城乡数字鸿沟影响了信息技术应用，阻碍了农村地区现代化水平的提高，从而影响了城市化。信息技术的广泛应用使得信息传递不再受空间距离等自然条件的限制，高速度、自动化的信息传输使得各类生产要素的远距离高度整合变成现实。同时也使城市的各种技术、服务能够快速、有效地从城市传向周边广大的农村地区，大大增强城市将其文明能量向外辐射、扩散、溢出的功能。然而，农村地区的信息通信技术应用远远落后于城镇地区，严重影响了农村地区现代化技术的普及与推广，阻碍物资流、资金流以及信息流的运动，限制城乡一体化进程和城乡融合发展。

　　4）消费水平

　　城乡数字鸿沟对消费水平的提升产生负面影响，尤其是妨碍了农村居民消费方式的转变，进而影响了城市化。在信息时代，由于互联网等信息通信技术的兴起，人们的消费方式也悄然改变，越来越多人的消费方式由传统消费转向网络消费。由于城乡数字鸿沟的存在，农村居民无法像城镇居民那样方便地参与信息时代的消费，在生产和生活消费资料的获取方面远远落后于城镇居民，导致农村居民在消费资料的数量、种类和质量上难以提高（陈甬军和陈爱民，2003），从而使得农村经济与居民消费水平难以提升，妨碍了农村居民生活水平的改善，最终影响了城市化发展。

　　通过上述分析，可以得到耦合子系统所包含的要素有教育发展水平、收入水平、信息技术应用、消费水平，如图2-5所示。

2.2.4　系统结构

　　在研究城乡数字鸿沟对城市化进程的阻尼作用系统时，以中国城乡数字鸿沟、城市化等多个系统为考察对象。这些系统之间互相影响，所需面对的是因素间错综复杂的相互关系。按照系统动力学的思想，应面向问题来寻求正确的解决思路。

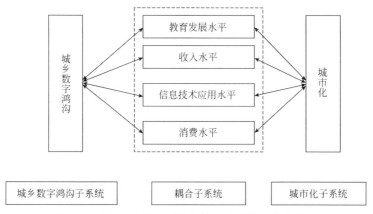

图 2-5　中国城乡数字鸿沟与城市化的耦合结构关系

如果仅罗列出系统内的单元，而这些单元与问题关联性并不大，这不仅会掩盖住问题的本质，而且会导致研究方向的迷失。在构建模型的过程中采取先分后总的原则，将所研究的阻尼作用系统分为若干个互相之间有联系并相互影响的子系统，通过对各个子系统内部要素之间的关系进行分析，从而理清阻尼作用系统的结构。

2.2.4.1　城乡数字鸿沟子系统结构

分析城乡数字鸿沟子系统的结构，就是要弄清楚该子系统所包含的要素之间是怎样的关系。这些要素之间的关系如图 2-6 所示，进行分析并阐述如下：

从城乡收入差距来看，城市与农村之间收入水平差距的日益拉大，造成了城乡信息基础设施差距的扩大。城乡居民想要用上现代信息技术就必须对信息基础设施进行投资，完善信息基础设施的建设。但是由于农村居民收入水平较低，使得用于信息基础设施的投入就会比较少，进而引起城市与农村信息基础设施差距越来越大。

从城乡信息技能差距来看，城市居民的信息技能远远高于农村居民，后者常因"不懂计算机和网络"而放弃使用，这样一来必然会拉大城乡信息基础设施差距。农村居民面对复杂的信息技术工具以及网络软件往往产生畏惧心理，许多人选择了逃避和不使用互联网，造成农村信息基础设施投资远低于城市。

城乡消费差距会造成城乡信息基础设施差距拉大。信息基础设施的价格主要是基于城镇居民的消费水平来确定的，农村居民有限的消费水平限制了其对信息基础设施的消费。城乡居民间巨大的消费鸿沟使得他们在面对同样价格时往往难以承受，造成了家用计算机、移动电话、手机增值服务、网络付费下载、软件更新等难以进入农村市场，城乡信息基础设施差距不断增大。

城乡教育水平差距也会导致城乡信息基础设施差距拉大。信息基础设施包括硬件设施以及软件设施，有一定技术知识与文化素养的人才能使用。农村居民因为受教育程度较城镇居民低，往往难以适应信息基础设施的安装维护以及软件等的操作使用，进而造成城乡信息基础设施差距的拉大。

城乡信息基础设施差距与城乡数字鸿沟相互影响。由于城乡收入差距、信息技能差距、消费差距以及教育水平差距等造成城乡基础设施差距，进而使得城乡之间的技术普及不平衡、经济发展不平等、知识配置不均匀以及社会分化等现象越来越严重，即城乡数字鸿沟越来越大。相反，城乡数字鸿沟造成农村发展更少地依赖于信息技术方面，经济发展缓慢，教育方向以及消费倾向远离信息技术等，进而使得农村对于信息基础设施的建设越来越少，城乡信息基础设施差距加大。

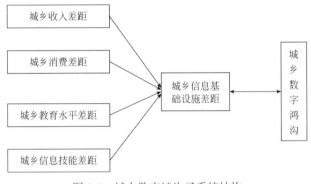

图 2-6　城乡数字鸿沟子系统结构

2.2.4.2　城市化子系统结构

城市化子系统所包含要素之间的关系如图 2-7 所示，进行分析并阐述如下：

首先，从经济发展水平来看，经济的发展推动了人口向城市集聚。经济快速发展形成了对劳动力的大量需求，城市出现大量空缺的就业岗位，城市中原有劳动力远远不能满足这一庞大的需求，这就需要从农村吸收剩余劳动力进入城市从事各种非农工作，于是农村人口聚集到城市。这一过程也可以表述为农村人口大规模、有目的性地迁移到城市。

其次，从产业结构来看，三次产业中农业所占比例逐渐减少，相反工业和服务业比例相对增加，也是人口集聚的推手。一方面，伴随着产业结构的升级，农村地区的传统农业转变为现代农业或工业，乡镇企业大量涌现，以往的人畜耕作转变为机械化生产和加工，劳动生产率大幅提高，导致农村剩余劳动力越来越多，促使农民外出务工。另一方面，城市的建筑业、制造业、餐饮服务业的兴起也带动了大量的就业需求，越来越多的农民进城务工，他们在城市集聚、停留甚至定居下来。

再次，随着人口在城市集聚，基础设施水平和城区空间范围将得以快速发展。一方面，城市居民大量增加，势必要求道路交通、供水供电、教育卫生、医疗保健、垃圾回收和污水排放等基础设施增加数量且提高质量，这样一来整体的基础设施水平得以大幅改善。另一方面，为了容纳日益增多的城市居民、为了适应更多更好的基础设施，城区空间范围将不断扩张。

最后，基础设施水平的改善和城区空间范围的扩张拉动生活水平的提升。基础设施不仅仅是城市进行生产生活的基本条件，同时也是发挥城市辐射功能的保障，城市需要借助基础设施向周边的郊区以及农村地区进行经济、文化、知识和技术的辐射，直接推动生产发展和人们生活水平提高。城区空间范围的扩张，能够使得城市的承载力和发展潜力得以提高，形成城乡一体化和城乡融合的良好格局，不断推动生活水平的提升。

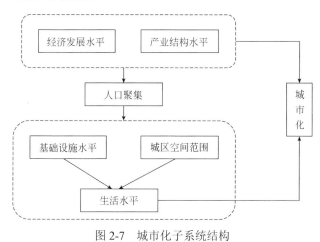

图 2-7　城市化子系统结构

2.2.4.3　耦合子系统结构

耦合子系统所包含要素之间的关系如图 2-8 所示，进行分析并阐述如下：

首先，从教育发展水平来看，其会影响信息技术应用。掌握信息技术需要具备一定的知识和文化，农村地区教育发展水平一向较低，基础教育和成人教育底子薄，文盲和半文盲人口多，他们难以应用计算机和网络等现代信息技术解决生产生活中的问题。在具有丰富的信息资源的前提下，若信息主体缺乏必要的文化素质，仍难以有效利用信息资源增进自身福利。具备良好教育水平的城市居民群体往往都有较高的信息素养，他们可以更好地利用手中的计算机等信息硬件，通过 Internet 网站等信息软件，获取并利用所需的信息。

其次，信息技术应用会影响收入水平。在当今信息社会，人们的经济生活大多离不开互联网，因此信息技术应用的层次和水平往往影响着获取利益和收入的多寡。信息技术应用的缺失已经不仅仅是收入机会的失去，而且更是实际收入的损失。在信息社会，信息已经成为一种有价的商品，因此，信息的获取、传输、交流都是有偿的，而正是因为信息的商品化、有偿化的不断实现才使得不能应用信息技术的群体蒙受了经济损失。相比之下，那些具备良好信息技术应用条件的群体往往可以更好地获取和交流信息并获得收入。

最后，收入水平会影响消费水平。众所周知，收入水平与消费水平往往是同方向变动的，这一点在信息时代背景下也不例外。信息时代，物质财富差距延伸到数字财富差距，城市居民较之农村居民更能够从互联网等信息技术上获利（周一星，1995），从而提高其收入水平，进一步提升其消费水平。

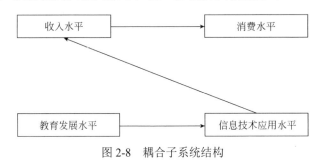

图 2-8　耦合子系统结构

2.3　中国城乡数字鸿沟对城市化进程阻尼作用因果链分析

因果链是系统动力学分析的基本工具之一，它可以表达出关于系统动态形成的缘由，其用箭头方向来定性说明系统中变量之间的影响关系。如果事件 A（原因）引起了事件 B（结果），则 A 与 B 之间就形成了因果关系。若 A 增加引起 B 增加，则称 A 与 B 构成正因果关系；若 A 增加引起 B 减少，则称 A 与 B 构成负因果关系。

2.3.1　变量因果关系判断及检验

对系统的因果链进行分析，需要对系统内变量之间的因果关系作出判断。尽管通过经验分析可以对变量间的因果关系作出初步判断，但由于系统内部结构过于复杂，有时单凭理论知识或者个人经验很难作出正确合理的判断。采用格兰杰因果检验方法，从实际观测数据中得出变量间的因果关系是一种有效的、客观的判断方法。

只有证明了随机变量是平稳的序列，才能进行格兰杰因果检验。假若随机变量并不是平稳序列，进行格兰杰因果检验就有可能出现伪回归（spurious regression）的现象，据此得出的结论很有可能是错误的。因此在对变量进行格兰杰因果检验前，要先对其进行单位根检验，检验随机变量是否平稳。如果变量平稳，才可以进行因果性检验；而如果变量是不平稳的序列，则需要对随机变量进行差分，直到变量成为平稳序列为止。下面简单介绍单位根检验（unit root test）和格兰杰因果检验（Granger causality test）的方法。

首先要了解平稳序列以及单位根的概念。平稳序列会围绕一个均值进行波动，并且有向其进行靠拢的趋势，而非平稳的过程则没有这个性质。如果变量本身就是平稳过程，表示为 $I(0)$；如果在一阶差分后变为平稳过程，则被称为单位根过程，用符号表示为 $I(1)$。检验变量是否平稳的过程称为单位根检验。这里用 ADF 检验来进行单位根检验。检验某个序列 $\{y_i\}$ 存在单位根与否的回归式如下：

$$\Delta y_i = c + \alpha \cdot t + \beta y_t + \sum_{i=1}^{p} \gamma_i \Delta y_{i-1} + u_t \tag{2-1}$$

其中，c 表示常数项，t 表示的是时间趋势，u_t 为残差项。原假设 $H_0: \beta = 0$，备择假设 $H_1: \beta \neq 0$。根据上式回归式系数 β 的 t 检验进行判断，如果 t 检验值小于 ADF 分布的临界值，拒绝原假设，接受备择假设，说明 $\{y_i\}$ 是平稳过程；如果 t 检验值大于临界值，就接受原假设，说明序列 $\{y_i\}$ 存在着单位根。其中加入 p 个滞后项是为了使残差项 u_i 为白噪声。

其次，一般而言，只有通过了单位根检验，证明序列是平稳序列后才能进行格兰杰因果检验。假设两个平稳的时间序列 $\{x_i\}$ 和 $\{y_i\}$，建立 y_i 关于 y 和 x 的滞后模型：

$$y_t = c + \sum_{i=1}^{n} \alpha_i \cdot y_{t-1} + \sum_{i=1}^{n} \beta_i \cdot x_{t-1} \tag{2-2}$$

其中，c 表示常数项，滞后期 n 的选择是任意的。检验 x 的变化不是 y 变化的原因，也就是相当于对统计原假设 $H_0: \beta_1 = \beta_2 = \cdots = \beta_n = 0$ 进行 F 检验。RSS_1 表示式的回归残差平方和，RSS_0 表示式（2-1）在原假设成立的情况下的回归残差平方和，统计检验值为：

$$F = \frac{(RSS_0 - RSS_1)/N}{RSS_1/(N - 2n - 1)} \tag{2-3}$$

其中，n 为样本量。F 统计检验值服从标准的 F 分布，若 F 检验值大于标准 F 分布的临界值，则会拒绝原假设，说明 x 的变化是 y 变化的原因；否则，就接受原假设，说明 x 不是 y 变化的原因。

研究所构建的系统中，各要素之间关系错综复杂。在确定要素间因果关系的过程中，通过前文的分析，对系统中各要素之间因果关系进行了假设，并采用格兰杰因果检验确定要素之间的因果关系。首先对数据进行平稳性检验，其次对平稳的序列进行因果检验，以此来验证之前对要素之间的因果关系的假设。

2.3.1.1　城乡数字鸿沟子系统变量间因果关系检验

首先，依据前述城乡数字鸿沟子系统结构，可作出如下经验判断：

（1）城乡收入差距与城乡信息基础设施差距构成正因果关系。

（2）城乡信息技能差距与城乡信息基础设施差距构成正因果关系。

（3）城乡消费差距与城乡信息基础设施差距构成正因果关系。

（4）城乡教育水平差距与城乡信息基础设施差距构成正因果关系。

（5）城乡数字鸿沟与城乡信息基础设施差距构成正因果关系。

然后，采用格兰杰因果检验方法通过实际数据判断城乡数字鸿沟子系统变量间因果关系。

城乡收入差距、城乡消费差距、城乡信息技能差距、城乡教育水平差距、城乡信息基础设施差距等变量的原始数据如表 2-1 所示。

表 2-1　城乡数字鸿沟子系统因果关系检验原始数据

年份	城乡数字鸿沟	城乡收入差距/元	城乡消费差距/元	城乡信息技能差距/%	城乡教育水平差距/元	城乡信息基础设施差距/元
2000	0.695	4 026.6	3 327.8	28.17	143.0	664.7
2001	0.756	4 493.2	3 567.9	27.97	163.1	731.8
2002	0.781	5 227.2	4 195.5	26.47	195.7	707.7
2003	0.886	5 850.0	4 567.6	21.96	318.9	1 001.6
2004	0.988	6 485.2	4 997.4	24.47	371.2	1 233.1
2005	1.031	7 238.1	5 387.4	23.91	391.8	1 475.1
2006	1.101	8 172.5	5 867.5	23.39	389.1	1 821.2
2007	1.18	9 645.4	6 773.6	23.39	391.3	2 029.8
2008	1.199	11 020.1	7 582.1	20.81	403.6	2 404.4
2009	1.365	12 021.4	8 271.1	20.21	544.9	3 503.2
2010	1.51	13 190.4	9 089.6	22.69	600.9	3 896.3
2011	1.543	13 956.7	9 765.3	21.91	562.5	4 150.6
2012	1.677	16 648.4	10 766.0	21.75	646.6	4 325.0

注：城乡收入差距=城镇人均收入-农村人均收入；城乡消费差距=城镇人均消费-农村人均消费；城乡信息技能差距=城镇初中及以上人口所占比例-农村初中及以上人口所占比例；城乡教育水平差距=城镇人均教育投资-农村人均教育投资；城乡信息基础设施差距=城镇人均信息基础设施投资-农村人均信息基础设施投资

资料来源：《中国统计年鉴》（2001～2013）；《中国农村统计年鉴》（2001～2013）；《中国固定资产投资统计年鉴》（2001～2013）；《中国人口统计年鉴》（2001～2013）；《中国人口与就业统计年鉴》（2001～2013）

表 2-1 时间序列数据进行二阶差分后并在 5%显著性水平上都可以拒绝有单位根的原假设，因此所有变量都是平稳的，二阶差分后数据见表 2-2，单位根检验结果见表 2-3。

将表 2-2 时间序列数据在 10%显著性水平上进行格兰杰因果检验，考察城乡数字鸿沟子系统的因果关系。利用软件 Eviews 进行格兰杰因果分析，结果见表 2-4。

表 2-2　城乡数字鸿沟子系统因果关系检验数据二阶差分

年份	城乡数字鸿沟	城乡收入差距/元	城乡消费差距/元	城乡信息技能差距/%	城乡教育水平差距/元	城乡信息基础设施差距/元
2002	−0.036	267.4	387.5	−1.3	12.5	−91.2
2003	0.080	−111.2	−255.5	−3	90.6	318
2004	−0.003	12.4	57.7	7	−70.9	−62.4
2005	−0.059	117.7	−39.8	−3.1	−31.7	10.5
2006	0.027	181.5	90.1	0.1	−23.3	104.1
2007	0.009	538.5	426	0.5	4.9	−137.5
2008	−0.060	−98.2	−97.6	−2.6	10.1	166
2009	0.147	−373.4	−119.5	2	129.0	724.2
2010	−0.021	167.7	129.5	3.1	−85.3	−705.7
2011	−0.112	−402.7	−142.8	−3.3	−94.4	−138.8
2012	0.101	1925.4	325	0.7	122.5	−79.9

表 2-3　城乡数字鸿沟子系统变量平稳性检验结果

变量	检验形式 (C, T, n)	ADF	临界值 1%	5%	结论
城乡收入差距	(0, 0, 0)	−2.933 008	−2.816 740	−1.982 344	平稳
城乡消费差距	(1, 1, 1)	−4.469 880	−5.295 384	−4.008 157	平稳
城乡教育水平差距	(0, 0, 1)	−4.466 446	−2.847 250	−1.988 198	平稳
城乡信息技能差距	(0, 0, 1)	−5.330 502	−2.847 250	−1.988 198	平稳
城乡信息基础设施差距	(1, 0, 1)	−3.888 231	−4.297 073	−3.212 696	平稳

注：滞后阶数的确定依据 AIC-SC 准则

表 2-4　城乡数字鸿沟子系统的格兰杰因果分析结果

原假设	滞后阶数	P 值	结论	因果关系
城乡收入差距不是城乡信息基础设施差距的格兰杰原因	2	0.0345	拒绝	存在
城乡信息技能差距不是城乡信息基础设施差距的格兰杰原因	1	0.0793	拒绝	存在
城乡消费差距不是城乡信息基础设施差距的格兰杰原因	2	0.0263	拒绝	存在
城乡教育水平差距不是城乡信息基础设施差距的格兰杰原因	1	0.0935	拒绝	存在
城乡数字鸿沟不是城乡信息基础设施差距的格兰杰原因	1	0.0758	拒绝	存在

注：滞后阶数的确定依据 AIC-SC 准则

　　由表 2-4 可知，前述经验判断都是正确的，于是可以得出城乡数字鸿沟子系统因果关系如图 2-9 所示。根据系统动力学中系统因果关系正负性的判别标准，如果系统中所有变量间因果箭头都是正的，则系统因果关系就是正的，因此城乡数字鸿沟子系统因果关系是正的。这表明城乡数字鸿沟变量与其他变量同方向变动，当城乡数字鸿沟变量增大时，其他变量也会增大；当城乡数字鸿沟变量减小时，其他变量也会减小。

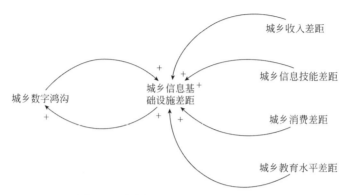

图 2-9　城乡数字鸿沟子系统因果关系

（1）家庭经济收入为人们获取、传递和利用信息技术提供经济支撑。2000 年以来，我国城乡收入差距逐渐拉大，从 4026 元逐年扩大到 2012 年的 16 648 元，差距增大三倍多，这样一来就导致城市与农村居民在购买计算机、手机等信息工具方面远远落后于城市居民，城乡信息技术硬件设施差距拉大。另外，城乡居民是否能在网上搜寻信息、能否在网上上传下载等信息技能也决定着城乡信息基础设施投资差距。城乡信息技能差距的不断扩大正推动着城乡信息基础投资差距的增大。

（2）长久以来，我国农村居民消费观念陈旧，总是采取保守消费的态度，而在信息时代的，农村居民对于信息工具、信息产品的消费仍远落后于城市居民。2000 年城乡消费差距为 3327 元，而历经 12 年后更是达到 10 766 元，可想而知农村居民对于购买家用计算机、移动手机、手机软件、计算机辅助软件的积极性肯定不高，于是城乡信息基础设施差距自然就扩大了。此外，城乡教育水平差距增大也是城乡信息基础设施差距不断增大的重要原因。

2.3.1.2　城市化子系统变量间因果关系检验

首先，依据前述城市化子系统结构，作出经验判断如下：

（1）经济发展水平与人口聚集构成正因果关系。

（2）产业结构水平与人口聚集构成正因果关系。

（3）人口聚集与基础设施水平构成正因果关系。

（4）人口聚集与城区空间范围构成正因果关系。

（5）基础设施水平与生活水平构成正因果关系。

（6）城区空间范围与生活水平构成正因果关系。

（7）经济发展水平与城市化构成正因果关系。

（8）产业结构水平与城市化构成正因果关系。

（9）生活水平与城市化构成正因果关系。

然后，采用格兰杰因果检验方法通过实际数据判断城市化子系统变量间因果关系。经济发展水平、产业结构、人口聚集、基础设施水平、城区空间范围、生活水平等变量的原始数据如表 2-5 所示。

表 2-5　城市化子系统因果关系检验原始数据

年份	经济发展水平/元	产业结构水平/%	人口聚集/（人/千米²）	基础设施水平/（元/人）	城区空间范围/千米²	生活水平/（元/人）
2000	7 857.0	39.02	2 471	3 976.9	22 439	3 580.7
2001	8 621.4	40.45	2 479	3 989.5	24 027	3 749.1
2002	9 398.2	41.46	2 502	4 027.4	25 973	4 047.6
2003	10 541.1	41.23	2 496	4 017.3	28 308	4 338.9
2004	12 336.4	40.38	2 498	4 019.8	30 406	4 937.9
2005	14 185.3	40.51	2 535	4 080.4	32 521	5 331.9
2006	16 499.5	40.93	4 138	6 659.4	33 660	5 752.3
2007	20 169.0	41.89	4 174	6 717.4	35 470	6 788.7
2008	23 707.4	41.82	4 210	6 775.4	36 259	8 061.3
2009	25 607.3	43.42	5 662	9 112.2	38 107	8 381.5
2010	29 991.6	43.14	8 788	14 143.9	40 058	9 254.7
2011	33 208.1	43.25	9 078	14 610.8	43 603	10 735.7
2012	38 420.2	44.60	11 621	16 047.4	45 566	12 003.6

注：经济发展水平采用人均 GDP；产业结构水平＝第三产业产值/总产值；人口聚集＝城市人口/城市建成区面积；基础设施水平采用公共管理事业投资额；城区空间范围采用城市建成区面积；生活水平采用人均食品支出

资料来源：根据 2001～2013 年《中国统计年鉴》《中国农村统计年鉴》《中国固定资产投资统计年鉴》《中国人口统计年鉴》《中国人口与就业统计年鉴》中的数据整理

表 2-5 时间序列数据进行二阶差分后并在 5%显著性水平上都可以拒绝有单位根的原假设，因此所有变量都是平稳的，二阶差分后数据见表 2-6，单位根检验结果见表 2-7。将表 2-6 时间序列数据在 10%显著性水平上进行格兰杰因果检验，考察城市化子系统的因果关系，结果见表 2-8。

表 2-6　城市化子系统因果关系检验数据表二阶差分

年份	经济发展水平/元	产业结构水平/%	人口聚集/（人/千米²）	基础设施水平/（元/人）	城区空间范围/千米²	生活水平/（元/人）
2002	12.4	−0.42	15	25.3	358	131.1
2003	366.1	−1.24	−29	−48	389	−7.2
2004	652.4	−0.62	8	12.6	−237	307.7
2005	53.6	0.98	35	58.1	17	−205
2006	465.3	0.29	1 566	2 518.4	−976	26.4

续表

年份	经济发展水平/元	产业结构水平/%	人口聚集/（人/千米²）	基础设施水平/（元/人）	城区空间范围/千米²	生活水平/（元/人）
2007	1 355.3	0.54	−1 567	−2 521	671	616
2008	−131.1	−1.03	0	0	−1 021	236.2
2009	−1 638.5	1.67	1 416	2 278.8	1 059	−952.4
2010	2 484.4	−1.88	1 674	2 694.9	103	553
2011	−1 167.8	0.39	−2 836	−4 564.8	1 594	607.8
2012	1 995.6	1.24	2 253	969.7	−1 582	−213.1

表 2-7　城市化子系统变量平稳性检验结果

变量	检验形式（C, T, n）	ADF	临界值		结论
			1%	5%	
经济发展水平	（1，1，0）	−5.888 647	−5.295 384	−4.008 157	平稳
产业结构水平	（0，0，0）	−4.515 620	−2.816 740	−1.982 344	平稳
人口聚集	（1，0，2）	−4.079 924	−4.582 648	−3.320 969	平稳
基础设施水平	（1，0，2）	−5.920 260	−4.582 648	−3.320 969	平稳
城区空间范围	（1，1，0）	−5.176 443	−5.295 384	−4.008 157	平稳
生活水平	（1，0，2）	−3.681 975	−4.582 648	−3.320 969	平稳

注：滞后阶数的确定依据 AIC-SC 准则

表 2-8　城市化子系统的格兰杰因果分析结果

原假设	滞后阶数	P 值	结论	因果关系
经济发展水平不是人口聚集的格兰杰原因	1	0.002 0	拒绝	存在
产业结构水平不是人口聚集的格兰杰原因	2	0.085 8	拒绝	存在
人口聚集不是基础设施水平的格兰杰原因	2	0.033 4	拒绝	存在
人口聚集不是城区空间范围的格兰杰原因	1	0.036 7	拒绝	存在
基础设施水平不是生活水平的格兰杰原因	2	0.098 0	拒绝	存在
城区空间范围不是生活水平的格兰杰原因	2	0.015 7	拒绝	存在
经济发展水平不是城市化的格兰杰原因	2	0.052 5	拒绝	存在
产业结构水平不是城市化的格兰杰原因	3	0.068 6	拒绝	存在
生活水平不是城市化的格兰杰原因	2	0.034 7	拒绝	存在

注：滞后阶数的确定依据 AIC-SC 准则

　　由表 2-8 可知，前述经验判断都是正确的，于是可以得出城市化子系统因果关系如图 2-10 所示。根据系统动力学中系统因果关系正负性的判别标准，城市化子系统因果关系是正的，这表明城市化变量与其他变量同方向变动，当城市化变量增大时其他变量也会增大，当城市化变量减小时其他变量也会减小。

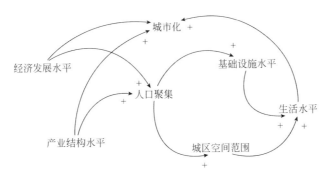

图 2-10　城市化子系统因果关系图

　　（1）城市是生产部门（企业）大量聚集之地，经济发展能够很好地推进农村人口向城市迁移（国务院发展研究中心课题组，2010），经济增长得快则企业生产投入的人力资源越多，越来越多的农村劳动力进入城市就业和生活，最终增强人口聚集程度。2000～2012 年我国经济增长率平均每年高达 8%，增长势头强劲，人均国内生产总值由 7857 元跃升至 38 420 元，翻了三番，这十几年间新增城市人口 2500 万人。

　　（2）产业结构的升级可以很快拉动农村人口进城，我国产业结构正从第一产业占比最高逐渐转变到第三产业为主，2000 年第三产业占国民经济总产值比例为 39%，到了 2012 年这一比例已增至 44.6%，这在发展中国家已经是相当不错了。产业结构中第一产业主导正在转变为第三产业主导，大量从事农林渔牧等第一产业的劳动力进入第三产业所在的城市地区，人口聚集程度就会变大（李金昌和程开明，2006）。

　　（3）人口向城市大量聚集已成为我国信息时代城市化进程中不争的事实，同时伴随着人口聚集而出现的基础设施增多、城区空间范围拓展延伸。农村人口进入城市就业，需要衣食住行等基本的生活条件，这些新增需求必然要求城市能够提供新的更多的交通道路、医疗机构、公共设施等，基础设施水平得以提升。此外，大量农村人口的涌入必然要求更多的城市住房供给以及更多的办公场所，城区空间范围将不断扩大。现在我国政府倡导的"双百"城市（建成一百万人口、一百平方千米的大型城市）就充分说明人口聚集与城区空间范围所构成的正因果关系。

　　（4）医疗机构、公共设施、公路桥梁等基础设施水平的提升自然能够在很大程度上提高生活水平，城市居民利用高水平的基础设施可以更好地参与当今现代社会的都市生活。

2.3.1.3　耦合子系统变量间因果关系检验

首先，依据前述耦合子系统结构，可作出如下经验判断：

（1）教育发展水平与信息技术应用构成正因果关系。

（2）信息技术应用与收入水平构成正因果关系。

（3）收入水平与消费水平构成正因果关系。

然后，采用格兰杰因果检验方法通过实际数据判断耦合子系统变量间因果关系。教育发展水平、收入水平、消费水平、信息技术应用等变量的原始数据如表2-9 所示。

表 2-9　耦合子系统因果关系检验原始数据

年份	教育发展水平/人	收入水平/（元/人）	消费水平/（元/人）	信息技术应用水平/（元/人）
2000	72	8 533.4	3 887.5	202.4
2001	93	9 226.0	4 144.3	270.3
2002	114	10 178.4	4 475.1	338.5
2003	129	11 094.4	5 032.8	375.4
2004	142	12 358.0	5 573.1	422.7
2005	161	13 747.9	6 263.4	487.5
2006	181	15 346.5	7 255.1	540.7
2007	192	17 926.2	8 349.3	612.7
2008	204	20 541.4	9 098.0	653.4
2009	212	22 328.4	9 968.2	741.7
2010	218	25 027.9	10 887.4	840.2
2011	225	28 787.1	11 325.1	956.8
2012	233	32 481.3	14 063.0	1091.0

注：教育发展水平采用每万人中大学生在校人数；收入水平采用人均收入；消费水平采用人均消费支出；信息技术应用水平采用人均信息通信消费支出

资料来源：《中国统计年鉴》（2001～2013），《中国人口统计年鉴》（2001～2013）

表 2-9 时间序列数据进行二阶差分后并在 5%显著性水平上都可以拒绝有单位根的原假设，因此所有变量都是平稳的，二阶差分数据见表 2-10，单位根检验结果见表 2-11。

表 2-10　耦合子系统因果关系检验数据二阶差分

年份	教育发展水平/人	收入水平/（元/人）	消费水平/（元/人）	信息技术应用水平/（元/人）
2002	0	259.8	74	0.3
2003	−6	−36.4	226.9	−31.3
2004	−2	347.6	−17.4	10.4

续表

年份	教育发展水平/人	收入水平/（元/人）	消费水平/（元/人）	信息技术应用水平/（元/人）
2005	6	126.3	150	17.5
2006	1	208.7	301.4	−11.6
2007	−9	981.1	102.5	18.8
2008	1	35.5	−345.5	−31.3
2009	−4	−828.2	121.5	47.6
2010	−2	912.5	49	10.2
2011	1	1 059.7	481.5	18.1
2012	1	−65	2 300.2	17.6

表 2-11　耦合子系统变量平稳性检验结果

变量	检验形式（C, T, n）	ADF	临界值 1%	临界值 5%	结论
教育发展水平	(0, 0, 0)	−3.145 199	−2.816 740	−1.982 344	平稳
收入水平	(0, 0, 0)	−2.725 125	−2.816 740	−1.982 344	平稳
消费水平	(1, 0, 0)	−3.904 925	−4.297 073	−3.212 696	平稳
信息技术应用水平	(0, 0, 0)	−4.079 267	−2.816 740	−1.982 344	平稳

注：滞后阶数的确定依据 AIC-SC 准则

　　将表 2-10 时间序列数据在 10%显著性水平上进行格兰杰因果检验，考察耦合子系统的因果关系，结果见表 2-12。

表 2-12　耦合子系统的格兰杰因果分析结果

原假设	滞后阶数	P 值	结论	因果关系
教育发展水平不是信息技术应用水平的格兰杰原因	1	0.036 4	拒绝	存在
信息技术应用水平不是收入水平的格兰杰原因	1	0.094 8	拒绝	存在
收入水平不是消费水平的格兰杰原因	1	0.019 9	拒绝	存在

注：滞后阶数的确定依据 AIC-SC 准则

　　由表 2-11 可知前述经验判断都是正确的，于是可以得出耦合子系统因果关系如图 2-11 所示。根据系统动力学中系统因果关系正负性的判别标准，耦合子系统因果关系是正的，这表明耦合子系统中四个变量同方向变动。

　　（1）信息时代的教育不仅仅教授传统的基础性的知识，还传授计算机、网络等新兴信息技术方面的知识，教育的发展水平与普通大众的信息技术应用水平息息相关。随着我国基础义务教育信息化的推进、大学计算机知识课程的开设以及终身教育理念的兴起，国民的信息技术知识日益普及，信息技术应用水平也不断提升。

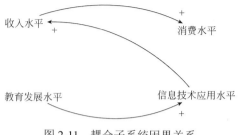

图 2-11　耦合子系统因果关系

（2）信息技术应用水平与收入水平关系密切，信息技术能够给城乡居民带来参与经济活动的机会。城乡居民已深切感受到信息技术带来的便捷，他们通过电话和互联网快速方便地了解各种产品的生产销售情况，然后根据市场行情及时作出经营和购买决策。如今"信息就是财富，时间就是金钱"的观念已经深入人心，当传递延迟的信息到达时往往已错失良机，甚至由于延迟的信息与当前的情况不相符合，给居民的生产经营或购买活动带来巨大损失。特别是电子商务为产品销售者和购买者提供了摆脱时间空间限制的交易平台，产品销售者和购买者能够容易地进入这个平台，不仅为产品销售者创造更多的销售额，还为购买者的购物活动降低了成本，因此，信息技术应用的提高有助于收入水平的提高。

（3）根据微观经济学中收入消费理论，一般来说，收入水平越高则消费水平越高，信息时代我国普通居民通过网络参与获取更多经济收入，那么消费也会随之上升。2000 年我国人均收入和消费水平分别为 8533 元和 3887 元，12 年之后分别提高到 32 481 元和 14 063 元，增幅较大。

2.3.2　系统因果关系图

在上述三个子系统因果关系图中，城乡数字鸿沟是"源"，城市化是"汇"，城乡数字鸿沟对城市化进程阻尼作用系统就是从城乡数字鸿沟开始对阻尼作用系统中相关变量产生作用，最终传递到城市化的。

虽然分析了三个子系统各自的因果关系，但是要将三个子系统因果关系连接起来还需要确定城乡数字鸿沟子系统与耦合子系统之间、城市化子系统与耦合子系统之间的因果关系。

首先，对于城乡数字鸿沟子系统与耦合子系统之间的因果关系，可作出如下经验判断：

（1）城乡收入差距与收入水平构成负因果关系。

（2）城乡信息技能差距与信息技术应用构成负因果关系。

（3）城乡消费差距与消费水平构成负因果关系。

其次，对于城市化子系统与耦合子系统之间的因果关系，可作出如下经验判断：

（1）收入水平与生活水平构成正因果关系。

（2）信息技术应用与经济发展水平构成正因果关系。

（3）消费水平与经济发展水平构成正因果关系。

由于已经检验出所有变量都是平稳的，因此，下面直接对经验判断在 10%显著性水平上进行格兰杰因果检验，结果见表 2-13 和表 2-14。

表 2-13 城乡数字鸿沟子系统与耦合子系统之间的格兰杰因果分析结果

原假设	滞后阶数	P 值	结论	因果关系
城乡收入差距不是收入水平的格兰杰原因	1	0.071 0	拒绝	存在
城乡信息技能差距不是信息技术应用水平的格兰杰原因	1	0.052 6	拒绝	存在
城乡消费差距不是消费水平的格兰杰原因	1	0.025 2	拒绝	存在

注：滞后阶数的确定依据 AIC-SC 准则

表 2-14 城市化子系统与耦合子系统之间的格兰杰因果分析结果

原假设	滞后阶数	P 值	结论	因果关系
收入水平不是生活水平的格兰杰原因	1	0.093 8	拒绝	存在
信息技术应用水平不是经济发展水平的格兰杰原因	1	0.032 6	拒绝	存在
消费水平不是经济发展水平的格兰杰原因	1	0.002 5	拒绝	存在

注：滞后阶数的确定依据 AIC-SC 准则

由表 2-13 和表 2-14 可知，前述经验判断都是正确的，于是可以将三个子系统因果关系连接起来以得出中国城乡数字鸿沟对城市化进程阻尼作用系统的因果关系，如图 2-12 所示。因为在整个系统中并不包含任何反馈关系，所以中国城乡数字鸿沟对城市化进程阻尼作用系统为一个"开环系统"。而在开环系统中，要判别整个系统中起点到终点之间的正负关系需要对每一条因果链即反馈路径的正负性进行分析。反馈路径即描绘因果关系中从起点到终点之间经历各个因果关系节点的具体途径。可以看到，从起点（城乡数字鸿沟）到终点（城市化变量）之间在城乡信息基础设施差距、城乡消费差距以及城乡收入差距这三个节点处就开始分出三条不同的反馈路径，之后从城乡信息基础设施差距节点处又分出城乡信息技能差距和城乡教育水平差距两个不同的路径，于是得到中国城乡数字鸿沟对城市化进程阻尼作用系统因果关系中共有四条不同的反馈路径。值得注意的是，此处的反馈路径只是对于模型中城乡数字鸿沟到城市化之间因果关系的一一列举。

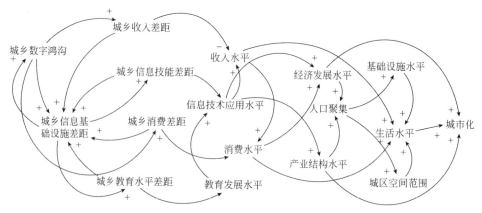

图 2-12 中国城乡数字鸿沟对城市化进程阻尼作用系统因果关系

深入分析图 2-12 可以发现，虽然城乡数字鸿沟子系统、城市化子系统、耦合子系统的因果关系都是正的，但是城乡数字鸿沟子系统、城市化子系统通过耦合子系统连接起来后整个阻尼作用系统的因果关系就会转变为负的，这正好符合系统动力学理论中"整体大于部分之和"的原则。三个子系统的有机结合形成的新系统"阻尼作用系统"产生了新的系统行为，这主要是由于城乡数字鸿沟可以通过收入水平、信息技术应用以及消费水平对城市化造成负的影响，城市化偏离原来的状态。

2.3.2.1　反馈路径一

城乡数字鸿沟造成了城乡基础设施差距拉大，扩大了城乡信息技能差距，进一步降低了农村信息技术应用水平，导致农村经济发展水平较低，影响城市化的进步，如图 2-13 所示。

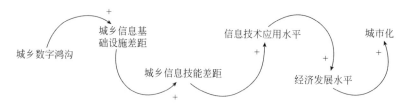

图 2-13 中国城乡数字鸿沟对城市化的影响路径一

以移动电话和互联网为代表的信息传播工具，自从其开始普及以来都为居民生活和生产经营活动的开展创造了极大的便利，具备方便快捷、传递信息真实可靠等特点，通过图像、声音传递新闻、传播社会和科学文化知识、满足文化娱乐和艺术欣赏需要，并为社会公众提供各种切实的信息服务。而通信基站、光缆、微波站点等基础信息技术设施，正是信息传播的基础。在日常生活中，城镇居民处于有利的信息地位，不但具备良好的技术环境，还能够及时有效地获取和利用各种信息，有更多机会参与各种经济活动；而农村居民的信息环境缺失，使其难以充分利用信息工具，信息的获取机会缺失且不及时，失去大量参与各种经济活动的机会，不少农村居民未形成"信息就是财富、时间就是金钱"的观念，导致其难以通过信息化发展农村经济，致使农村地区无法通过经济增长来改善当地基础设施，变相拉大了城乡之间的经济差距，阻碍了城市化发展进程。

2.3.2.2　反馈路径二

城乡数字鸿沟导致城乡信息基础设施差距扩大，拉大城乡教育水平的差距，在影响总体教育水平的结果下进一步导致信息技术应用水平的降低，造成产业结构难以从第一产业为主转变为以第三产业为主，使得经济发展缓慢，影响城市化的进步，如图 2-14 所示。

图 2-14　中国城乡数字鸿沟对城市化的影响路径二

信息传播工具作为一种高科技含量的新兴信息工具，是居民参与网络活动的基本工具，但是这类工具不仅产品价格高，而且对技术能力的要求也高。随着社会经济的发展，城乡二元分化加大，其中城乡信息基础设施中的软件设施差距使农村学校逐渐成为信息化教育系统中的弱势群体，农村的个人操作系统、网络加速系统、网站网页等软件远远落后于城市，致使农村居民无法通过网络学习新的技能、新的知识，在这样一个倡导终身学习的时代农村教育水平难以提升，他们将成为信息孤岛，愈显脆弱。同时，较低的文化素质是影响信息主体获取和利用信息资源的一个重要因素，在具有丰富的信息资源的前提下，若信息主体缺乏必要的文化素质，仍难以有效利用信息资源增进自身福利（如面对网络所带来的信息爆炸，即便每个人都能够比较方便地上网，利用信息的结果也未必是相等的）。此外，信息技术的应用可以显著提高资源利用率、劳动生产率与工作效率，整合行业资源，从而带动产业调整，提升整个行业，是推进产业结构优化升级，促进经济快速发展的一支重要力量。农村在信息技术应用方面的缺失，阻碍传统产业部门吸收信息化发展的先进交易、生产、分配方式，延缓了其产业结构的升级，严重影响城市化进程。

2.3.2.3　反馈路径三

城乡数字鸿沟造成城乡收入差距拉大，限制农村地区收入水平的增长，使生活水平难以提高，进一步阻碍农村经济发展水平提高，影响城市化进程，如图 2-15 所示。

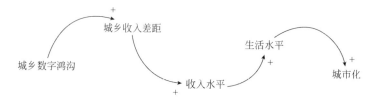

图 2-15　中国城乡数字鸿沟对城市化的影响路径三

城乡数字鸿沟与社会中信息主体的经济差距存在着较强的关联性。虽然我国城乡居民可支配收入均呈现逐年增大的趋势，但是城乡居民收入呈现出明显的剪刀差，这主要是受我国曾经实施的城乡二元经济发展体制的影响，由于处于城市的第二和第三产业的回报率和收益率都较高，而位于农村的第一产业的回报率和收益率相对较低，且边际生产率几乎为零，因此造成劳动者从农业中得到的报酬远小于从工商业等非农产业中得到的报酬的情况，极大地拉开农村居民和城市居民的收入水平。随着全社会经济水平的持续增长，这种差异在社会生产生活中被逐步放大，使得农村地区生活水平难以提高，较低的生活水平决定农村居民的生活方式无法由农村单一性向城市生活的复杂性和多样性转变，从而推迟城市化进程。

2.3.2.4　反馈路径四

城乡数字鸿沟导致城乡消费差距扩大，这种差距进一步影响农村消费水平，缩小经济发展的步伐，最终阻碍城市化发展进程，如图 2-16 所示。

图 2-16　中国城乡数字鸿沟对城市化的影响路径四

城乡数字鸿沟引致的城乡消费差距扩大主要表现在信息消费和信息化消费手段两方面：第一，信息消费是以信息产品和信息服务为消费对象，信息消费还包括信息含量比较高的产品和服务消费，农民的生活方式处于传统的生活习惯中，数字鸿沟极大地限制了农村居民对信息消费的需求；第二，信息化消费手段主要是指电子信息技术和网络技术的迅速发展和广泛应用下的电子商务，这种消费方式极大地扩展了消费者选择商品的范围和空间，提高了消费效率和消费水平，但是数字鸿沟的存在影响农民信息技能提升，妨碍他们开阔视野，使农村居民很难养成信息化背景下新的消费习惯。目前，我国农村地区的整体消费水平与城市相比十分低下，由于农村市场、农民市场是当前我国最大最具潜力的消费市场，如果农村地区的信息消费市场无法扩大，则整个社会的消费水平也就难以提升，经济发展会同时受挫，进而影响我国城市化发展的进程。

2.4　中国城乡数字鸿沟对城市化进程阻尼作用系统流图

因果关系图只能描述反馈结构的基本方面，定性地分析中国城乡数字鸿沟对城市化进程阻尼作用系统内部的因果关系，不能表示不同性质变量的区别，这是它的一个弱点。而状态变量所涉及的是一个累积的概念，是系统动力学中最为重要的量，因果关系图则忽略了这一点。因此，因果关系图不能定量地分析阻尼作用系统内部的传导机制。

流图是在因果关系图的基础上绘制的，可以明确表示出系统的物质流、信息流和反馈作用的全貌。它不仅能够反映系统要素之间的逻辑关系，还能区分各类型性质不同的变量，使得系统的反馈与控制过程刻画得更加明确。因而系统流图能够通过变量类型判别和构建式组，深入探讨阻尼作用系统。这里对城乡数字鸿沟子系统、城市化子系统、耦合子系统三个子系统的流图展开研究，目的是通过绘制中国城乡数字鸿沟对城市化进程阻尼作用系统流图，定量分析系统内变量的变化规律。

2.4.1　城乡数字鸿沟子系统流图

1）变量类型确定

按照系统动力学流图绘制步骤，首先应当确定流图中各个变量的类型。

系统动力学模型由四类变量构成，即状态变量（累积变量）、速率变量、辅助变量以及常量。正确区分变量类型是流图绘制的基础。状态变量是物质、能量或信息等对存量的累积，表明系统某一时刻的静止状态；速率变量是系统变化的速率，表明系统每一时刻的动态变化；辅助变量是状态变量与状态变量、状态变量与速率变量、速率变量与速率变量之间信息传递和转换过程的中间变量；常量不随时间变化，其作用是为某一个量赋一个常数值。

首先需要说明的是，速率变量实际上是状态变量的影子变量，即确定好一个状态变量之后必然会附加一个对应的速率变量；其次，辅助变量本质上是起到连接两个变量的作用；最后，常量起到的是赋值作用。

因此，系统动力学中所谓变量类型判别实质上就是分辨出状态变量这一类最为核心的变量。状态变量可以用三种方法进行判别：

（1）依据变量是否为累积性的直接判别。状态变量用以描述流量经过一段时间之后存积的状态，如水流入储水池。

（2）根据量纲直接判别。状态变量通常是一个数目，具有数量的量纲，量纲的分母一般没有时间单位。

（3）快拍假想间接判别。要辨识系统中的状态变量，可以假想用一个快照来冻结系统的情景，由于时间停止，所有变量都被冻结，系统中可见或者有意义的变量则是状态变量。

按照状态变量判别的三种方法来确定城乡数字鸿沟子系统中的状态变量：

（1）城乡信息基础设施差距。依据变量是否为累积性的直接判别，该变量会通过城市与农村有线服务器、无线网络基站、计算机操作软件和网络适配软件等方面的建设投入差异而日积月累，差距越拉越大。

（2）城乡收入差距。该变量的量纲是"元/人"，并无时间单位在量纲中。

（3）城乡消费差距。根据量纲直接判别，该变量的量纲也是"元/人"，故也作为状态变量。

（4）城乡数字鸿沟。依据变量是否为累积性的直接判别，该变量是整个阻尼作用系统的"源"，是阻尼作用系统中阻力产生的源头，随着时间不断累积增大，故作为状态变量。

确定一个状态变量后就会附加一个对应的速率变量，因此速率变量如下：

（1）城乡信息基础设施差距增量。该变量反映了城乡信息基础设施差距变化的快慢情况，城市与农村有线服务器、无线网络基站、计算机操作软件和网络适配软件等方面的建设投入差异增大，则该变量变动速度会加快。

（2）城乡收入差距增量。该变量的量纲是"元（人·年）"，有时间单位在量纲中，反映了市民与农民收入差距扩大情况。

（3）城乡消费差距增量。该变量的量纲也是"元/（人·年）"，反映了市民与农民消费差距增大的情况。

（4）城乡数字鸿沟增量。用来表征城乡数字鸿沟变化率的快慢。

辅助变量如下：

（1）城乡信息技能差距。该变量反映了城乡居民通过学习所掌握的信息技能上的差距，用于连接城乡信息基础设施差距与信息技术应用。

（2）城乡教育水平差距。该变量反映了城乡居民在信息技术利用方面的知识环境之间的差距，用于连接城乡信息基础设施差距与教育水平。

2）变量式组建立

系统动力学的 DYNAMO 语言是描述变量式组的基本方法，其面向四类变量（状态变量、速率变量、辅助变量、常量）来描述各个变量之间的定量关系。

（1）状态变量与速率变量之间的关系。状态变量＝ INTEG（速率变量，状态变量初始值），其中，INTEG 表示速率变量的积分，表征速率变量流入状态变量之后产生的累积。

（2）凡是涉及辅助变量的一般采用回归来拟合与之有因果关系的变量参数。

（3）常量赋值。给状态变量、辅助变量、速率变量等赋值一个常数。

采用 DYNAMO 语言描述城乡数字鸿沟子系统的变量式组。五个状态变量和相应速率变量构成的式组如下：

（1）城乡信息基础设施差距＝INTEG（城乡信息基础设施差距增量，664.7）。

（2）城乡收入差距＝INTEG（城乡收入差距增量，4026.6）。

（3）城乡消费差距＝INTEG（城乡消费差距增量，3327.8）。

（4）城乡数字鸿沟＝INTEG（城乡数字鸿沟增量，1.2527）。

由图 2-9 可知，城乡信息技能差距与城乡信息基础设施差距之间存在因果关系，则可将前者作为自变量，后者作为因变量，进行回归分析；同理，可将城乡教育水平差距作为自变量，城乡信息基础设施差距作为因变量，进行回归分析。上述两次回归分析的结果即为两个辅助变量构成的式组：

（1）城乡信息基础设施差距＝387.82×城乡信息技能差距+11317。

（2）城乡信息基础设施差距＝7.9802×城乡教育水平差距-994.99。

3）流图绘制

由前述确定的变量类型和建立的变量式组，可绘制出城乡数字鸿沟子系统的流图见图 2-17。

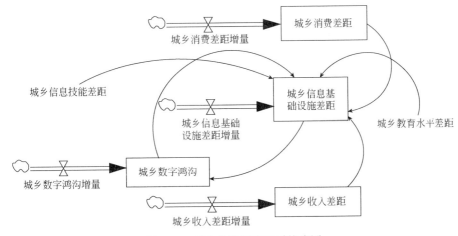

图 2-17 城乡数字鸿沟子系统流图

2.4.2　城市化子系统流图

1）变量类型确定

按照状态变量判别的三种方法确定城市化子系统中的状态变量如下：

（1）经济发展水平。依据变量是否为累积性的直接判别，该变量反映的是经济发展的一种状态。经济发展水平与城市化有着极高的相关度，一般来说，城市化程度越高的地区，经济发展水平越高。

（2）基础设施水平。可根据快拍假想间接判别，该变量指的是基础设施的建设情况，随着城市化的发展，为居民提供的公共基础设施也会越来越多，如果假想时间停止则其可见且有意义，故为状态变量。

（3）城区空间范围。它是一个能通过城区面积测量得到的变量，其量纲是平方千米，故可作为状态变量。

（4）生活水平。该变量反映了居民生活质量的累积效应，随着城市化的推进，居民生活水平会逐步提高。

（5）城市化。依据变量是否为累积性的直接判别，该变量是整个阻尼作用系统的"汇"，是阻尼作用系统中受阻力的对象，故作为状态变量。

确定好一个状态变量后就会附加一个对应的速率变量，因此速率变量如下：

（1）经济增长率。众所周知经济增长率是常用的描述经济发展快慢的变量，可作为速率变量。

（2）基础设施水平增量。反映的是基础设施建设的速度，故作为速率变量。

（3）城区空间范围增量。该变量反映了城区空间扩张的速度。

（4）生活水平提高量。反映了居民生活水平提高的速率，表征的也是一种增量。

（5）城市化水平提高量。主要用来反映城市化水平提升的速度。

辅助变量如下：

（1）产业结构水平。该变量是指第三产业产值在总产值中所占的比例，是城市化与人口集聚连接的中间变量。

（2）人口集聚。该变量是经济发展水平与基础设施水平、产业结构水平与基础设施水平之间信息传递和转换过程的中间变量。

常量如下：

土地资源总量。该变量是指在一定的技术经济条件下可利用的土地总和，通常包括耕地、林业用地、草地以及二三产业用地之和。

2）变量式组建立

采用 DANAMO 语言描述城市化子系统的变量式组。五个状态变量和相应速率变量构成的式组如下：

（1）经济发展水平=INTEG（经济增长率，7857）。

（2）基础设施水平=INTEG（基础设施水平增量，3976.9）。

（3）城区空间范围=INTEG（城区空间范围增量，22 439）。

（4）生活水平=INTEG（生活水平提高量，3580.7）。

（5）城市化=INTEG（城市化水平提高量，38.5）。

由图 2-10 可知，产业结构水平与城市化之间存在因果关系，则可将前者作为自变量，后者作为因变量，进行回归分析；同理，可将产业结构水平作为自变量，人口集聚作为因变量，进行回归分析；将经济发展水平作为自变量，人口集聚作为因变量做回归分析；将人口集聚作为自变量，基础设施水平作为因变量做回归分析。上述四次回归分析的结果即为四个辅助变量构成的式组：

$$城市化=0.022\,58×产业结构+11.568\,47$$

$$城市化=3.0818×产业结构水平-84.079$$

$$人口集聚=0.375\,86×产业结构+54.368\,54$$

$$人口聚集=1760.3×产业结构水平-685\,87$$

$$人口集聚=0.051\,42×经济发展水平+5.358\,47$$

$$人口聚集=0.2903×经济发展水平-775.82$$

$$基础设施水平=0.225\,41×人口集聚+41.254\,74$$

$$基础设施水平=1.4517×人口聚集+556.05$$

$$城区空间范围=2.0878×人口聚集+235\,07$$

最后，对常量"土地资源总量"赋值，得到常量式土地资源总量为 9 320 000，单位为平方千米。

3）流图绘制

由前述确定的变量类型和建立的变量式组，可绘制出城市化子系统的流图见图 2-18。

2.4.3　耦合子系统流图

1）变量类型确定

按照状态变量判别的二种方法来确定耦合子系统中的状态变量如下：

（1）教育发展水平。该变量反映了教育发展的累积效应，依据变量是否为累积性的直接判别。

（2）收入水平。可根据量纲直接判别，该变量的量纲是"元/人"，并无时间单位在量纲中。

（3）消费水平。该变量的量纲也是"元/人"，也没有时间单位在量纲中，故作为状态变量。

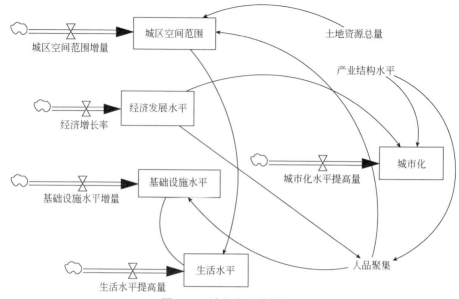

图 2-18　城市化子系统流图

确定好状态变量后就会附加一个对应的速率变量，因此速率变量如下：

（1）教育发展水平提高量。城乡数字鸿沟可以通过教育发展水平提高来影响城市化，教育发展水平提高多少可作为速率变量。

（2）收入水平增量。该变量反映了城乡居民的收入增长速度。

（3）消费水平增量。该变量反映的是消费水平提升的快慢。

辅助变量：

信息技术应用水平。该变量可以反映城乡居民信息技术应用的程度，是教育发展水平和收入水平之间联系转换的中间变量。

2）变量式组建立

采用 DANAMO 语言描述耦合子系统的变量式组。三个状态变量和相应速率变量构成的式组如下：

教育发展水平= INTEG（教育发展水平提高量，72）

收入水平= INTEG（收入水平增量，8533.4）

消费水平= INTEG（消费水平增量，3887.5）

教育发展水平与信息技术应用水平之间存在因果关系，则可将前者作为自变量，后者作为因变量做回归分析；同理，可将信息技术应用水平作为自变量，收入水平作为因变量做回归分析。上述两次回归分析的结果即为辅助变量构成的式组：

信息技术应用水平=0.032 75×教育发展水平+58.635 47

收入水平=28.683×信息技术应用水平+884.69

3）流图绘制

由前述确定的变量类型和建立的变量式组，可绘制出耦合子系统的流图见图 2-19。

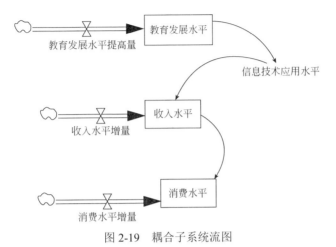

图 2-19　耦合子系统流图

将城乡数字鸿沟子系统、城市化子系统以及耦合子系统三个流图连接起来，就得到了整个中国城乡数字鸿沟对城市化进程的阻尼作用系统流图，如图 2-20 所示。

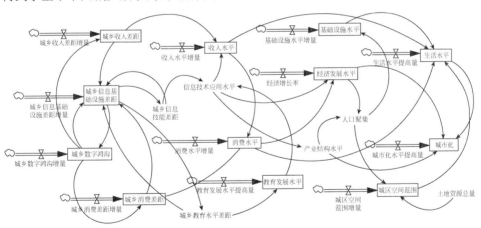

图 2-20　城乡数字鸿沟对城市化进程阻尼作用系统流图

2.5　中国城乡数字鸿沟对城市化进程阻尼作用过程模拟

2.5.1　模型有效性检验

系统动力学模型只是对现实的模拟，确切地说，是对人所能够感知到的现实世界的模拟,这样一来必然存在模型的有效性问题。只有通过有效性检验的模型,才能够用来对系统进行分析。

系统动力学模型有效性检验主要有直观检验、运行检验和历史检验三种方法。直观检验是对模型中的因素、运行机制进行直接观察,以考察模型是否与实际情况相符。运行检验是通过 vensim 软件中的"check model"命令来测试模型的结构是否合理。历史检验是通过运行模型所得到的变量数据结果与实际数据进行比照,考察模型仿真的结果是否符合实际情况。

前两种检验方法较为简单,按照检验规范对所建中国城乡数字鸿沟对城市化进程阻尼作用系统动力学模型进行了直观检验、运行检验,全部通过。历史检验的过程及其结果如下:

基于研究所构建的系统动力学模型,利用 vensim 软件在计算机上运行,得到 2000~2012 年系统中的"源"(城乡数字鸿沟)和"汇"(城市化)的模拟结果。将城乡数字鸿沟、城市化的模拟值与同时期的实际数据进行对比,通过比较来验证模型的有效性。城乡数字鸿沟、城市化模拟值与实际值的对比见表 2-15,表明模拟值与实际值的相对误差在 10%范围内,可以说明模型是有效的。

表 2-15　城乡数字鸿沟、城市化模拟值与实际值的对比

年份	城乡数字鸿沟模拟值(无量纲)	城乡数字鸿沟实际值(无量纲)	城乡数字鸿沟误差/%	城市化模拟值/%	城市化实际值/%	城市化误差/%
2000	0.693	0.695	0.002	38.50	36.22	2.28
2001	0.776	0.756	0.020	39.86	37.66	2.20
2002	0.858	0.781	0.077	41.22	39.09	2.13
2003	0.940	0.886	0.054	42.58	40.53	2.05
2004	1.022	0.988	0.034	43.95	41.76	2.19
2005	1.104	1.031	0.073	45.31	42.99	2.32
2006	1.185	1.101	0.084	46.67	44.34	2.33
2007	1.267	1.180	0.087	48.03	45.89	2.14
2008	1.349	1.199	0.150	49.40	46.99	2.41
2009	1.431	1.365	0.066	50.76	48.34	2.42
2010	1.513	1.510	0.003	52.12	49.95	2.17
2011	1.594	1.543	0.051	53.48	51.31	2.21
2012	1.676	1.675	0.001	54.85	52.57	2.28

2.5.2　阻尼作用途径

用 vensim 软件运行中国城乡数字鸿沟对城市化进程阻尼作用系统流图,可以得到三枝变量关系树,它们也就是城乡数字鸿沟对城市化阻尼的三条途径,清楚全面地反映了阻尼作用过程。这三枝变量关系树是建立模型并运行之后得到的仿真结果,包括城乡数字鸿沟对城市化阻尼的经济途径、技术途径与社会途径。

（1）城乡数字鸿沟对城市化阻尼的经济途径，即城乡数字鸿沟通过城乡收入消费差距阻碍城市化（图 2-21）。

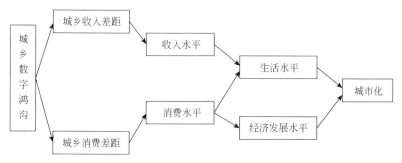

图 2-21　城乡数字鸿沟对城市化阻尼的经济途径

第一，城乡数字鸿沟通过城乡收入差距阻碍城市化。城乡数字鸿沟的存在会使得城市居民与农村居民产生信息分化，城市居民有能力利用信息技术为自己谋取利益，而不懂信息技术的农村居民则缺乏这种能力，导致城乡收入差距扩大，造成整个社会收入水平的降低，生活水平将受到影响，从而延缓了整个城市化进程。

第二，城乡数字鸿沟通过城乡消费差距阻碍城市化。城乡数字鸿沟造成信息技术工具和信息意识都较差的农村居民难以进行现代网络消费，扩大了城乡消费差距，进一步抑制了消费水平的提高，不仅影响了生活水平，而且影响了"消费拉动经济增长"，阻碍了经济发展水平提升，减缓了城市化进程。

（2）城乡数字鸿沟对城市化阻尼的技术途径，即城乡数字鸿沟通过城乡信息基础设施差距阻碍城市化（图 2-22）。

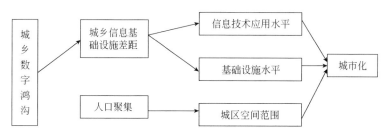

图 2-22　城乡数字鸿沟对城市化阻尼的技术途径

城乡数字鸿沟通过城乡信息基础设施差距阻碍城市化。在信息时代，电信光缆、服务器、交换机等信息技术硬件设施以及公共信息管理系统、数据库等软件设施是城市发展以及城市化推进的必备基础设施，对提高城市居民信息技术应用水平有很大的促进作用。而城乡数字鸿沟拉大了城乡信息软硬件设施差距，再加上我国城乡交通、供水供电等基础设施水平差距本来就很大，人口集聚效应不足，造成了全社会基础设施水平提升受阻以及城区空间难以扩张。农村居民通过先进的信息技术软件搜索、发布、利用网络信息并与外界沟通受阻，落后的小农思想观念和思维模式难以改变，最终影响城市化发展。

（3）城乡数字鸿沟对城市化阻尼的社会途径，即城乡数字鸿沟通过城乡教育水平和城乡信息技能差距阻碍城市化（图2-23）。

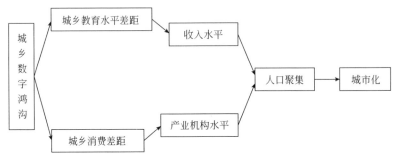

图 2-23　城乡数字鸿沟对城市化阻尼的社会途径

第一，城乡数字鸿沟通过城乡教育水平差距阻碍城市化。当今信息社会，网络视频教育和在线学习已经成为提高教育水平的重要力量，城乡数字鸿沟导致城乡教育水平差距增大，城市先进的网络教育环境对提高城市居民教育素质有很大的促进作用，而在网络教育尚未深入的农村则影响了教育水平的提高，导致整个社会的教育水平下降，农民较低的教育素质使得其进入现代文明城市生活变得更加困难，人口向城市集聚受阻，城市化进程减缓。

第二，城乡数字鸿沟通过城乡信息技能差距阻碍城市化。城乡数字鸿沟扩大了城乡信息技能差距，农村剩余劳动力难以掌握复杂的信息技术，他们进入城市从事高新技术产业的工作受阻，只能从事一些技术含量低的工作，劳动力低下的技术能力就影响了整个产业结构调整优化，电子工业、信息工业等新兴产业发展受阻且收纳农村剩余劳动力的作用降低，农村人口难以向城市迁移集聚，最终对城市化进程产生负面影响。

2.6　小　　结

运用系统动力学理论和方法构建中国城乡数字鸿沟对城市化进程阻尼作用系统，通过变量因果关系分析阻尼作用因果链，绘制阻尼作用系统流图，并对阻尼作用过程进行模拟，深入研究中国城乡数字鸿沟对城市化进程阻尼作用机理，主要研究结果如下：

（1）中国城乡数字鸿沟对城市化进程阻尼作用系统由三个部分组成，即城乡数字鸿沟子系统、城市化子系统、耦合子系统。其中，城乡数字鸿沟子系统所包含的要素有城乡信息基础设施差距、城乡信息技能差距、城乡教育水平差距、城乡收入差距、城乡消费差距；城市化子系统所包含的要素有经济发展水平、产业结构水平、生活水平、基础设施水平、人口集聚、城区空间范围；耦合子系统所包含的要素有教育发展水平、收入水平、信息技术应用水平、消费水平。

（2）阻尼作用系统因果关系是负的，这表明阻尼作用系统中的"源"（城乡数字鸿沟变量）与"汇"（城市化变量）反方向变动。城乡数字鸿沟变量增大则城市化变量减小，城乡数字鸿沟变量减小则城市化变量增大。城乡数字鸿沟可以通过收入水平、信息技术应用水平以及消费水平对城市化造成负的影响，使得城市化偏离原来的状态。

（3）城乡数字鸿沟通过三条途径对城市化产生阻尼作用：第一，城乡数字鸿沟对城市化阻尼的经济途径，即城乡数字鸿沟通过城乡收入差距和消费差距阻碍城市化；第二，城乡数字鸿沟对城市化阻尼的技术途径，即城乡数字鸿沟通过城乡信息基础设施差距阻碍城市化；第三，城乡数字鸿沟对城市化阻尼的社会途径，即城乡数字鸿沟通过城乡教育水平和城乡信息技能差距阻碍城市化。

第3章 中国城乡数字鸿沟对城市化
进程的阻尼作用测度与仿真

3.1 中国城乡数字鸿沟对城市化进程的阻尼作用测度

3.1.1 阻尼大小测度

在信息化时代背景下，城市化过程不可避免地受到城乡数字鸿沟的约束和限制，导致现实的城市化水平低于对数字鸿沟采取控制情况下的预期值，这种现象与资源约束经济发展的阻尼效应类似，因此，引用 Romer 经济增长阻尼理论建立中国城乡数字鸿沟对城市化进程阻尼大小测度概念模型，通过测度有无城乡数字鸿沟阻碍的城市化速度之差，研究中国城乡数字鸿沟对城市化进程的阻尼作用。

3.1.1.1 概念模型

阻尼是物理学中的概念，指运动主体由于受到阻碍造成能量损失而使得速度降低的现象（Serway，2003）。经济学家 Romer（2001）提出经济增长阻尼理论，目的是研究资源约束对经济增长阻碍作用的大小。刘耀彬和陈斐（2007）将 Romer 阻尼理论引入资源约束对城市化阻碍作用研究领域，利用城市化水平与经济增长的半对数函数关系式，将经济增长速度变量替换为城市化速度变量，构建了资源约束对中国城市化进程的阻尼测度模型，并通过线性回归方法拟合了阻尼测度公式，测算得出资源约束对中国城市化进程的阻尼值为 0.3%，即中国城市化速度因资源约束每年要下降 0.3 个百分点。此后，有学者应用该模型测度了我国省市层面资源约束对中国城市化进程的阻尼，如阿依吐尔逊·沙木西等（2011）测算出库尔勒市的阻尼值为 0.1%，刘耀彬和王桂新（2010）测算出江西省的阻尼值为 0.192 582 493%。此外还有学者对该模型进行了修正，如段东平和薛科社（2010）针对原模型中资源总量不变的缺陷，将资源总量设定修正为以固定比例增长，并利用西安市数据对修正后的模型进行了实证检验，结果表明，资源约束对西安市城市化进程的阻尼值为 0.155 71%，其拟合优度比修正前提高了 13.76 个百分点。

近年来，随着城乡数字鸿沟在城市化进程中的影响日益凸显，有学者开始研究城乡数字鸿沟对城市化的阻碍作用，但几乎没有正式提出过城乡数字鸿沟对城市化进程阻尼的概念，未能建立定量测度阻尼的模型，更没有学者直接计算出某一国家或地区的阻尼值，而且相关文献大多停留在阻碍作用外在表现这样的表层研究上。如 Inkinen（2006）和 Warren（2007）认为城乡数字鸿沟不仅妨碍整个社会的通信技术现代化，而且阻碍农村居民社会生活方式向城市方式转变；Taubenbock 等（2009）和 Bruckner（2012）认为城乡数字鸿沟阻碍农村人口向城市转移，减少非农就业人口。

Romer 对经济增长阻尼大小的定义是：由资源约束引起的经济发展受阻以及经济增长速度减缓现象，它表征了资源约束使经济增长速度降低的程度，阻尼越大经济增长速度下降程度越大。据此，提出城乡数字鸿沟对城市化进程阻尼大小的概念为：由城乡数字鸿沟引起的城市化发展受阻以及城市化速度减缓现象，它表征了城乡数字鸿沟使城市化速度降低的程度，其可以用假设状况（无城乡数字鸿沟阻碍）与现实状况（有城乡数字鸿沟阻碍）城市化速度之差来度量，阻尼值越大城市化速度下降程度越大。与西方发达国家相比，我国的城乡社会经济差距很大，城乡数字鸿沟才有可能通过进一步拉大城乡社会经济差距而阻碍城市化进程。

信息化可以加速城市化，而城乡数字鸿沟作为信息化过程中的一种现象会阻碍城市化进程，使得加速程度有所下降，表现出来就是城市化实际速度的减少。中国城乡数字鸿沟对城市化进程的阻尼作用主要体现在经济、社会、人口城市化三个层面：第一，信息化力图使农业经济活动向非农业经济活动转变，但城乡数字鸿沟的出现却导致先进的信息技术难以装备传统农业、农村居民难以获得经济信息，阻碍农业向二三产业转变、阻碍农村居民从事非农生产；第二，信息化力图使农村生活方式向城市生活方式转变，但城乡数字鸿沟却造成以"网络生活"为核心的现代生活方式在农村难以渗透；第三，信息化力图使农民向市民转变，但城乡数字鸿沟的出现却导致农村剩余劳动力难以通过网络获取就业和培训信息，使农村人口难以适应现代数字化的城市生活，阻碍农民进城务工和定居。

对中国城乡数字鸿沟对城市化进程的阻尼机理可以从三个要点来理解：第一，从"转变"来理解，城市化的本质就在于"转变"二字，它实际上就是社会生产力变革所引起的人类生产和生活方式由乡村型向城市型转变的历史过程，信息化是要加速这一转变过程，而城乡数字鸿沟却逆势而发，在一定程度上制约了信息化的加速转变作用；第二，从"农村一侧"来理解，城乡数字鸿沟虽然是城市和农村两者的差距，但主要还是农村的信息化落后"拖了后腿"，致使信息时代农村社会经济差距没有像预期的那样缩小，反而是扩大了；第三，从"阻碍"来理解，城乡数字鸿沟不是城市化内部的因素，而是信息化过程中的一种现象，它可以导致城市化受阻，但需要通过城乡社会经济差距来起作用，也就是说，城乡数字鸿沟不是城市化产生阻尼的充分条件，而只是必要条件。

　　Romer 测度经济增长阻尼的核心思想是：用假设状况（无资源约束）与现实状况（有资源约束）经济增长速度的差值来反映资源约束对经济增长的阻尼，以测度资源约束造成经济发展受阻以致引起经济增长速度下降的程度。Romer 经济增长阻尼大小测度概念模型为

$$\begin{cases} Drag = g^{\sim bgp} - g^{bgp} \\ g^{\sim bgp} = f^{\sim bgp}(K, L, A, R) \\ g^{bgp} = f^{bgp}(K, L, A, R) \end{cases} \tag{3-1}$$

其中，$Drag = g^{\sim bgp} - g^{bgp}$ 为经济增长的阻尼大小，$g^{\sim bgp}$ 和 g^{bgp} 分别为无资源约束与有资源约束状况下经济增长的速度，$f^{\sim bgp}(\cdot)$ 和 $f^{bgp}(\cdot)$ 分别为无资源约束与有资源约束状况下经济增长速度的函数形式，两者都依赖于资本 K、劳动 L、知识 A、资源 R 四个自变量。

　　Romer 模型主要考察的是自变量 R 对经济增长所产生的阻碍作用，其余三个自变量 K、L、A 则来自于 Harrod-Domar 经济增长模型（Harrod，1939；Domar，1949）和内生经济增长模型（Romer，1986）。Harrod-Domar 模型开始流行于 20 世纪 40 年代，其认为决定经济增长速度的因素是资本 K 和劳动 L，而 20 世纪 80 年代兴起的内生增长模型针对 Harrod-Domar 模型未考虑技术进步的缺陷添加了新决定因素"知识 A"（朱勇和徐广军，2000），Romer（2001）以内生增长模型为基础引入制约因素"资源 R"，首次分析了资源约束对经济增长的阻尼大小。需要注意的是，Romer 并没有将 R 作为经济增长速度的决定因素，他引入 R 只是为了考察资源约束如何引起经济增长速度下降，其余三个变量 K、L、A 都是决定经济增长速度的因素，也就是说，Romer 将 K、L、A 作为内生变量的同时将 R 作为外生变量，如果没有资本、劳动、知识投入生产中，则资源约束也就不会存在。因此，要构建中国城乡数字鸿沟对城市化进程阻尼大小测度模型，应将要考察的制约因素城乡数字鸿沟以及决定城市化速度的因素作为自变量，并进一步明确城乡数字鸿沟是外生变量、城市化速度的决定因素是内生变量。

　　在城市化速度研究方面，著名学者 Davis、Kingsley 和 Golden 在 20 世纪 50 年代提出的劳动力流动模型是现代城市化速度理论的起点。他们根据 20 世纪初至 30 年代英美两国劳动力由农业流向工业的事实，分析了农村人口通过在城市就业转变为城市人口的过程，并认为产业结构是决定城市化速度的因素，第二、第三产业产值比例越高，城市人口增长速度越快（Davis et al，1954）。20 世纪五六十年代，日本、韩国等国家的超高速城市化使得城市化速度理论有了新发展，主要是对 Davis、Kingsley 和 Golden 的劳动力流动模型进行了修正，其中最具代表性的是 Mehta 和 Surinder（1964）以及 Wellisz 和 Stanislaw（1971）。Mehta 和 Surinder

（1964）通过分析 1952～1962 年日本人口教育水平对劳动力流动的影响，发现高素质的人口可以为工业化提供丰富的技术型劳动力，人口素质对城市化速度具有很大贡献，并据此修正了劳动力流动模型，他们认为决定城市化速度的因素除产业结构之外，还应当加入人口素质；而 Wellisz 和 Stanislaw（1971）对 60 年代韩国和阿根廷的经验研究也证明了这一点。70 年代以来，随着第三世界国家城市化的发展，以往的城市化速度理论已不能很好地解释发展中国家普遍出现的快速城市化现象，新城市化速度理论逐渐兴起，最为流行的是 Kanemoto（1980）的"三重决定因素"（trinal determinant of velocity）理论。Kanemoto（1980）考察了 20 世纪 70 年代 53 个发展中国家的城市化进程，在修正的劳动力流动模型基础上，添加了生活质量因素，即城市化速度（尤其是发展中国家城市化速度）是由产业结构、人口素质、生活质量共同决定的。

根据 Romer 经济增长阻尼测度概念模型，构建中国城乡数字鸿沟对城市化进程阻尼测度概念模型应包含的自变量有产业结构、人口素质、生活质量以及城乡数字鸿沟（其中，前三个自变量是内生变量，城乡数字鸿沟是外生变量），因变量为城市化速度。Romer 经济增长阻尼测度概念模型与中国城乡数字鸿沟对城市化进程阻尼测度概念模型的变量对照见表 3-1。

表 3-1　Romer 经济增长阻尼大小测度概念模型与研究的变量对照

Romer 经济增长阻尼大小测度概念模型			城乡数字鸿沟对城市化进程阻尼大小测度概念模型		
自变量		因变量	自变量		因变量
制约因素（外生变量）	决定因素（内生变量）	经济增长速度	制约因素（外生变量）	决定因素（内生变量）	城市化速度
资源	资本、劳动、知识		城乡数字鸿沟	产业结构、人口素质、生活质量	

综上所述，中国城乡数字鸿沟对城市化进程阻尼大小测度概念模型可表示为如下形式

$$\begin{cases} Drag_{du} = v^{\sim du} - v^{du} \\ v^{\sim du} = u^{\sim du}(IC, PD, LQ, DD) \\ v^{du} = u^{du}(IC, PD, LQ, DD) \end{cases} \quad (3\text{-}2)$$

其中，$Drag_{du} = v^{\sim du} - v^{du}$ 为城乡数字鸿沟对城市化进程的阻尼大小，$v^{\sim du}$ 和 v^{du} 分别为无城乡数字鸿沟阻碍与有城乡数字鸿沟阻碍状况下城市化速度，$u^{\sim du}(\cdot)$ 和 $u^{du}(\cdot)$ 分别为无城乡数字鸿沟阻碍与有城乡数字鸿沟阻碍状况下城市化速度函数形式，两者都依赖于产业结构 IC、人口素质 PD、生活质量 LQ、城乡数字鸿沟 DD 四个自变量。

3.1.1.2　数据收集与检验

城市化速度（v）是指城市化水平（城市人口占总人口比例[①]）在一定时间段内的变动快慢（简新华和黄锟，2010），这里用城市化水平在一年内的变动来表征，其中各年城市化水平来自于《中国统计年鉴》（2013）；产业结构（IC）主要是指三次产业的比例关系，这里用二三产业产值比例之和来表征，其中各年二三产业产值比例来自于《中国统计年鉴》（2013）；人口素质（PD）可以用人口受教育程度来反映，这里用大专及以上人口比例来表征，其中 1996～2012 年大专及以上人口数量和 1990～2012 年全国总人口数量来自《中国统计年鉴》（1991～2013），1990～1995 年大专及以上人口来自《中国人口年鉴》（1991～1996）；生活质量（LQ）一般是用除食品以外的个人消费支出占总支出比例反映，联合国常用（1-恩格尔系数）来衡量生活质量的高低（United Nations Population Division，2004），这里也用它来表征，其中各年的全国居民恩格尔系数通过计算得到；城乡数字鸿沟（DD）反映了城乡间信息化差距，在研究第一部分结合中国的实情从信息技术的意识、接入、利用与环境差距系统全面地衡量了我国 2000～2012 年的城乡数字鸿沟大小，在此直接引用，1990～2000 年的数据则估算得到。结合中国城市化进程的特点以及城乡数字鸿沟的性质，需要通过中介因素即信息化发展指数将城乡数字鸿沟这一外部因素引入，来作为影响城市化的外部变量。2004 年，国家统计局制定了一套科学的、综合性较强的信息化发展指数（IDI）评价指标体系和评价方法，用以衡量世界主要国家和中国各省（自治区、直辖市）从 1995 年以来的信息化发展水平。其中 1995～1999 年的信息化发展指数来自于国家统计局统计科研所发布的《中外信息化发展指数测算与比较研究》，2000～2006 年的数据来自于《2007 年中外信息化发展指数研究报告》，2007～2012 年的数据来自于《2013 年中国信息化发展指数（Ⅱ）研究报告》，1990～1994 年的数据根据现有数据估算得到。收集的具体数据见表 3-2。

1）平稳性检验

用 Eviews 7.1 软件得到 v、IC、PD、LQ、DD、IDI 时间序列数据的趋势分别见图 3-1 和图 3-2（由于 v、PD、DD、IDI 与 IC、LQ 时间序列数据相差近百倍，若将其趋势绘制于一张图上不易观察，故分为两张图来绘制）。

[①] 对于城市化水平，目前主要有两种刻画方法：一种方法采用城市人口占总人口比重来表示，该方法只需一个指标，所以特别适用于城市化的时间序列问题；另一种方法用城市人口数占总人口数比重、非农产值比例、城市用地比例等多指标的综合测度结果来表示，这一方法可以较全面地衡量城市化水平，但是因为各指标变化趋势基本相同，在处理城市化时间序列问题时容易出现多重共线性。本书是要通过城市化水平的时间序列数据来进行分析，故采用前一种方法来刻画城市化水平

表 3-2　1990～2012 年中国城市化速度、产业结构、人口素质、生活质量、城乡数字鸿沟、信息化发展指数数据

年份	v/%	IC/%	PD/%	LQ/%	DD	IDI
1990	0.199 45	72.884	1.422	43.206	0.047	0.155
1991	0.530 55	75.474	1.576	44.162	0.083	0.184
1992	0.519 62	78.210	1.587	44.632	0.105	0.212
1993	0.530 21	80.292	2.296	45.916	0.128	0.240
1994	0.519 73	80.139	1.922	45.778	0.209	0.258
1995	0.530 58	80.038	2.065	45.867	0.290	0.261
1996	1.439 48	80.309	2.229	47.637	0.371	0.280
1997	1.430 09	81.713	1.732	49.562	0.452	0.326
1998	1.440 21	82.444	2.792	51.641	0.533	0.371
1999	1.429 54	83.530	3.090	53.819	0.641	0.423
2000	1.440 05	84.937	3.611	56.980	0.695	0.478
2001	1.439 99	85.608	4.383	58.458	0.756	0.501
2002	1.430 04	86.257	4.711	59.583	0.781	0.534
2003	1.440 45	87.203	5.487	60.311	0.886	0.560
2004	1.229 78	86.607	5.769	59.470	0.988	0.571
2005	1.229 99	87.877	5.562	60.668	1.031	0.591
2006	1.353 01	88.887	6.219	62.113	1.101	0.609
2007	1.546 23	89.230	6.557	61.834	1.180	0.633
2008	1.100 26	89.268	6.704	60.558	1.199	0.654
2009	1.352 20	89.667	7.287	62.335	1.365	0.681
2010	1.607 96	89.905	8.930	62.974	1.510	0.707
2011	1.320 61	89.963	10.058	62.698	1.543	0.732
2012	1.299 82	89.918	10.592	63.019	1.677	0.756

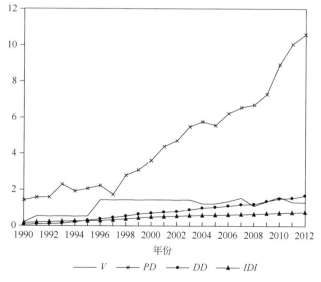

图 3-1　1990～2012 年 v、PD、DD、IDI 时间序列数据的趋势

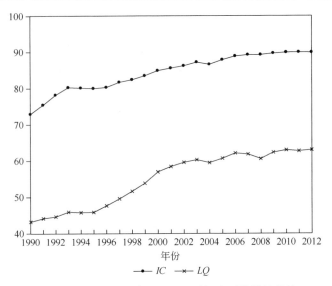

图 3-2　1990～2012 年 IC、LQ 时间序列数据的趋势

可以看出，v 的时间序列数据带截距但不存在趋势，而 IC、PD、LQ、DD、IDI 的时间序列数据都带截距且存在趋势，因此 v、IC、PD、LQ、DD、IDI 的检验形式分别为（1，0，0）、（1，1，1）、（1，1，0）、（1，1，0）、（1，1，0）和（1，1，1），检验结果见表 3-3。v、IC、PD、LQ、DD、IDI 的时间序列数据在 5%显著性水平上都不能拒绝有单位根的原假设，因此所有变量的时间序列数据都是非平稳的。

表 3-3　1990～2012 年 v、IC、PD、LQ、DD 时间序列数据的平稳性检验结果

变量	检验形式 (C, T, n)	ADF	临界值		结论
			1%	5%	
v	（1，0，0）	−2.502 963	−3.769 597	−3.004 861	非平稳
IC	（1，1，1）	−2.531 087	−4.467 895	−3.644 963	非平稳
PD	（1，1，0）	−0.920 019	−4.440 739	−3.632 896	非平稳
LQ	（1，1，0）	−0.455 274	−4.440 739	−3.632 896	非平稳
DD	（1，1，0）	−2.241 655	−4.440 739	−4.440 739	非平稳
IDI	（1，1，1）	−2.200 258	−4.467 895	−3.644 963	非平稳

注：滞后阶数的确定依据 AIC-SC 准则

同理，对 v、IC、PD、LQ、DD、IDI 时间序列数据的一阶差分（分别用 Δv、ΔIC、ΔPD、ΔLQ、ΔDD、ΔIDI 表示）进行单位根检验，检验结果见表 3-4。一阶差分在 5%显著性水平上都可以拒绝有单位根的原假设，因此所有变量都是一阶单整的，它们之间可能存在着协整关系。

表 3-4　1990 ~ 2012 年 v、IC、PD、LQ、DD、IDI 一阶差分时间序列数据的平稳性检验结果

变量	检验形式 $(C,\ T,\ n)$	ADF	临界值		结论
			1%	5%	
Δv	(1, 0, 0)	-5.282 960	-3.788 030	-3.012 363	平稳
ΔIC	(1, 0, 0)	-3.067 378	-3.788 030	-3.012 363	平稳
ΔPD	(1, 0, 0)	-3.923 239	-3.788 030	-3.012 363	平稳
ΔLQ	(1, 0, 0)	-3.042 745	-3.788 030	-3.012 363	平稳
ΔDD	(1, 0, 0)	-4.287 629	-3.788 030	-3.012 236 3	平稳
ΔIDI	(1, 0, 0)	-5.214 099	-3.788 030	-3.012 236 3	平稳

注：滞后阶数的确定依据 AIC-SC 准则

2）协整检验

由于此处是研究 v、IC、PD、LQ、DD、IDD 多个变量之间的关系，故选用 Johansen 极大似然法来检验。运用 Eviews 7.1 软件对 v、IC、PD、LQ、DD、IDD 的时间序列数据进行协整检验，结果见表 3-5。通过迹统计量与 1%、5% 显著性水平上的临界值比较，结果表明变量间在 1% 显著性水平上有三个协整式，在 5% 显著性水平上也有三个协整式。

表 3-5　1990 ~ 2012 年 v、IC、PD、LQ、DD、IDI 时间序列数据的协整检验结果

协整式个数的原假设	特征根	迹统计量	1%的临界值	5%的临界值
无	0.952 544	158.676 7	104.961 5[***]	95.753 66[**]
至多一个	0.824 479	94.669 85	77.818 84[***]	69.818 89[**]
至多二个	0.741 881	58.129 92	54.681 50[***]	47.856 13[**]
至多三个	0.634 779	29.688 90	35.458 17	29.797　07
至多四个	0.330 342	8.536 612	19.937 11	15.494 17
至多五个	0.005 502	0.115 855	6.634 897	3.841 466

、* 分别表示该统计量在 5%、1% 显著性水平上显著

根据数据的平稳性和协整检验结果可知，虽然 v、IC、PD、LQ、DD、IDI 时间序列数据是非平稳的，但是变量间存在着协整关系，故可对这些变量进行回归拟合。

3.1.1.3　阻尼大小测度模型拟合

1）中国城市化速度与产业结构、人口素质、生活质量的函数关系拟合

设要拟合的函数关系式为 $v=u(IC,\ PD,\ LQ)$，根据三元函数拟合的步骤，先描绘每一个自变量与因变量的二维统计散点图，然后再描绘三元数组与因变量的三维统计散点图，通过观察三维统计散点的分布状况来设定拟合函数形式，最

后再根据拟合优度检验情况确定最终的拟合函数形式（吴宗敏，2007）。

A. 统计散点图描绘

首先运用 Excel 软件描绘 IC、PD、LQ 与 v 的二维统计散点图，如图 3-3 所示。观察发现，IC、PD、LQ 与 v 的二维统计散点大致呈现带状分布，故猜测 IC、PD、LQ 与 v 具有某种函数关系。

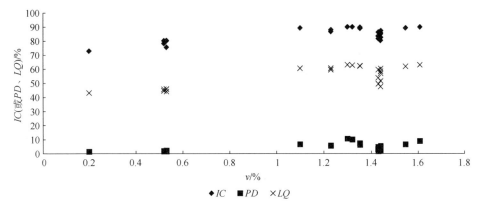

图 3-3　IC、PD、LQ 与 v 的二维散点图

再运用 Matlab 7.13 软件描绘三元数组（IC_i, PD_i, LQ_i）与因变量 v_i（其中 $i=1$，2，…，23）的三维统计散点图，如图 3-4 所示。观察发现，坐标点都在三维正向空间，大致呈现有一个拐点的曲线形式，且曲线拐点以下为凸的、拐点以上为凹的，具有双曲正切曲线的基本特征（张化光，2009），故尝试用双曲正切曲线函数族进行拟合。

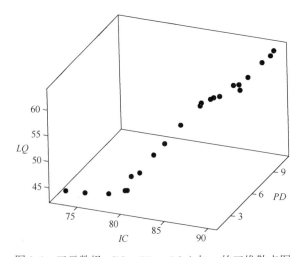

图 3-4　三元数组（IC_i, PD_i, LQ_i）与 v_i 的三维散点图

B．拟合函数形式确定

设双曲正切曲线函数

$$v = u(IC, PD, LQ) = \frac{EXP\left[2\left(\lambda_1 IC + \lambda_2 PD + \lambda_3 LQ\right)\right] - 1}{EXP\left[2\left(\lambda_1 IC + \lambda_2 PD + \lambda_3 LQ\right)\right] + 1} \tag{3-3}$$

其中，λ_1、λ_2、λ_3 为参数。由于式（3-3）是非线性函数，故采用非线性回归通过表 3-2 中的数据来进行拟合（何晓群和刘文卿，2007）。运用 SPSS 19.0 软件经过两步迭代后收敛，整体拟合优度为 $R^2=0.789\,723$，$Adjusted\ R^2=0.748\,696$，说明整体拟合优度较高。所以，可以用式（3-3）来拟合 IC、PD、LQ 与 v 的函数关系。

2）"有城乡数字鸿沟阻碍"状况下城市化速度函数拟合

基于中国城市化速度与产业结构、人口素质、生活质量函数关系式，通过信息化指数将城乡数字鸿沟这一外部因素引入，以建立"有城乡数字鸿沟阻碍"状况下城市化速度函数。

首先，由中国信息化进程的实际情况可知，20 世纪 90 年代至今我国信息化程度是不断上升的，故可采用信息化发展指数 IDI 来表征（International Telecommunication Union，2010a，2010b），IDI（0＜IDI≤1）越大说明信息化程度越高，而信息化对城市化速度有倍增作用。

其次，由城乡数字鸿沟可使信息化指数出现减小趋势可知，1990～2012 年 IDI 与 DD 时间序列数据之间应该呈指数函数关系，假设 $IDI_{j+1} = IDI_j^{ep(DD_t)}$（其中 $j=1$，2，…，23），又由中国城乡数字鸿沟呈对数增长（White，2011）可知，1990～2012 年城乡数字鸿沟时间序列数据自身应当呈对数函数关系，假设 $DD_{t+1}=ep(DD_t)=\phi \ln DD_t$，其中 ϕ 为正参数。

综上所述，将外生变量 DD 引入中国城市化速度与产业结构、人口素质、生活质量函数关系式，得：

$$v^{du}=u(IC,\ PD,\ LQ) \cdot IDI^{\phi \ln DD} \tag{3-4}$$

虽然信息化可以使城市化成倍加速，但是城乡数字鸿沟的存在却会抑制这种加速作用，随着 DD 的增大，$IDI^{\phi \ln DD}$ 会持续减小，故式（3-4）表明城乡数字鸿沟的阻碍会使信息化对城市化的加速程度有所下降，也就是现实状况下的城市化速度减小了。

通过 IC、PD、LQ、DD 数据对式（3-4）进行非线性回归拟合，经过三步迭代后收敛，整体拟合优度为 $R^2=0.802\,910$、$Adjusted R^2=0.771\,791$，说明模型整体拟合优度较高。该式即为"有城乡数字鸿沟阻碍"状况下城市化速度函数。

3）"无城乡数字鸿沟阻碍"状况下城市化速度函数拟合

"无城乡数字鸿沟阻碍"状况是一种假设状况，这里用 DD 趋近于 0 的"有城乡数字鸿沟阻碍"状况下城市化速度函数极限来表示，即

$$v^{\sim du} = \lim_{DD \to 0} \left[u(IC, PD, LQ) \cdot IDI^{\phi \ln DD} \right] \tag{3-5}$$

根据等价无穷小替换方法（侯云畅，1999），当 DD 趋近于 0 时，式（3-5）

中 $\ln DD$ 可以用其等价无穷小 $\dfrac{1}{1+DD}$ 来替换，得

$$v^{\sim du} = u(IC, PD, LQ) \cdot IDI^{\frac{-\phi}{1+DD}} \tag{3-6}$$

即为"无城乡数字鸿沟阻碍"状况下城市化速度函数。

3.1.1.4　阻尼大小测度模型参数估计

用"无城乡数字鸿沟阻碍"与"有城乡数字鸿沟阻碍"两种状况城市化速度
的差值来测度城乡数字鸿沟对城市化进程的阻尼大小，即用式（3-6）减去式（3-4），
得到阻尼大小测度公式：

$$Drag_{du} = v^{\sim du} - v^{du} = u(IC, PD, LQ)\left[IDI^{\frac{\phi}{1+DD}} - IDI^{\phi \ln DD} \right] \tag{3-7}$$

由式（3-4）、式（3-6）、式（3-7）组成式组：

$$\begin{cases} Drag_{du} = v^{\sim du} - v^{du} \\[2mm] v^{\sim du} = \dfrac{EXP\left[2(\lambda_1 IC + \lambda_2 PD + \lambda_3 LQ)\right] - 1}{EXP\left[2(\lambda_1 IC + \lambda_2 PD + \lambda_3 LQ)\right] + 1} \cdot IDI^{\frac{\phi}{1+DD}} \\[4mm] v^{du} = \dfrac{EXP\left[2(\lambda_1 IC + \lambda_2 PD + \lambda_3 LQ)\right] - 1}{EXP\left[2(\lambda_1 IC + \lambda_2 PD + \lambda_3 LQ)\right] + 1} \cdot IDI^{\frac{\phi}{1+DD}} \end{cases} \tag{3-8}$$

然后根据表 3-2 中的实际数据，利用 Eviews 7.1 软件通过非线性回归估计四
个参数，结果见表 3-6。

表 3-6　参数估计

Parameter	Coeficcient	Std. Error	t-Statistic	Prob.
λ_1	0.004 395	0.006 660	0.659 911	0.517 2
λ_2	−0.011 873	0.008 068	−1.471 674	0.157 5
λ_3	−0.003 505	0.010 155	−0.345 134	0.733 8
Φ	0.353 488	0.098 959	−3.572 065	0.002 0

由此得到中国城乡数字鸿沟对城市化进程阻尼大小测度模型的数学表达式：

$$\begin{cases} Drag_{du} = v^{\sim du} - v^{du} \\[2mm] v^{\sim du} = \dfrac{EXP\left[2(0.004\,395IC - 0.011\,873PD - 0.003\,505LQ)\right] - 1}{EXP\left[2(0.004395IC - 0.011873PD - 0.003505LQ)\right] + 1} \cdot IDI^{\frac{0.353\,488}{1+DD}} \\[4mm] v^{du} = \dfrac{EXP\left[2(0.004\,395IC - 0.011\,873PD - 0.003\,505LQ)\right] - 1}{EXP\left[2(0.004\,395IC - 0.011\,873PD - 0.003505LQ)\right] + 1} \cdot IDI^{0.353\,488\ln DD} \end{cases} \tag{3-9}$$

3.1.1.5　阻尼大小测度结果分析

将 IC、PD、LQ、DD、IDI 数据代入式（3-9），即可计算得到各年阻尼大小值（$Drag_{du}$）如表 3-7 所示，其表示当年城乡数字鸿沟使城市化速度下降了多少。可以看出，1990~2012 年阻尼值呈现持续上升趋势，1990 年阻尼值最小（0.012 87%），2012 年阻尼值最大（0.119 50%），23 年间增大了 9 倍多；阻尼年平均值为 0.062 06%，也就是说城乡数字鸿沟使城市化速度年均少增加了 0.062 06 个百分点。与资源约束对城市化进程的平均阻尼大小 0.3%相比，城乡数字鸿沟对中国城市化进程的平均阻尼不算大，仅为其五分之一。

表 3-7　1990~2012 年阻尼值（%）

项目	年份											
	1990	1991	1992	1993	1994	1995	1996	1997	1998	1999	2000	2001
数值	0.012 87	0.014 38	0.016 52	0.020 96	0.022 14	0.025 65	0.028 42	0.039 38	0.045 16	0.049 60	0.058 66	0.063 47

项目	年份											
	2002	2003	2004	2005	2006	2007	2008	2009	2010	2011	2012	—
数值	0.067 95	0.073 34	0.078 33	0.080 56	0.088 09	0.093 55	0.099 53	0.104 13	0.109 26	0.118 97	0.119 50	—

（1）总体上看，1990~2012 年中国城乡数字鸿沟对城市化进程的阻尼是持续上升的，这表明城乡数字鸿沟的阻碍作用越来越显著。1990~1995 年阻尼上升得十分平缓（从 1990 年的 0.012 87 上升至 1996 年的 0.025 65），说明城乡数字鸿沟的阻碍作用不很明显；1996 年之后开始迅速上升（从 1996 年的 0.028 42 蹿升至 2012 年的 0.119 50）。这恰好与我国信息化发展过程相吻合，如图 3-5 所示。我国从 1995 年以后信息化发展水平大幅上升，这样一来就造成城乡数字鸿沟迅速扩大，而与此同时城乡社会经济差距也是有增无减，使得阻尼陡然提高且此后不断攀升。现实中，城乡数字鸿沟对城市化进程的阻碍作用也在 1995 年前后有所不同：1995 年之前城乡数字鸿沟主要是对人口城市化的限制，在中国这样一个城乡二元结构长期存在的国家，城乡信息流通不畅会导致农民难以知晓城市的工作岗位需求和数量，农村剩余劳动力难以流动到城市，或到了城市之后无法找到稳定的工作，再加上政府的"控制人口盲目流动"政策，城市化速度自然有所下降（李志国，1999）；1995 年之后，信息化大步推进，同时政府放开了人口流动政策，这一时期城乡数字鸿沟主要是对经济城市化和社会城市化的制约，城市化进程受到了更深层次的阻碍作用，电子商务、电子政务难以在农村普及，信息化带动农村产业升级受阻，农民在参与信息社会竞争时面临巨大障碍，使之难以冲破小农思想的束缚，造成其不能参与创造和分享以信息为基础的现代文明成果。

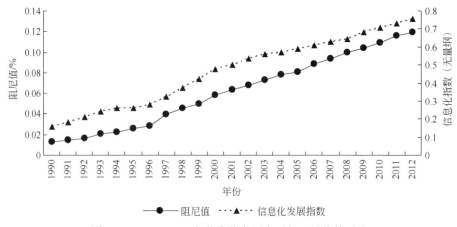

图 3-5　1990～2012 年信息化发展水平与阻尼值的对比

（2）现实中的城市化速度统计值实际上是城乡数字鸿沟"存在"状况下观察到的，即有城乡数字鸿沟阻碍的城市化速度值。1990 年的阻尼值为 0.012 87%，也就是说，如果没有城乡数字鸿沟的阻碍作用，城市化速度将达到 0.212 32%，而不会是统计值 0.199 45%。依此类推，2012 年阻尼值为 0.119 50%，如果没有城乡数字鸿沟的阻碍，城市化速度将达到 1.419 32%，而不会是统计值 1.299 82%，无城乡数字鸿沟阻碍的城市化速度见表 3-8。因此，在缩小城乡数字鸿沟的前提下我国城市化速度还有提升空间，远没有达到五六十年代日韩经济崛起时的"超高速"城市化状态[①]。而"超高速"城市化对于经济发展具有重要意义，其能在较短时间内迅速调整好全社会的经济关系以及城乡关系，对经济体系的快速转型具有"催化"作用。目前我国正处于经济社会转型的关键时期，城市化与城乡和谐发展的关系也越发紧密，如果我国能够抓住"超高速"城市化所带来的大好机遇，统筹好城乡发展，无疑会对我国实现城乡一体化和现代化起到良好促进作用。

表 3-8　1990～2012 年无城乡数字鸿沟阻碍的城市化速度（%）

项目	年份											
	1990	1991	1992	1993	1994	1995	1996	1997	1998	1999	2000	2001
数值	0.212 32	0.544 93	0.536 14	0.551 17	0.541 87	0.556 23	1.467 90	1.469 47	1.485 37	1.479 14	1.498 71	1.503 46

项目	年份										
	2002	2003	2004	2005	2006	2007	2008	2009	2010	2011	2012	—
数值	1.497 99	1.513 79	1.308 11	1.310 55	1.441 10	1.639 78	1.199 79	1.456 33	1.717 22	1.436 58	1.419 32	—

---

① 参见罗志刚.对城市化速度及相关研究的讨论. 城市规划学刊, 2007, (6): 60-66. 从世界城市化进程来看，城市化水平每年增长 0～0.6% 为"慢速"城市化, 0.6%～1% 为"一般速度"城市化, 1%～2% 为"快速"城市化, 2%～4% 为"超高速"城市化

（3）由于用城市化水平在一年内的变动来表征城市化速度，故当年下降的城市化速度也就等于当年少提高的城市化水平。据文献研究结果（简新华和黄锟，2010），中国城市化水平每提高一个百分点，工业化水平（等于工业产值/三次产业总产值）将增长 1.9797 个百分点，非农就业比率（等于二三产业就业人员数/三次产业就业人员总数）将增长 0.9288 个百分点。因此，从中国城市化的实际情况来看，目前城乡数字鸿沟对城市化进程的影响主要表现在经济城市化、社会城市化、人口城市化三个方面。

第一，对经济城市化影响方面，城乡数字鸿沟使工业产值下降，工业化进程减缓。1990 年城市化水平少提高了 0.012 87 个百分点，则工业化水平少增长 0.025 48（即 0.012 87×1.9797）个百分点，而 1990 年的总产值为 18 547.9 亿元，这意味着少增加 4.73（即 0.025 48%×18 547.9）亿元的工业产值；1991 年城市化水平少提高 0.014 38 个百分点，则工业化水平少增长 0.028 47（即 0.014 38×1.9797）个百分点，而 1991 年的总产值为 20 250.4 亿元（以 1990 年价格计算，下同），这意味着少增加 5.77（即 0.028 47%×20 250.4）亿元的工业产值；依此类推，2012 年城市化水平少提高 0.119 50 个百分点，则工业化水平少增长 0.236 57 个百分点，少增加 382.25 亿元的工业产值。虽然每一年少增加的工业产值并不大，但是聚沙成塔，经过 23 年积累，少增加的工业产值高达 2590.76 亿元，相当于 2010～2013 年北京四年的工业产值（以 1990 年价格计算），城乡数字鸿沟对我国产业结构的调整优化造成较大影响。

同时，城乡数字鸿沟拉大了城乡收入差距。在当今信息时代，信息作为一种重要的经济资源对群体的收入分配起着关键作用，拥有较多的信息意味着获取收入机会的增加（如通过网络进行交易、炒股炒基金等），而缺乏信息则意味着获利机会的减少甚至实际收入的损失。农村居民掌握的信息资源往往少于城市居民，使他们失去很多"发家致富"的机会，影响收入水平的提高。

第二，对社会城市化影响方面，城乡数字鸿沟抑制了非农就业岗位的增加，不利于社会保障以及社会稳定。1990 年非农就业比率少增长 0.011 95（即 0.012 87×0.9288）个百分点，而 1990 年就业人员总数为 64 749 万人，这意味着少增加 7.74（即 0.011 95%×647 49）万个非农就业岗位；1991 年非农就业比率少增长 0.013 36（即 0.014 38×0.9288）个百分点，而 1991 年就业人员总数为 65 491 万人，这意味着少增加 8.75（即 0.013 36%×654 91）万个非农就业岗位；依此类推，2012 年非农就业比率少增长 0.110 99 个百分点，少增加 85.14 万个非农就业岗位。虽然每一年少增加的非农就业岗位不多，但积少成多，23 年间我国总共少增加 979.20 万个非农就业岗位，相当于 2009～2012 年我国新增的非农就业岗位数量。

同时，城乡数字鸿沟扩大了城乡知识分隔。城乡居民思维方式和教育水平的全面改善是城市化的一大标志，而在这一过程中知识传播起着关键作用。网上百科全书、数据信息库以及数以万计的在线论坛能够为广大城乡居民知识互动交流创造便利的条件，但横亘于城乡居民之间的数字鸿沟却使农村居民难以连接到网络上的知识平台，知识传播在城乡居民之间的信息渠道中受阻，这样就形成了城乡知识分隔。

第三，对人口城市化影响方面，城乡数字鸿沟减缓了农村人口向城市流动以及向城市人口转变的过程。1990 年我国总人口为 114 333 万人，城市化水平少提高 0.012 87 个百分点，这意味着少增加 14.71（即 0.012 87%×114 333）万城镇居民；1991 年我国总人口为 115 823 万人，城市化水平少提高 0.014 38 个百分点，这意味着少增加 16.66（即 0.014 38 %×115 823）万城镇居民；依此类推，2012 年城市化水平少提高 0.119 50 个百分点，意味着少增加 161.81 万城镇居民。23 年间我国年积累少增加 1855.04 万城镇居民，其对人口城市化的影响不容忽视。

（4）在中国城市化进程中，外生变量城乡数字鸿沟是通过信息化产生阻碍作用的，而城乡数字鸿沟所反映的城乡信息化差距主要是在农村一侧，因此，应从提升农村信息化水平入手，加大农村信息基础设施投资力度，增强农村信息软件建设力量，制定更多倾斜性政策推动农村信息技术的普及，进而促进产业结构、人口素质、生活质量全面优化提升，以尽快弥合城乡数字鸿沟，减小其对城市化进程的阻碍，使我国城市化进程更快更好地发展。

值得说明的是，虽然城乡数字鸿沟会对我国城市化进程产生阻碍，使城市化速度下降，但是我国城市化并未停滞不前，城市化水平从 1990 年的 26.409 70% 逐年上升至 2012 年的 52.570 09%，这主要是因为城乡数字鸿沟只是导致信息化产生的加速程度有所下降，并不会完全抵消信息化的加速作用。

3.1.2　阻尼系数测度

数字鸿沟对城市化进程的耗损能力是客观存在的，因此借鉴黏滞摩擦学中阻尼系数的研究思路，建立中国城乡数字鸿沟对城市化进程阻尼系数测度模型，运用非参数计量经济学中的非参数估计方法估算阻尼系数，进而分析中国城乡数字鸿沟对城市化进程动力的影响。

3.1.2.1　建模思路

目前国内外文献主要关注资源约束对城市化进程和经济增长的阻尼测度，大多是借鉴 Romer 阻尼理论，采用计量经济模型构建阻尼系数测度模型。如 Liu（2009）运用自回归分布滞后模型建立了一个能源约束对城市化进程阻尼系数测度模型，结果显示阻尼大小随缺省值增大而增大；万永坤等（2012）采用多元线性回归构建水土资源约束对经济增长阻尼系数测度模型，发现阻尼系数随水土资源缺省值的变化呈现小范围的波动。但是以往在经济学领域研究中，阻尼系数大多是用参数估计方法得出，要求事先设定各变量间的关系函数，这对于城乡数字鸿沟对城市化进程阻碍作用这样一个异常复杂的问题来说十分困难，因此在实际估算中会存在设定误差，导致估算结果难以贴近现实。

阻尼系数是物理学分支学科摩擦学中的概念。在黏滞摩擦学中，如果运动主体（如滑块）在黏滞客体（如黏滞液）的摩擦下产生阻尼而导致速度随时间波动，则称这种系统为黏滞摩擦阻尼系统。对于黏滞摩擦阻尼系统，阻尼大小可以用阻尼系数与运动主体所受动力的乘积来表示，而阻尼系数表征了产生阻尼的客体耗损动力的能力（布尚，2007）。

黏滞摩擦阻尼系统中阻尼系数测度模型的构建思路是：通过运动主体所受动力和阻尼大小间接测度阻尼系数。根据黏滞摩擦阻尼系统的定义，可由三大特征判别一个系统是否属于黏滞摩擦阻尼系统：一是系统中存在运动主体，它随时间不断动态变化；二是系统中存在黏滞客体，其与运动主体发生摩擦从而阻碍运动；三是运动主体的速度随时间呈现波动状态。中国城乡数字鸿沟对城市化进程阻尼系统符合上述三大特征：

（1）如果用城市人口数占总人口数比例来衡量城市化水平，则市化水平从1990 年的 26.409 70%逐年动态变化至 2012 年的 52.570 09%（图 3-6），因此中国城市化不断发展的进程可作为运动主体。

（2）中国城乡数字鸿沟阻碍了产业结构调整升级、农村文化生活现代化以及非农就业人口增加等，从而影响城市化向前推进，所以城乡数字鸿沟可作为黏滞客体。

（3）由城市化速度数据可知，运动主体（即城市化）的速度是随时间呈现波动状态的，如图 3-6 所示。

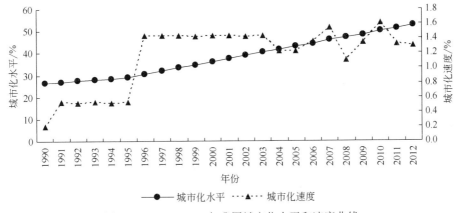

图 3-6　1990～2012 年我国城市化水平和速度曲线

综上所述，中国城乡数字鸿沟对城市化进程阻尼系统可以作为一个黏滞摩擦阻尼系统。其中，阻尼系数反映一单位城乡数字鸿沟损耗城市化动力数值的大小，其大小可以通过城乡数字鸿沟对城市化阻尼大小除以城市化动力来计算，阻尼系数值越大表征城乡数字鸿沟阻碍城市化发展的能力越强，反之则越小。由于黏滞摩擦阻尼系统中阻尼系数测度公式为"阻尼系数=阻尼大小/运动主体所受动力"，而中国城乡数字鸿沟对城市化进程阻尼大小已经在前面研究中计算出来，故此处的建模思路是：首先分析中国城市化进程所受动力，然后由测度公式"中国城乡数字鸿沟对城市化进程阻尼系数=中国城乡数字鸿沟对城市化进程阻尼大小/城市化进程动力"求出阻尼系数。此阻尼系数表征的就是城乡数字鸿沟这一产生阻尼的"客体"耗损城市化进程这一"主体"动力的固有能力。

3.1.2.2　中国城市化进程的动力分析

对中国城市化进程动力进行理论分析，提出原动力的研究假设，以论证中国城市化进程的原动力。

1）动力的理论分析与研究假设提出

A．动力的理论分析

城市化进程动力是指驱动城市化不断发展演变的各种持续性社会经济力量。国内外学术界在对城市化进程动力的研究中，主要存在着三种观点（Renaud，1981；Henderson，2003b）：一是"多元动力论"，该观点认为城市化进程的动力很多，主要有产业结构升级、农业发展、科技创新、劳动生产率提高等；二是"一元动力论"，即经济发展是推动城市化的唯一根本动力，其他动力（诸如产业结构升级、农业发展、劳动生产率提高等）都是由经济发展衍生出来的，都可以归结到经济发展动力之中；三是"二元动力论"，该观点从"一元动力论"演变而来，承认经济发展是动力，但认为其并不是唯一的动力，并依据新古典经济增长理论模型中纳入广义科技进步因子的思想，提出科技进步应独立于经济发展作为动力之一，即经济发展和科技进步是城市化进程的两大原动力，其他动力都是由它们派生出来的。自20世纪70年代开始这三种观点就一直争论不休（United Nations Development Programme，1977；Bertinelli and Black，2004），但近20年来，随着高新技术（尤其是数字信息技术）的快速扩散，科技对城市化的推动作用越来越明显，似乎"二元动力论"更为流行，而不同国家的实证研究也表明"二元动力论"更符合实际（United Nations Human Settlements Programme，2005）。

"二元动力论"的具体内容包括（Henderson，2003b；Carlino，2001）：

经济发展是城市化进程的一大原动力。城市化是在社会经济体系下的一种空间转换过程，集聚经济和规模经济的作用促使资本、劳动力等生产要素向城市集中，经济发展必然引起人口向城市迁移以及城市空间的扩张。经济发展对城市化的具体作用有：

第一，国民收入的提高、需求结构等不断升级，带动城市化水平持续提高。随着经济的增长和人均收入的提高，人们对食物需求的增长速度越来越落后于收入增长速度，即食物在总消费中的比例将下降，而人们在工业品和劳务方面的支出比例则相应提高，这些因素会进一步促使一个国家或地区的农业产值比例和就业比例的显著下降，工业和服务业产值比例和就业比例上升，从而经济结构发生深刻的演变；同时，经济社会储蓄和积累的比率以及技术水平也会提高，导致物质资本和人力资本积累增长的速度会超过劳动力增长的速度，从而推动劳动生产率的提高。各生产部门技术进步和劳动生产率的不平衡增长，又会使生产结构、就业结构及需求结构发生变化，最终整体推动了城市化的发展。

第二，非农产业集中化带动企业和人口的集聚，形成城市发展的新张力。随着非农产业发展，各种经济要素在空间上的集聚形成了城市，城市的产生又进一步促进经济要素在城市的集聚，进而带动社会经济发展并使更多的人口能够享受城市基础设施和城市文明，具体来说表现在两方面：一方面，由于企业和人口的集聚而形成对第三产业发展的规模化需求。当这种需求量达到和超过第三产业发展的门槛要求时，就成为第三产业发展的拉力，带动第三产业的迅速发展。另一方面，从事非农业的人口随着企业的集聚而集聚在城镇。在当前的经济技术条件下，非农业的效率高于农业，因而城镇居民收入要远高于农民收入。这就意味着从事非农产业的人口集聚在城镇，能够扩张工业品市场，从而成为拉动工业化的重要力量。

科技进步是城市化进程的另一大原动力。科技进步会极大地促进技术、知识、信息等资源在城市空间中集聚，这不但能够大幅提高生产效率，对产业结构转化产生深刻的影响，而且能够通过技术的扩散和溢出效应促进城乡居民思维的改变与创新。科技进步对城市化的具体作用有：

第一，科学技术的进步直接导致城市群的兴起并带来大规模的知识聚集、信息聚集、人才聚集。随着科技创新及高新技术对交通、能源、信息、通信的不断渗透，使城市的地理位置相对改变，城市的可及性或通达性将得以改善，城市的吸引力和辐射力自然增强，城市可资利用的资源相应增加，城市区位利益因此提升，这又反过来强化了城市的聚集功能。高新技术的采用，导致城市资源利用效率的提高和利用能力的增强，同时信息技术、通信网络使得社会经济活动进一步摆脱空间限制，人流和物流在数量上的节约使得城市中心可以更大限度地容纳、吸收社会经济活动，城市的承载能力进一步提高。

第二，科学技术的进步改变了城市产业结构和就业结构。科技进步在产业结构向高度化、现代化方向发展中起着主导作用，是形成与发展新兴产业部门的主要推动力。科技进步通过改造传统产业、淘汰落后产业和发展新兴产业，推动产业结构重构，促进产业结构朝高层次、合理化方向发展。产业结构的变动导致就业结构、居住结构发生相应变动，促使农村劳动力向城市转移，推动城市化进程。同时，随着社会分工越来越细，专业化协作高度发展，居民消费日益社会化，要求为生产和生活提供服务的第三产业范围迅速扩大，就业人数也在急剧增加。最终，以信息服务业和知识生产、传播为主体的服务业逐步成为现代社会经济的重要部门，为城市化居民提供了大量就业职位。

第三，科学技术的进步改变了城市发展的增长方式。随着科学技术的进步，从工业时代逐步走进信息时代，人们的生产方式、生活方式发生了巨大的变化。在高科技发展的时代，信息产业、高科技以及计算机网络使整个世界逐步走向整体化；储存大量信息的计算机和便捷的通信工具已经成为当代人生活的必需品；人类的文化素质大幅提高；城市的规划和建设都要适应信息化时代的需要。当代人更加重视经济、社会和环境的综合治理，教育方式和内容的改革更注重现实与未来。在城市的改造和发展中不仅涌现出各种新型城市，还将要出现一些超大都市和卫星城市，它们优劣互补、共同发展，使地区的发展走向一体化。

综上所述，认为随着信息技术的全球化，经济发展和科技进步也是推动中国城市化的两大原动力。在我国，以计算机和互联网为核心的信息技术引发了社会生产力的变革，它与网络经济相结合极大地促进了生产率和生产方式的升级、城市经济集聚效应的提升以及城市现代化的提高，并促使农村生活方式向城市生活方式快速转变。具体来说，一方面中国的经济与城市化同步增长，以网络经济为龙头、工业经济为基础的国民经济快速发展，城市作为生产要素聚集的中心，在资金、劳动力、通信设施以及市场容量等方面，比周围地区拥有更多的优势，这就使得生产活动不断向城市聚集，从而产生聚集的规模效应和经济效益；另一方面，中国日益进步的科学技术促进了产业结构升级，以信息技术为核心的信息产业已然成为产业发展的主导，持续带动其他产业发展，二三产业就业需求急剧增长，不断推动农村剩余劳动力向城市转移，而城市的信息化、网络化也使社会经济活动大大摆脱了空间限制，城市发展的承载力进一步提升，城乡居民的思维也更加开化。值得一提的是，成德宁（2004）、许学强等（2009）一批知名城市经济学家与笔者有着相同的观点。

B. 研究假设的提出

通过动力的理论分析，提出以下两个研究假设：

假设 1　经济发展、科技进步与中国城市化进程呈高度正相关关系，随着经济的持续增长和科技的不断进步，中国城市化水平也在持续提高。

假设 2　中国城市化进程的推进可归因于经济发展、科技进步。

其中，研究假设 1 表明经济发展和科技进步是中国城市化进程的动力，而研究假设 2 进一步论证了两者是动力源泉。这两个研究假设可以由浅入深地证明经济发展和科技进步是中国城市化进程的原动力。

这里要说明的是，中国城市化不同于其他国家城市化，政府作用对城市化进程极为重要，但是用经济发展与科技进步对城市化主要动力进行分析，其中没有加入制度变迁或其他政府变量，这并非是没有将政府因素内容考虑进去。

首先，中外政府对待城市化问题存在差异。

第一，中国政府与西方国家政府对城市化的最初认识不同。在改革开放前，我国在排斥市场机制的同时抑制城市发展，认为城市居民不从事农业生产需要农村人口来养活，对社会和国家发展形成负担，城市人口越多对整个社会和国家发展而言负担就越重，对此还形成了"非生产性劳动多余论""城市居民吃闲饭社会负担论"（陈甫军等，2001）。而西方国家认为城市是市场经济的产物，伴随着社会分工，农业生产效率提高，造成农村人口向城市的自然转移，是生产力水平提高的表现（杨小凯，2003）。

第二，工业化发展初期，中外国家政府对城乡人口流动的政策差别巨大。无论是中国还是西方发达国家，其城市化初始阶段的发展都是依靠工业化拉动的。中国工业化基本完成后城市化水平却出现了滞后，这归结于早期中国政府对农业人口转移的限制。在新中国成立后至改革开放之前，中国实行限制农村人口流动政策，其主要内容有两点（李永宠，1995）：一是公民由农村迁往城市，必须持有城市劳动部门或是学校的录取通知，否则农村人口不允许迁入城市；二是关于短期人口流动，公民离开常驻城市、县范围以外，3 日以上 3 个月以下必须向户口登记机关申报登记。以上两点的人口政策致使新中国在城市化发展过程中，并没有实现农业劳动力人口向工业转移。西方国家政府在城市化的起步阶段，关于人口流动则作出完全不同的人口迁移政策。例如，英国实施"圈地运动"逼迫农村人口脱离土地成为纺织工人，客观上促进了英国纺织业发展和农村人口向城市流动，同时推动了城市化的进程；美国城市化进程较少受外生的、偶然的或不确定因素的干扰，如战争、自然灾害、行政干预等，而是源于经济发展的内生动力，奉行市场机制自我调节的人口流动政策（王春艳，2007）。

其次，关于西方学者总结的城市化发展的"二元"动力理论符合城市化发展的一般规律，对如今市场经济体制下的中国城市化发展同样适用。目前，一方面中国已经建立了社会主义市场经济体制，这与西方发达国家城市化发展历程的环境相似；另一方面国内不少研究结果表明，经济发展和科技进步对城市化发展具有较强的推动作用（陈明星，2013；戴永安，2010）。这些都佐证了"二元"城市化动力理论的对中国城市化发展分析的适用性。

再次，中国政府对城市化仍存在宏观干预，主要是利用财政政策和货币政策等手段，促进资源的优化配置，达到经济发展的目的，所以选择经济发展这一变量能够体现我国政府对宏观经济的干预。例如，中国政府曾在 2008 年世界经济危机中提出"四万亿计划",其中主要措施有加快保障性安居工程建设,加快农村基础设施建设,加快铁路、公路和机场等重大基础设施建设等,大大促进了城市化发展,但是中央政府和地方政府通过发放政府债券和提供融资支持为手段,实现了"抗危机,保增长"的经济计划。此外,城市化发展是宏观经济发展的重要组成部分,撇开政府对宏观经济的干预和城市化与经济发展之间的相互影响,仅仅去分析政府对城市化发展干预在市场机制下是片面的,也是不合理的。

2)研究假设的证明

A. 数据收集与获取

这里用经济增长率来表征经济发展,用科技进步率来表征科技进步。经济增长率=(当年国内生产总值指数−100)/100,其中各年国内生产总值指数(取前一期为100)直接来源于中国统计年鉴(2013);科技进步率的计算方法采用索罗残差法(赵志耘和杨朝峰,2011),设总量生产函数为 C-D 生产函数:$Y_t = A_0 e^{\lambda t} K_t^\alpha L_t^\beta$,其中,$Y_t$ 为实际产出,L_t 为劳动投入,K_t 为资本存量,A_0 表示技术进步作用系数,α、β、λ 分别为资本产出弹性、劳动产出弹性和科技产出弹性。在规模收益不变和中性技术假设下,科技进步率为:$A_t' = Y_t' - \alpha K_t' - \beta L_t'$,其中 A_t' 为科技进步率,Y_t' 为总产出的增长率,K_t' 为资本的增长率,L_t' 为劳动投入的增长率。选取 GDP(以1990年价格计算)来衡量总产出 Y_t,就业人员衡劳动投入 L_t,资本存量来衡量物质资本投入 K_t,其中各年资本存量(以1990年价格计算)直接引用陈昌兵(2014)的研究结果来表征。为估计出资本产出弹性系数和劳动弹性产出系数,对式 C-D 生产函数两边同时取自然对数有:$\ln(Y_t) = \ln(A) + \lambda t + \alpha \ln(K_t) + \beta \ln(L_t)$,在规模报酬不变的约束条件 $\alpha + \beta = 1$ 下有 $\ln\left(\dfrac{Y_t}{L_t}\right) = \ln(A_0) + \lambda t + \alpha \ln\left(\dfrac{K_t}{L_t}\right)$,运用最小二乘法估计出 $\alpha = 0.434$,$\beta = 0.566$。计算数据见表 3-9。中国城乡数字鸿沟对城市化进程的阻尼大小数据见表 3-7,这里不再赘述。

表 3-9　1990~2012 年中国城市化水平、经济增长率、科技进步率数据(%)

年份	城市化水平	经济增长率	科技进步率
1990	26.409 70	3.84	1.14
1991	26.940 25	9.18	5.22
1992	27.459 87	14.24	9.17
1993	27.990 08	13.96	7.91
1994	28.509 80	13.08	6.81

续表

年份	城市化水平	经济增长率	科技进步率
1995	29.040 38	10.92	4.84
1996	30.479 86	10.01	3.93
1997	31.909 95	9.30	3.73
1998	33.350 17	7.83	2.51
1999	34.779 71	7.62	2.60
2000	36.219 75	8.43	3.43
2001	37.659 74	8.30	3.24
2002	39.089 78	9.08	3.82
2003	40.530 23	10.03	4.13
2004	41.760 01	10.09	3.96
2005	42.990 00	11.31	5.25
2006	44.343 01	12.68	6.29
2007	45.889 24	14.16	7.66
2008	46.989 50	9.63	3.71
2009	48.341 70	9.21	2.44
2010	49.949 66	10.45	3.72
2011	51.270 27	9.30	3.01
2012	52.570 09	7.65	1.76

B. 数据标准化处理

　　阻尼系数应当是没有量纲的（温诗铸和黄平，2008），而研究的目的就是估计出无量纲的阻尼系数。由于城市化水平与阻尼大小两组数据相差近千倍，为了避免计算结果误差过大，应当对原始数据进行标准化处理。

　　数据标准化方法主要有极值法、初值法、标准差法、均值法：①极值法，先分别求出各个序列的最大值和最小值，然后将各个原始数据减去最小值后再除以最大值与最小值之差；②初值法，先分别用同一序列的第一个数据去除后面的各个原始数据，得到新的倍数数列；③标准差法，先分别求出各个序列的平均值和方差，再将各个原始数据减去平均值后除以方差；④均值法，先分别求出各个序列的平均值，再用平均值去除对应序列中的各个原始数据。极值法会在标准化后的序列中出现 0，导致后面的相关性分析中出现相关系数偏低的问题；初值法会在标准化后的序列中出现 1，导致后面的相关性分析中出现相关系数偏高；标准差法会使得标准化后的各个序列均值为 0，这会造成相关系数计算公式的分子分母各出现两个 0，从而导致标准化后的数据信息损失过多。所以，通过对这四种方法比较，这里选用均值法对原始数据进行标准化处理，得到城市化水平、经济增长率、科技进步率对应的标准化数据序列 U、EG、TA 见表 3-10。

表 3-10　　1990～2012 年中国城市化水平、经济增长率、科技进步率标准化数据

年份	U	EG	TA
1990	0.694 62	0.383 50	0.261 47
1991	0.708 57	0.916 80	1.197 25
1992	0.722 24	1.422 15	2.103 21
1993	0.736 18	1.394 18	1.814 22
1994	0.749 85	1.306 30	1.561 93
1995	0.763 81	1.090 58	1.110 09
1996	0.801 67	0.999 70	0.901 38
1997	0.839 28	0.928 79	0.855 50
1998	0.877 16	0.781 98	0.575 69
1999	0.914 76	0.761 01	0.596 33
2000	0.952 64	0.841 90	0.786 70
2001	0.990 51	0.828 92	0.743 12
2002	1.028 12	0.906 82	0.876 15
2003	1.066 01	1.001 69	0.947 25
2004	1.098 35	1.007 69	0.908 26
2005	1.130 70	1.129 53	1.204 13
2006	1.166 29	1.266 35	1.442 66
2007	1.206 96	1.414 16	1.756 88
2008	1.235 90	0.961 75	0.850 92
2009	1.271 46	0.919 80	0.559 63
2010	1.313 75	1.043 64	0.853 21
2011	1.348 49	0.928 79	0.690 37
2012	1.382 68	0.764 00	0.403 67

C. U、EG、TA 时间序列数据的平稳性和协整检验

为了避免在相关性和格兰杰因果分析过程中出现伪回归现象，需要对 U、EG、TA 的时间序列进行平稳性和协整检验。

首先，运用 ADF 检验法进行平稳性检验。此处按照时间序列数据特征来确定检验形式，主要是确定截距项、趋势项和滞后阶数。利用 Eviews 7.1 软件得到 U、EG、TA 时间序列数据的趋势见图 3-7。U 的时间序列数据带截距且存在趋势，EG、TA 的时间序列数据带截距但不存在趋势。此外，滞后阶数从 0 到 4 进行测试，选取 AIC-SC 准则数值最小的一个滞后阶数。

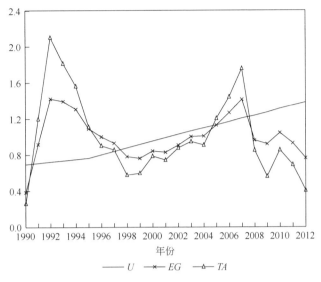

图 3-7　U、EG、TA 时间序列数据的趋势

　　根据上述分析，U、EG、TA 的检验形式分别为（1，1，1）、（1，0，1）、（1，0，1），检验结果见表 3-11。U、EG、TA 的时间序列在 1%显著性水平上都不能拒绝有单位根的原假设，因此所有变量的时间序列数据都是非平稳的。

表 3-11　U、EG、TA 时间序列数据的平稳性检验结果

变量	检验形式（C，T，n）	ADF	临界值		结论
			1%	5%	
U	（1，1，1）	−3.879 621	−4.467 895	−3.644 963	非平稳
EG	（1，0，1）	−3.147 897	−3.788 0030	−3.012 363	非平稳
TA	（1，0，1）	−2.823 355	−3.788 030	−3.012 363	非平稳

注：滞后阶数的确定依据 AIC-SC 准则

　　同理对 U、EG、TA 时间序列数据的一阶差分（分别用 ΔU、ΔEG、ΔTA 表示）进行单位根检验，检验结果见表 3-12。一阶差分在 1%显著性水平上都可以拒绝有单位根的原假设，因此所有变量都是一阶单整的。

表 3-12　U、EG、TA 一阶差分时间序列数据的平稳性检验结果

变量	检验形式（C，T，n）	ADF	临界值		结论
			1%	5%	
ΔU	（1，0，0）	−5.009 090	−3.808 546	−3.020 686	平稳
ΔEG	（0，0，0）	−3.815 839	−2.679 735	−1.958 088	平稳
ΔTA	（0，0，0）	−3.942 490	−2.679 735	−1.958 088	平稳

注：滞后阶数的确定依据 AIC-SC 准则

其次，对 *U*、*EG*、*TA* 的时间序列数据进行协整检验。因为此处是研究 *U*、*EG*、*TA* 多个变量之间的关系，故选用 Johansen 极大似然法。用 Eviews 7.1 软件对 *U*、*EG*、*TA* 进行协整检验，结果见表 3-13。通过比较迹统计量与 1%、5%显著性水平上的临界值，结果表明在 1%显著性水平上存在着一个协整式，在 5%的水平有两个协整式。

表 3-13　*U*、*EG*、*TA* 时间序列数据的协整检验结果

协整式个数的原假设	特征根	迹统计量	1%的临界值	5%的临界值
无	0.709 734	44.766 78	35.458 17[***]	29.797 07[**]
至多一个	0.585 010	18.790 66	19.937 11	15.494 71[**]
至多二个	0.015 175	0.321 126	6.634 897	3.841 466

、* 分别表示该统计量在 5%、1%显著性水平上显著

根据检验结果可知，虽然 *U*、*EG*、*TA* 的时间序列是非平稳的，但是三者之间存在着协整关系，故可进行相关性和格兰杰因果分析。

D. 中国城市化进程与经济发展、科技进步的相关性分析

常用的相关系数有 Pearson 相关系数、Spearman 相关系数、Kendall 相关系数，其中第一种适用于定距型变量，后两种适用于定序型变量。由于 *U*、*EG*、*TA* 都是定距型变量，故此处选择 Pearson 相关系数进行分析。

将 1990 年作为第一年（即取 1990 年 *i*=1，以后各年依此类推），则 *U* 与 *EG* 的 Pearson 相关系数为

$$r_{U1} = \frac{\sum_{i=1}^{21} \left(EG_i - \overline{EG} \right) \left(U_i - \overline{U} \right)}{\sqrt{\sum_{i=1}^{21} \left(EG_i - \overline{EG} \right)^2 \sum_{i=1}^{21} \left(U_i - \overline{U} \right)^2}} \tag{3-10}$$

U 与 *TA* 的 Pearson 相关系数为

$$r_{U2} = \frac{\sum_{i=1}^{21} \left(TA_i - \overline{TA} \right) \left(U_i - \overline{U} \right)}{\sqrt{\sum_{i=1}^{21} \left(TA_i - \overline{TA} \right)^2 \sum_{i=1}^{21} \left(U_i - \overline{U} \right)^2}} \tag{3-11}$$

运用 SPSS 19.0 软件分别计算 r_{U1}、r_{U2}，结果见表 3-14。根据相关性强弱的判定标准，相关系数绝对值大于 0.8 为高度相关（薛薇，2009）。所以，可初步判定 *EG*、*TA* 与 *U* 呈高度正相关关系。

表 3-14　Pearson 相关系数的计算结果

变量	EG		TA	
	r_{U1}	P 值	r_{U2}	P 值
U	0.889 2**	0.045 31	0.872 9*	0.093 42

*、** 分别表示该统计量在 10%、5% 显著性水平上显著

通过 Pearson 相关系数值的大小可以判定两变量之间相关强弱程度，然而，就系数本身来看，它未必真实反映了两变量之间的关系，往往有夸大的趋势。因此，单纯利用 Pearson 相关系数来衡量变量间的相关性是不准确的，而需要在除去其他相关因素影响的条件下计算变量间的相关性。净相关系数的作用就在于此，它能够在控制其他变量影响的条件下分析两变量间的相关性。

将 TA 作为控制变量，计算 U 与 EG 的净相关系数为

$$r_{U1,2} = \frac{r_{U1} - r_{U2}r_{12}}{\sqrt{\left(1 - r_{U2}^2\right)\left(1 - r_{12}^2\right)}} \tag{3-12}$$

其中，r_{12} 表示 EG 与 TA 的 Pearson 相关系数。

再将 EG 作为控制变量，计算 U 与 TA 的净相关系数为

$$r_{U2,1} = \frac{r_{U2} - r_{U1}r_{12}}{\sqrt{\left(1 - r_{U1}^2\right)\left(1 - r_{12}^2\right)}} \tag{3-13}$$

$r_{U1,2}$ 和 $r_{U2,1}$ 的计算结果见表 3-15。与 r_{U1}、r_{U2} 相比，$r_{U1,2}$、$r_{U2,1}$ 都有所减小，说明剔除其他相关因素影响后相关程度变弱，但更接近真实情况。由表 3-15 可最终判定：EG 与 U 高度正相关，且通过了 1% 的显著性检验；TA 与 U 高度正相关，且通过了 5% 的显著性检验。

表 3-15　净相关系数的计算结果

变量	EG		TA	
	$r_{U1,2}$	P 值	$r_{U2,1}$	P 值
U	0.817 89***	0.000 346	0.801 73**	0.040 29

、* 分别表示该统计量在 5%、1% 显著性水平上显著

研究假设 1 能够在 95% 的置信水平上得以证明。值得说明的是，一些文献也表明经济发展、科技进步与中国城市化进程呈高度正相关关系，这正好佐证了研究假设 1 的证明结果（周一星，1995；陈甬军和陈爱民，2003）。

E. 中国城市化进程与经济发展、科技进步的格兰杰因果分析

将 U 作为被解释变量，EG 和 TA 作为解释变量，利用最小二乘法进行格兰杰因果分析，结果见表 3-16。可见在 5% 的显著水平下，EG 不是 U 的格兰杰原因、TA 不是 U 的格兰杰原因都被拒绝。因此，有 95% 的把握可以说中国城市化进程

的推进可归因于经济发展、科技进步，从而支持了研究假设 2。而一些研究也证实了经济发展、科技进步是中国城市化进程的格兰杰原因，可以很好地佐证上述结论（李金昌和程开明，2006；国务院发展研究中心课题组，2010）。

表 3-16　中国城市化进程与经济发展、科技进步的格兰杰因果分析结果

原假设	滞后阶数	P 值	结论	因果关系
EG 不是 U 的格兰杰原因	2	0.027 0	拒绝	存在
TA 不是 U 的格兰杰原因	2	0.024 3	拒绝	存在

注：滞后阶数的确定依据 AIC-SC 准则

综上所述，已经证明经济发展和科技进步是中国城市化进程的原动力，将两者分别称为经济发展动力、科技进步动力，它们共同作用推动着城市化不断向前发展。

3.1.2.3　阻尼系数测度公式

设中国城乡数字鸿沟对城市化进程阻尼系数为 K^{du}，阻尼大小值对应的标准化数据序列为 $Drag_{duS}$，城市化进程动力为 $UD（EG，TA）$，$UD（\cdot，\cdot）$ 是刻画 EG、TA 共同作用以产生总动力的函数。由此得到

$$K^{du} = \frac{Drag_{duS}}{UD(EG,TA)} \tag{3-14}$$

式（3-14）是中国城乡数字鸿沟对城市化进程阻尼系数测度公式，它也是阻尼系数测度模型的数学表达式。

3.1.2.4　阻尼系数的非参数估计

与传统的参数估计方法不同，非参数估计方法无需事先假定经济变量间的关系，要对整个模型的参数进行估计，大大减小了模型的设定误差，使得估计结果更贴近现实。由于中国城市化进程动力的产生过程异常复杂，到目前为止学者们仍无法打开这个黑箱，故不去假定 $UD（\cdot，\cdot）$ 的函数形式，而是采用非参数估计方法来进行研究，以估计出阻尼系数。

将式（3-14）等价变换为

$$Drag_{duS}=K^{du}UD(EG,TA) \tag{3-15}$$

其中，$Drag_{duS}$ 为被解释变量，EG、TA 为解释变量，K^{du} 为乘数，$UD(\cdot，\cdot)$ 设为未知函数，则式（3-15）就是一个非参数估计模型，即阻尼系数非参数估计模型。

由于阻尼系数非参数估计模型中待估参数为一个乘数 K^{du}，故此处可采用非参数估计中专门估计乘数的局部线性估计方法。

1) 主成分回归

在进行局部线性估计时，考虑到经济增长率与科技进步率两变量之间的相关性较高（由 1.2.2 节可知 $r_{12}=0.732$，大于一般的标准 0.6），会导致出现多重共线性，故可用主成分回归进行补救。主成分回归通过构造原解释变量的线性组合，提取不相关的新解释变量，且新解释变量带有绝大部分的原解释变量的信息（叶阿忠，2008）。

A. 平稳性和协整检验

主成分回归要求回归所用数据是平稳的或有协整关系。通过表 3-12 已经知道 EG、TA 的时间序列是一阶单整的，现只需运用 Eviews 7.1 软件检验被解释变量 $Drag_{duS}$ 的时间序列，结果见表 3-17，可知其是一阶单整的，$Drag_{duS}$、EG、TA 之间可能存在着协整关系。

表 3-17 $Drag_{duS}$ 平稳性检验结果

序列	检验形式 $(C,\ T,\ n)$	ADF	临界值		结论
			1%	5%	
$Drag_{duS}$	(1, 1, 1)	−1.786 351	−4.467 895	−3.644 963	非平稳
$\Delta Drag_{duS}$	(1, 0, 0)	−4.767 641	−3.788 030	−3.012 363	平稳

注：滞后阶数的确定依据 AIC-SC 准则

再运用 Eviews 7.1 软件对 $Drag_{duS}$、EG、TA 进行协整检验，结果见表 3-18。通过比较迹统计量与 1%、5%显著性水平上的临界值，结果表明在 1%显著性水平上有一个协整式，在 5%的显著水平下有两个协整式。

表 3-18 $Drag_{duS}$、EG、TA 协整检验结果

协整式个数的原假设	特征根	迹统计量	1%的临界值	5%的临界值
无	0.730 981	45.359 18	35.458 17[***]	29.797 07[**]
至多一个	0.567 401	17.786 63	19.937 11	15.494 71[**]
至多两个	0.008 997	0.189 792	6.634 897	3.841 466

、*分别表示该统计量在 5%、1%显著水平上显著

由检验结果知，$Drag_{duS}$、EG、TA 之间存在着协整关系，故可进行主成分回归。

B. 新解释变量提取

用 SPSS 19.0 软件 EG、TA 进行主成分提取，结果见表 3-19。第一主成分 $COMP_1$ 的贡献率已高达 97.711%，因此可将 $COMP_1$ 作为提取出的新解释变量，则得到 $COMP_1 = \dfrac{0.212}{\sqrt{0.272}}EG + \dfrac{0.800}{\sqrt{0.272}}TA = 0.406\,49EG + 1.5339TA$，它在 EG、TA 上的载

荷分别为 0.406 49、1.5339。于是可由表 3-10 计算出 1990～2012 年 $COMP_1$ 的值见表 3-20。

表 3-19　主成分变量的特征值、贡献率与累积贡献率

主成分变量	特征值	贡献率/%	累积贡献率/%
$COMP_1$	0.272	97.711	97.711
$COMP_2$	0.006	2.289	100.00

表 3-20　1990～2012 年 $COMP_1$ 的值（无量纲）

项目	年份											
	1990	1991	1992	1993	1994	1995	1996	1997	1998	1999	2000	2001
$COMP_1$	0.556 96	2.209 13	3.804 20	3.349 55	2.926 84	2.146 08	1.788 99	1.689 80	1.200 92	1.224 05	1.548 94	1.476 82

项目	年份										
	2002	2003	2004	2005	2006	2007	2008	2009	2010	2011	2012	—
$COMP_1$	1.712 54	1.860 16	1.802 80	2.306 16	2.727 65	3.269 72	1.696 17	1.232 31	1.732 97	1.436 50	0.929 75	—

2）核密度函数设定

根据局部线性估计方法中核密度函数的形式，设核密度函数为

$$Fc（x）=\frac{1}{N \times Bw}\sum_{i=1}^{N}Ke(\frac{x-X_i}{Bw}) \qquad (3-16)$$

其中，$Ke(x)$ 被称为核函数（kernel function），它满足 $Ke(x) \geqslant 0$，$\int_{-\infty}^{+\infty}Ke(x)\,\mathrm{d}(x)=1$，且

$$Ke(x)=\frac{1}{\sqrt{2\pi}}\exp（-\frac{x^2}{2}） \qquad (3-17)$$

Bw 为窗宽（bandwidth），核密度函数设定问题中最重要的就是窗宽的确定，因为 Bw 值对估计结果影响最大。窗宽越小，核密度估计函数的偏差越小，但方差会增大；反之，窗宽越大，核密度估计函数的偏差越大，但方差会变小。可见当窗宽改变时，不可能同时使核密度估计函数的偏差和方差变小，所以最优窗宽的选择应该在两者之间作一权衡，能够使得核密度估计函数的积分均方误差达到最小。满足此要求的通常有三种窗宽：$h_1=1.06 \times \sigma \times N^{-1/5}$，$h_2=0.79 \times IQR \times N^{-1/5}$，$h_3=0.9 \times \min(IQR/1.34,\ \sigma) \times N^{-1/5}$，其中 σ 为数据标准差，IQR 为四分位距，N 为样本个数。Minouiu（2006）比较了三种窗宽的优缺点，指出 h_3 既能够做到一定的平滑，又能够保留有偏和峰度等一些重要的统计特征。因此这里选择 h_3 作为最优窗宽，并计算得到最优窗宽 $Bw=0.287\ 35$。

将式（3-16）和式（3-17）联立即可求出核密度函数 $Fc(x)$，即

$$Fc(x) = \frac{1}{16.566\,43} \sum_{i=1}^{23} \exp\frac{-(x - X_i)^2}{0.165\,14} \tag{3-18}$$

3）局部线性估计公式

在局部线性化过程中，为了使设定的核密度函数书写简便规范，通常会将因变量记为 Y，自变量记为 X，则核密度函数记为 $Fc(x)$。令 $Y_i = Drag_{duSi}$，（$i=1, 2, \cdots, 23$），并将式（3.15）在 X_f 处局部线性化，则

$$Y_i = K^{du}\left[Fc(X_f) + (X_i - X_f)\frac{\mathrm{d}Fc(X_f)}{dx} + \varepsilon_i\right] \tag{3-19}$$

其中，ε_i 为局部线性化之后的误差项。

在进行局部多项式核估计时，假设序列的样本值范围为 $[X_L, X_U]$，样本个数为 N，则选择在如下点进行多项式回归估计，即：

$$X_f = X_L + \left(\frac{X_U - X_L}{N}\right) \times f, f = 1, 2, \cdots, N \tag{3-20}$$

3.1.2.5　阻尼系数测度结果分析

将 1990 年作为第一年（即 1990 年 $i=1$，以后各年依此类推），首先将各年 $COMP_1$ 数据代入式（3-20），分别计算出各年局部线性化选择的点（X_f）。然后将各年 X_f 分别代入式（3-19）后，再根据各年的 $Drag_{duS}$ 和 $COMP_1$ 的数据，利用 SPSS 19.0 软件可得到 K^{du} 逐点估计值，K^{du} 的逐点估计值见表 3-21，至少通过了 10%的显著性检验。选择在 $\overline{COMP_1}$ 处局部线性化，利用 SPSS 19.0 软件可得到 K^{du} 的总体估计值为 0.104 60，t 检验统计量为 7.293 274，通过了 1%的显著性水平检验。

表 3-21　阻尼系数的逐点估计值及其相应检验统计量

年份	Kdui	t 检验统计量	年份	Kdui	t 检验统计量
1990	0.088 90***	4.187 758	2002	0.092 03***	3.241 317
1991	0.091 65***	3.845 028	2003	0.080 24***	3.898 632
1992	0.094 95***	3.470 513	2004	0.091 34**	2.546 158
1993	0.098 92***	3.066 838	2005	0.094 37***	5.151 841
1994	0.103 70**	2.640 106	2006	0.098 88**	2.699 070
1995	0.109 96**	2.203 126	2007	0.104 56***	3.181 762
1996	0.118 35*	1.789 846	2008	0.111 13***	3.600 184
1997	0.108 25*	1.889 236	2009	0.128 40***	2.958 407
1998	0.100 49*	1.923 329	2010	0.106 21**	2.262 790
1999	0.091 07***	4.260 604	2011	0.104 43**	2.520 280
2000	0.100 88**	2.283 291	2012	0.096 44***	3.584 421
2001	0.110 38**	2.637 465	—	—	—

*、**、*** 分别表示该统计量在 10%、5%、1%的显著性水平上显著

K^{du} 的逐点估计结果如图 3-8 所示，阻尼系数逐点估计值围绕总体估计值 0.106 40 在区间[0.080 24，0.128 40]内上下波动。K^{du} 的逐点估计结果之所以是波动的，主要是由于所研究的是一个社会经济系统，导致波动在所难免，但是 K^{du} 的总体估计值是稳定的，即逐点估计值波动范围很小，基本上稳定在总体估计值 0.10640 附近。

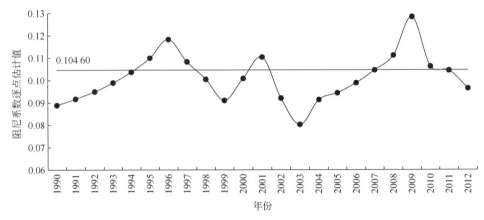

图 3-8　阻尼系数逐点估计值的波动范围

1）阻尼系数总体估计值分析

将 K^{du} 的总体估计值 0.106 40 代入式（3-15），得

$$Drag_{dus}=0.106\ 40UD(EG，TS)\tag{3-21}$$

可以看出，阻尼大小与城市化进程总动力呈正相关关系，总动力增大一个百分点，阻尼大小将增大 0.106 40 个百分点；或者说，总动力增大 1/0.106 40 即 9.398 50 个百分点，阻尼大小就会增大一个百分点，这表明城乡数字鸿沟耗损城市化进程总动力的能力。随着城市化进程总动力增大，阻尼作用会随之增大，从而削弱总动力。需要说明的是，由于阻尼大小是被解释变量，是结果而不是原因，故阻尼大小的增大并不能导致动力的增大。

2）阻尼系数逐点估计值分析

这里计算阻尼系数逐点估计值的目的有两个，一是通过逐点估计值波动幅度来考察总体估计值是否稳定，二是利用逐点估计值来估计出偏导数 $\partial Drag_{dus}/\partial EG$、$\partial Drag_{dus}/\partial TA$ 的乘数 ρ_1、ρ_2。

（1）逐点估计值最大波动幅度，即（最大值-最小值）×100%，为 4.816%。按照局部线性估计稳定性判定标准（Wand and Jones，1995），最大波动幅度在 5% 以内即为稳定，因此总体估计值是稳定的，这表明阻尼系数所表征的城乡数字鸿沟耗损城市化进程动力的能力是一种"固有"能力。但是逐点估计值也只是在一定时间段内稳定在总体估计值 0.106 40 附近，正如研究中所考察的时间范围

1990～2012 年，如果将来我国社会经济系统发生较大变化，那么逐点估计值有可能会稳定在另一总体估计值的附近，则城乡数字鸿沟耗损城市化进程动力的能力就有可能会发生较大变动。

（2）ρ_1、ρ_2 这两个乘数分别表示城乡数字鸿沟耗损经济发展动力、科技进步动力的能力。通过逐点估计值，采用局部线性估计中的直接插入法将式（3-19）变换为

$$Y_i = K^{du}\left[Fc(x) + (x_i - x)\delta(x) + \varepsilon_1\right] \tag{3-22}$$

其中，$\delta(x) = \left[\partial Drag_{duS} / \partial EG, \partial Drag_{duS} / \partial TA\right]^{\mathrm{T}}$ 为列向量，将式（3-23）的最小二乘解定义为 $\delta(x)$ 的估计，则

$$\delta(x) = \left[\sum_{i=1}^{23}\left(X_i - \overline{X_i}\right)^{\mathrm{T}}\left(X_i - \overline{X_i}\right)Ke\left(\frac{X_i - x}{Bw}\right)\right]^{-1}\left[\sum_{i=1}^{23}\left(X_i - \overline{X_i}\right)^{\mathrm{T}}\left(Y_i - \overline{Y_i}\right)Ke\left(\frac{X_i - x}{Bw}\right)\right] \tag{3-23}$$

其中，$X_i=(EG_i,\ TA_i)^{\mathrm{T}}$，$Y_i=Drag_i$，$i=(1,\ 2,\ \cdots,\ 23)$，核函数采用二维正态分布函数：

$$Ke(X_1, X_2) = \frac{1}{2\pi\sigma_1\sigma_2\sqrt{1-\rho^2}}\exp\left\{\frac{-1}{2\sqrt{1-\rho^2}}\left[\frac{(X_1 - \mu_1)}{\sigma_1^2} - 2\rho\frac{(X_1 - \mu_1)(X_2 - \mu_2)}{\sigma_1\sigma_2} + \frac{(X_2 - \mu_2)}{\sigma_2^2}\right]\right\}$$

其中，μ_1、μ_2 分别代表 X_1、X_2 的均值，σ_1、σ_2 分别代表 X_1、X_2 的标准差，ρ 代表 X_1、X_2 之间的相关系数。

将 $\overline{X} = \overline{(EG,TA)}^{\mathrm{T}}$ 代入式（3-23），计算得：

$$\delta(x) = (\rho_1, \rho_2)^{\mathrm{T}} = (0.034\,75, 0.066\,77)^{\mathrm{T}}$$

阻尼大小与经济发展动力、科技进步动力呈正相关关系。经济发展动力增大一个百分点，阻尼大小将增大 0.034 75 个百分点；科技进步动力增大一个百分点，阻尼大小将增大 0.066 77 个百分点。城乡数字鸿沟耗损科技进步动力的能力比耗损经济发展动力的能力高出 0.032 02 个百分点，前者约为后者的 2 倍，这说明城乡数字鸿沟对城市化动力产生的影响主要是在科技进步动力方面。20 世纪 90 年代以来，以信息技术为代表的高新科技发展在很大程度上为城市化进程提供了动力，而与此同时城市与农村的信息技术普及差距却越拉越大，使得高新科技在城乡的利用极不平衡，农村的生产生活难以吸纳高新科技，科技进步所带来的劳动生产率提高、居民生活方式现代化等好处难以体现，最终导致城市化进程的科技进步动力不断减弱。

既然中国城乡数字鸿沟耗损城市化进程动力的能力是客观存在的固有能力，那么政府、企业或其他组织采取政策措施弥合城乡数字鸿沟难道是"徒劳无功"的吗？答案显然是否定的，虽然政策措施无法改变城乡数字鸿沟耗损城市化进程动力的客观规律，但是合理有效的措施可以通过缩小城乡数字鸿沟来减小阻尼大

小，从而加速城市化进程。

从经济发展和科技进步两大动力来看，要想加快城市化进程，似乎通过经济发展途径更为"划算"。因为城乡数字鸿沟耗损科技进步动力的能力较大，即便是科技进步动力迅猛增长，城市化进程也难以加快，甚至可以说，科技进步动力越是增大，白白损失的动力越多，城市化就越"不划算"。因此，今后可以考虑多引入一些能从经济增长角度推动城市化发展的因素（如增加城乡基础设施建设投资、提高城乡市场交易效率等）。

最后需要指出的是，借鉴 Romer 经济增长阻尼理论和黏滞摩擦学中阻尼系数的测度思路，体现了阻尼系数测度模型的一般性。我国幅员辽阔，不同地区城市化非均衡性差异严重，因此该模型不仅可以测算中国城乡数字鸿沟对城市化的阻尼系数，分析中国城乡数字鸿沟和城市化的关系，还对中国某个省份或地区，乃至世界其他国家或地区数字鸿沟对城市化阻尼系数测度具有一定的借鉴意义。

3.2 中国城乡数字鸿沟对城市化进程的阻尼作用仿真

新中国成立以来，我国曲折的城市化发展伴随宏观政策的变化，因此从政府是否采取政策缩小城乡数字鸿沟的角度，运用情景分析法构建基准情景和乐观情景，基于中国城乡数字鸿沟对城市化进程阻尼大小和阻尼系数测度模型，对不同情景下阻尼大小和阻尼系数进行仿真，分析阻尼大小和系数的特征，探讨未来城乡数字鸿沟演变对城市化进程的影响，并得出政策启示。

3.2.1 仿真设计

"仿真"是与"理论""实验"并行的第三种科学探索手段，是信息时代产生的新探索手段，是以计算机为中介的"理论研究"和"实验研究"融合的结晶（肖田元，2009）。仿真设计主要是提出仿真模型、仿真方法、仿真目的，制定仿真步骤。

3.2.1.1 仿真的模型、方法与目的

仿真是基于数学或实体模型的活动，应用仿真方法对研究对象进行分析、评估，以复现和认识研究对象。具体来说，仿真的内涵包括三个方面，即仿真模型、仿真方法、仿真目的，其中仿真模型是建立的数学或实体模型，仿真方法是一套能够归纳演绎出仿真结果的特定做法，仿真目的是复现和认识研究对象的状态、特征、行为等。

根据上述仿真的定义内涵，中国城乡数字鸿沟对城市化进程阻尼作用仿真的模型、方法、目的如表 3-22 所示。

表 3-22　阻尼作用仿真的模型、方法、目的

仿真模型	中国城乡数字鸿沟对城市化进程阻尼大小和阻尼系数测度模型
仿真方法	情景分析法
仿真目的	（1）在不同的宏观社会经济条件下，探讨未来城乡数字鸿沟演变对城市化进程的影响 （2）分析未来中国城乡数字鸿沟演变引起的阻尼大小和阻尼系数变动 （3）揭示阻尼大小和系数的特征

3.2.1.2　仿真的步骤

阻尼作用仿真可分为以下三个步骤来进行：

（1）通过分析我国政府对城市化与城乡数字鸿沟的态度，运用情景分析法构建基准情景和乐观情景。

（2）在不同情景下将仿真数据代入中国城乡数字鸿沟对城市化进程阻尼大小测度模型，计算并验证阻尼大小的仿真结果，研究政府的未来干预政策对阻尼大小产生的影响，分析未来中国城乡数字鸿沟演变引起的阻尼大小变动，进而揭示阻尼大小的特征，研究其对未来城市化速度的影响。

（3）在不同情景下将仿真数据代入中国城乡数字鸿沟对城市化进程阻尼系数测度模型，计算并验证阻尼系数的仿真结果，研究政府的未来干预政策对阻尼系数产生的影响，分析未来中国城乡数字鸿沟演变引起的阻尼系数变动，进而揭示阻尼系数的特征，研究其对未来城市化动力的影响。

3.2.2　情景构建

情景分析法（scenario analysis）是在对相关社会经济环境演变提出关键假设因素的基础上，通过对未来进行合理推理和描述构建可能的情节或状况（Fink and Schlake，2000）。"情景"是对一些有合理性和不确定性事件在未来一段时间内可能呈现态势的一种假定，"情景分析"则是预测这些态势的产生并比较分析可能产生影响的整个过程（Ratcliffe，1999）。

中国的城市化是政府主导型城市化，而城乡数字鸿沟又备受政府关注。要构建中国城乡数字鸿沟对城市化进程阻尼仿真的情景，探讨未来城乡数字鸿沟产生的影响，势必要考虑两个方面：一是未来中国政府是加速还是减慢城市化进程；二是未来中国政府能否采取强有力的有效措施弥合城乡数字鸿沟。

（1）中国未来将加速发展城市化。长期以来，我国政府和学界就存在着城市化速度"过慢论"和"过快论"之争。从当前形势来看，政府还欲加快城市化。2011 年 3 月 5 日温家宝总理在政府工作报告中指出，"在十二五期间我国城镇化水平要从 49%提高到 53%，提高 4 个百分点"（翁阳，2011）。我国城镇化水平一直低于世界平均水平，同时也低于周边的国家和地区，马来西亚和菲律宾，其城

市化率都在 60% 以上，而日本、韩国、中国台湾地区则超过 70%。这些国家和地区经济高速发展的 30 年当中，城市化水平基本上都是平均每年提高 3 个百分点左右。正因为如此，我国才更需要抓住当前时机有效地提高城市化，在一个较短的时间里去实现有利于人民生活水平提高的城市化，且城市化本质上要有利于城乡和谐发展。

（2）中国未来将重点弥合城乡间信息化差距。自城乡数字鸿沟出现以来，我国政府就采取了诸如金农工程、村村通网络以及计算机下乡等政策措施试图弥合城乡数字鸿沟，但是由于农村信息化基础过于薄弱，这些政策难以遏制城乡数字鸿沟的扩大。2011 年 6 月，工信部十二五规划中已经明确强调要"大力发展农村信息基础设施，实现城乡无差别"。因此，可以预见，未来政府将投入大量人财物力重点弥合城乡数字鸿沟。

鉴于以上两个方面，从政府是否采取干预政策缩小城乡数字鸿沟以加快城市化进程的态度出发，可设定基准情景（benchmark scenario）和乐观情景（optimistic scenario）两种情景，其中基准情景为政府保持以往政策不变，城乡数字鸿沟仍然延续基准年 2012 年之前的发展趋势；乐观情景即为政府采取政策使得城乡数字鸿沟缩小以减少其对城市化的阻碍作用，城市化率争取达到发达国家中等水平，使得城市化速度平均每年达到 1.384 55%，并最终实现政府制定的"2025 年城市化水平达 70%"的目标。

3.2.2.1　基准情景设定

基准情景反映了未来的可能变化趋势，但其目的并不在于提供对一些特定经济情况或者事件的精确估计，而在于揭示和阐明影响未来社会经济系统发展的基本因素。然后在其基础上，对变动情况作出一定调整，得出不同的情景假设，以期比较全面地分析可能出现的情况，并能够在不同的政策取向带来的阻尼结果之间作出比较。

（1）设定基准情景下 2016～2025 年城乡数字鸿沟数值。首先应分析基准年 2012 年之前我国城乡数字鸿的发展趋势是怎样的。由前述中国城乡数字鸿沟测算结果可知，中国城乡数字鸿沟从 1990 年的 0.047 逐年增大到 2012 年的 1.677，并且呈对数形式增长，故可用对数函数结合 SPSS 19.0 软件拟合出 2016～2025 年的城乡数字鸿沟数值，见表 3-23。于是设定城乡数字鸿沟数值逐年增大，平均每年增长 4.012%。

表 3-23　基准情景下 2016～2050 年中国城乡数字鸿沟数值（无量纲）

项目	年份									
	2016	2017	2018	2019	2020	2021	2022	2023	2024	2025
数值	2.290 5	2.310 6	2.329 9	2.348 6	2.366 7	2.384 2	2.401 2	2.417 6	2.433 6	2.449 2

（2）设定基准情景下 2016～2025 年城市化速度、产业结构、人口素质、生活质量、经济增长率和科技进步率数值。具体预测结果见表 3-24。

对于城市化速度的预测，首先根据 Logistic 模型（王远飞和张超，1997）预测 2016～2025 年我国城市化水平，进而计算城市化速度。

对于产业结构的预测，采用成分数据的降维方法和灰色系统的 GM（1，1）模型的结合（付加锋，2006），对我国 2016～2025 年三产所占比例进行预测，进而计算出产业结构。

对于人口素质的预测，根据 1990～2012 年大专及以上人口的所占比例呈现二阶函数形式增长，故可用二项多项式函数拟合出 2016～2025 年大专及以上人口占全国人口的比例。

对于生活质量的预测，运用 ARMA（2，2）模型建立居民恩格尔系数预测模型（蒋和，2013），对 2016～2025 年全国居民恩格尔系数进行预测，进而计算出生活质量。

对于信息化指数的预测，根据 1990～2012 年信息化指数呈对数形式增长，故可用对数函数拟合出 2016～2025 年我国的信息化指数值。

对于经济增长率的预测，基于 1990～2012 年全国 GDP（以 1990 年不变价格计算）数据，建立灰色预测模型 GM（1，1）对 2016～2025 年全国 GDP（以 1990 年不变价格计算）进行预测（杜家龙，2012），进而计算出经济增长率的大小。

对于科技进步率的预测，首先根据 1990～2012 年我国就业人口呈对数形式增长，对 2016～2025 我国就业人数进行预测，进而计算出劳动力的增长率；根据 1990～2012 年我国资本存量呈三次多项式形式增长，对 2016～2025 年我国的资本存量进行预测，进而计算出资本的增长率；再根据 2016～2025 年所预测的经济增长率的值，最终计算出 2016～2025 年科技进步率。

表 3-24　中国城市化速度、产业结构、人口素质、生活质量、信息化
发展指数、经济增长率和科技进步率预测值（%）

年份	城市化速度	产业结构	人口素质	生活质量	信息化发展指数	经济增长率	科技进步率
2016	1.183 53	92.334	13.705	64.523	0.796	9.578	4.166
2017	1.176 24	92.677	14.627	65.048	0.809	9.409	4.148
2018	1.167 67	93.005	15.582	65.565	0.822	9.237	4.123
2019	1.157 87	93.319	16.571	66.074	0.835	9.062	4.093
2020	1.146 87	93.620	17.594	66.576	0.847	8.887	4.058
2021	1.134 73	93.907	18.650	67.071	0.859	8.712	4.019
2022	1.121 50	94.183	19.740	67.558	0.870	8.538	3.977
2023	1.107 22	94.446	20.863	68.038	0.882	8.366	3.931
2024	1.091 97	94.698	22.020	68.510	0.892	8.197	3.883
2025	1.075 80	94.939	23.210	68.976	0.903	8.031	3.834

3.2.2.2　乐观情景设定

乐观情景反映了政府未来试图缩小城乡数字鸿沟以加快城市化发展的愿望，在这样一种情景下，城乡数字鸿沟对城市化进程的阻尼问题将得以缓解。

（1）设定乐观情景下政府政策参数。引入政府政策参数 k，其作用是使中国城乡数字鸿沟逐年缩小。为使分析更加简便易行，可假设政府加大政策调控力度使得城乡数字鸿沟每年以固定幅度减小。以 2012 年城乡数字鸿沟为基期，则 2016～2025 年城乡数字鸿沟可以 $DD_t=(1-k)^m DD_0$（m=4，5，…，13）来表示，利用 2012 年的城乡数字鸿沟数值推导出当 k=0.093 82 时可实现"2025 年城市化水平达 70%"的目标。

（2）设定乐观情景下 2016～2025 年城乡数字鸿沟数值。令 k=0.093 82，将 2012 年的城乡数字鸿沟数值代入公式 $DD_t=(1-k)^m DD_0$（m=4，5，…，13），可计算得到乐观情景下 2016～2025 年中国城乡数字鸿沟数值见表 3-25，其表示政府针对城乡数字鸿沟采取政策后的结果。由于此处是将城乡数字鸿沟设定为每年以固定幅度减小，而不是以对数函数形式减小，故应通过算术平均得到城乡数字鸿沟数值平均每年减少 9.382%。

表 3-25　乐观情景下 2016～2025 年中国城乡数字鸿沟数值（无量纲）

项目	年份									
	2016	2017	2018	2019	2020	2021	2022	2023	2024	2025
数值	1.130 9	1.024 8	0.928 7	0.841 6	0.762 7	0.691 1	0.626 3	0.567 5	0.541 3	0.466 1

（3）设定乐观情景下 2016～2025 年城市化速度、产业结构、人口素质、生活质量、信息化发展指数、经济增长率和科技进步率数值。由于所关注的政府政策仅仅是针对城乡数字鸿沟的，而假设对于其他自变量并不进行政策干预，故城市化速度、产业结构、人口素质、生活质量、信息化发展指数、经济增长率和科技进步率预测数据与基准情景相同，如表 3-24 所示。

3.2.3　中国城乡数字鸿沟对城市化进程的阻尼大小仿真

基于中国城乡数字鸿沟对城市化进程阻尼大小测度模型，分别仿真基准情景和乐观情景下的阻尼大小，通过仿真结果揭示阻尼大小的特征，分析城乡数字鸿沟对未来城市化速度的影响。

3.2.3.1　阻尼大小仿真数据检验

由中国城乡数字鸿沟对城市化进程阻尼大小测度模型的数学表达式可知，要测度 2016～2025 年的阻尼大小，需要已知 2016～2025 年城市化速度（v）、产业结构（IC）、人口素质（PD）、生活质量（LQ）、城乡数字鸿沟（DD）、信息化发展指数（IDI）的数据，这些数据已经在表 3-24 中提出。

为了避免出现伪回归现象，需要对 2016～2025 年 v、IC、PD、LQ、IDI 以及两种情景下 DD 的时间序列数据进行平稳性和协整检验。

1）平稳性检验

先运用 ADF 检验法结合 Eviews 7.1 软件对 v、IC、PD、LQ、IDI 以及两种情景下 DD 的时间序列数据进行平稳性检验，检验结果见表 3-26，可见上述时间序列数据在 1%的显著水平下都是非平稳的。

表 3-26　2016～2025 年 v、IC、PD、LQ、IDI 以及不同情景下
DD 时间序列数据的平稳性检验结果

变量	检验形式 （C, T, n）	ADF	临界值		结论
			1%	5%	
v	（1，1，2）	−0.222 005	−6.292 057	−6.292 057	非平稳
IC	（1，1，2）	−4.754 325	−6.292 057	−4.450 425	非平稳
PD	（1，1，1）	−2.692 564	−5.835 186	−4.246 503	非平稳
LQ	（1，1，0）	−1.992 589	−5.521 860	−4.107 833	非平稳
IDI	（1，1，1）	0.114 520	−5.835 186	−4.246 503	非平稳
基准情景下的 DD	（1，1，0）	2.785 679	−5.521 860	−4.107 833	非平稳
乐观情景下的 DD	（1，1，2）	2.409 9355	−6.292 057	−4.450 425	非平稳

注：滞后阶数的确定依据 AIC-SC 准则

再对时间序列数据的一阶差分进行平稳性检验，检验结果见表 3-27，可见各时间序列数据的一阶差分在 1%的显著水平下都是平稳的。

表 3-27　2016～2025 年 v、IC、PD、LQ、IDI 以及不同情景下
DD 一阶差分时间序列数据的平稳性检验结果

变量	检验形式 （C, T, n）	ADF	临界值		结论
			1%	5%	
Δv	（1，0，0）	−19.288 67	−4.582 648	−3.320 969	平稳
ΔIC	（1，0，2）	−5.875 683	−5.119 808	−3 519 595	平稳
ΔPD	（1，0，1）	−5.146 478	−4.803 492	−3.403 313	平稳
ΔLQ	（1，1，1）	−10.986 36	−6.292 057	−4.450 425	平稳
ΔIDI	（1，0，2）	−5.371 862	−5.119 808	−3.519 595	平稳
基准情景下的 ΔDD	（1，0，0）	−4.705 688	−4.582 648	−3.320 969	平稳
乐观情景下的 ΔDD	（1，1，0）	−8.540 299	−5.831 586	−4.246 503	平稳

注：滞后阶数的确定依据 AIC-SC 准则

由表 3-26 和表 3-27 可知，2016～2025 年 v、IC、PD、LQ、IDI 以及两种情景下 DD 的时间序列变量是一阶单整的，它们之间可能存在着协整关系。

2）协整检验

由于基于中国城乡数字鸿沟对城市化进程阻尼大小测度模型，对两种情景下的阻尼大小进行仿真，故应分别对不同情景下的时间序列数据进行协整检验。

首先，利用 Johansen 极大似然法结合 Eviews 7.1 软件对 2016～2025 年 v、IC、PD、LQ、IDI 以及基准情景下 DD 时间序列数据进行协整检验，结果见表 3-28，在 1%显著性水平上有两个协整式，在 5%显著性水平上有三个协整式。

表 3-28　2016～2025 年 v、IC、PD、LQ、IDI 以及基准情景下
DD 时间序列数据的协整检验结果

协整式个数的原假设	特征根	迹统计量	1%的临界值	5%的临界值
无	0.900 789	143.253 3	104.961 5***	95.753 66**
至多一个	0.799 412	90.111 61	77.818 84***	69.818 89**
至多二个	0.655 353	53.162 06	54.681 50	47.856 13**
至多三个	0.590 367	28.661 64	35.458 17	29.797 07
至多四个	0.254 876	8.134 291	19.937 11	15.494 17
至多五个	0.057 727	1.367 574	6.634 897	3.841 466

、* 分别表示该统计量在 5%、1%显著性水平上显著

然后，对 2016～2025 年 v、IC、PD、LQ、IDI 以及乐观情景下 DD 时间序列数据进行协整检验，结果见表 3-29，在 1%显著性水平上有两个协整式，在 5%的显著水平下有四个协整式。

表 3-29　2016～2025 年 v、IC、PD、LQ、IDI 以及乐观情景下
DD 时间序列数据的协整检验结果

协整式个数的原假设	特征根	迹统计量	1%的临界值	5%的临界值
无	0.775 182	133.236 3	104.961 5***	95.753 66**
至多一个	0.608 932	82.492 63	77.818 84***	69.818 89**
至多二个	0.452 515	50.570 92	54.681 50	47.856 13**
至多三个	0.403 153	30.088 65	35.458 17	29.797 07**
至多四个	0.272 552	12.541 46	19.937 11	15.494 71
至多五个	0.049 392	1.722 222	6.634 897	3.841 466

、* 分别表示该统计量在 5%、1%显著性水平上显著

2016～2025 年 v、IC、PD、LQ、IDI 以及两种情景下 DD 的时间序列数据协整检验结果表明，各变量之间是协整的，因此它们之间存在着长期的依存关系。

3.2.3.2　基准情景下阻尼大小仿真

将 2016～2025 年 v、IC、PD、LQ、IDI 以及基准情景下 DD 的时间序列数据代入阻尼大小测度模型的数学表达式，利用 SPSS 19.0 软件计算得到 2016～2025 年基准情景下阻尼大小值见表 3-30。

表 3-30　基准情景下阻尼值（%）

项目	年份									
	2016	2017	2018	2019	2020	2021	2022	2023	2024	2025
数值	0.163 01	0.174 75	0.187 09	0.199 32	0.230 53	0.252 91	0.273 00	0.297 67	0.309 13	0.317 80

由表 3-30 可知，2016～2025 年阻尼大小持续增长，2016 年的阻尼最小（0.163 01%），2025 年的阻尼最大（0.317 80%），最大值比最小值高出 0.154 79%。2016～2025 年阻尼大小的年平均值为 0.240 52%，即城乡数字鸿沟使城市化速度年均下降了 0.240 52 个百分点。

3.2.3.3　乐观情景下阻尼大小仿真

为实现"2025 年城市化水平达 70%"的目标，在阻尼大小测度模型的数学表达式中引入政府政策参数 k，所以需要根据表 3-24 中的预测数据和乐观情景下的城乡数字鸿沟的大小，利用 Eviews 7.1 软件重新估计四个参数值，结果见表 3-31。

表 3-31　参数估计值

Parameter	Coeficcient	Std. Error	t-Statistic	Prob.
λ_1	−0.006 584	0.003 083	−2.135 918	0.076 6
λ_2	−0.006 640	0.001 216	−5.462 579	0.001 6
λ_3	0.011 552	0.004 664	2.476 700	0.048 0
Φ	0.642 591	0.043 518	1.476 624	0.190 2

计算式的整体拟合优度为 $R^2=0.8999$，拟合优度较高，说明达到了多变量模型仿真的精度要求。由此得到乐观情景条件下，中国城乡数字鸿沟对城市化进程阻尼大小测度模型的数学表达式为

$$\begin{cases} Drag_{du} = v^{\sim du} - v^{du} \\ v^{\sim du} = \dfrac{EXP\left[2\left(-0.006\,584IC - 0.006\,640PD + 0.011\,552LQ\right)\right]-1}{EXP\left[2\left(-0.006\,584IC - 0.006\,640PD + 0.011\,552LQ\right)\right]+1} \cdot \Psi^{\frac{0.642\,591}{1+DD}} \\ v^{du} = \dfrac{EXP\left[2\left(-0.006\,584IC - 0.006\,640PD + 0.011\,552LQ\right)\right]-1}{EXP\left[2\left(-0.006\,584IC - 0.006\,640PD + 0.011\,552LQ\right)\right]+1} \cdot \Psi^{\frac{0.642\,591}{\ln DD}} \end{cases} \tag{3-24}$$

将 2016～2025 年 IC、PD、LQ、IDI 以及乐观情景下 DD 的时间序列数据代入式（3-24），计算得到 2016～2025 年乐观情景下阻尼值见表 3-32。

表 3-32　乐观情景下阻尼值（%）

项目	年份									
	2016	2017	2018	2019	2020	2021	2022	2023	2024	2025
数值	0.086 05	0.079 61	0.074 01	0.050 34	0.042 01	0.030 81	0.029 22	0.020 61	0.019 68	0.010 99

由表 3-32 可知，2025 年的阻尼最小（0.010 99%），2016 年的阻尼最大（0.086 05%），最大值比最小值高出 0.075 06%。2016～2025 年阻尼的年平均值为 0.044 33%，即城乡数字鸿沟使城市化速度年均下降了 0.044 33 个百分点。

3.2.3.4　阻尼大小仿真结果分析

1）阻尼大小的特征

用 Excel 软件绘出基准情景和乐观情景下的阻尼大小变动趋势见图 3-9，可看出：

（1）基准情景下的阻尼大小变动趋势。2016～2025 年阻尼大小持续上升，这表明如果未来政府不采取任何措施遏制城乡数字鸿沟，则其对城市化的阻碍作用将不断变大。2016～2019 年阻尼大小增长较为平缓，从 2016 年的 0.163 01%增大到 2019 年的 0.199 32%；而自 2019 年起阻尼大小就一直在陡直增长，从 2019 年的 0.199 32%蹿升到 2025 年的 0.317 80%，这暗示阻尼大小动态变化具有积累效应，随着城乡数字鸿沟的扩大，阻尼大小将越来越大。

（2）乐观情景下的阻尼大小变动趋势。2016～2025 年阻尼大小呈现持续下降趋势，这表明如果在政府对城乡数字鸿沟进行干预之后，其对城市化的阻碍作用将不断减小。2016～2018 年曲线小幅下降，从 2016 年的 0.086 05%减小为 2018

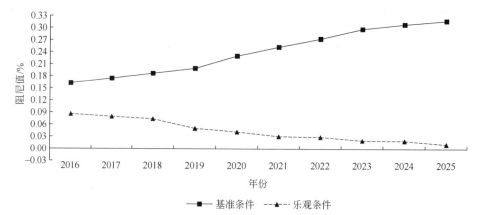

图 3-9　基准情景和乐观情景下阻尼大小的变动趋势

年的 0.074 01%；自 2018 年开始有较大幅度下降，迅速下降为 2025 年的 0.010 99%，这同样暗示阻尼大小动态变化具有积累效应，随着城乡数字鸿沟的缩小，阻尼将越来越小。

通过对比两种情景下阻尼大小的变动趋势，可以发现阻尼具有如下特征：

（1）阻尼与城乡数字鸿沟呈现同方向变动的趋势。随着城乡数字鸿沟的扩大（缩小），阻尼大小也在增大（减小），也就是说，阻尼与城乡数字鸿沟之间是单调递增（递减）关系。

（2）阻尼大小变动具有积累效应。阻尼大小并没有以固定比例增大（减小），而是随着时间的推移扩大（缩小）幅度越来越大，这说明阻尼变动具有一定的积累特性。

2）未来城乡数字鸿沟演变对城市化速度的影响分析

用城市化水平在一年内的变动来表征城市化速度，故当年城市化速度的下降量（即当年的阻尼大小值）也就等于当年少提高的城市化水平。因此，可以通过未来城乡数字鸿沟演变对城市化速度的影响，进一步探讨对未来城市化水平既定目标以及经济、社会、人口城市化的影响。

（1）对 2025 年城市化水平既定目标的影响——只有采取政策缩小城乡数字鸿沟才能实现目标。由基准情景、乐观情景下阻尼平均值可知，我国城市化速度每年要分别下降 0.240 52 个百分点、0.044 33 个百分点。而预测表明，基准情景下 2016～2025 年中国城市化平均速度为 1.136 34%，连"快速"城市化状态都无法实现，若政府不进行政策干预而任由城乡数字鸿沟扩大，则到 2025 年城市化水平也仅能达到 67.269 74%，根本不可能完成"2020 年城市化水平超 70%"的既定目标。进而可知，"无城乡数字鸿沟阻碍"状态下我国城市化平均速度可以达到 1.376 86%（即 1.136 34%+0.240 52%）。如果政府采取干预政策使得城乡数字鸿沟持续缩小，那么 2016～2025 年中国城市化的平均速度能够达到 1.332 53%（即 1.376 86%～0.044 33%），到 2025 年城市化水平将达 69.427 83%，基本实现城市化水平既定目标。

（2）对经济城市化的影响——未来十年工业产值增长将受影响，工业化进程将受阻。中国城市化水平每提高一个百分点，工业化水平（即工业产值/三次产业总产值）将增长 1.979 7 个百分点（简新华和黄锟，2010），2016～2025 年我国三次产业总产值平均每年增长 8.72%。

如果政府不采取政策而任由城乡数字鸿沟持续扩大，则由基准情景下阻尼值（表 3-30）可知，2016 年城市化水平将少提高 0.163 01 个百分点，工业化水平将少增长 0.322 71（即 0.163 01×1.979 7）个百分点，而 2016 年的预测总产值为 236 710.03 亿元（以 1990 年价格计算，下同），这意味着少增加 763.89（即 0.322 71%×236 710.03）亿元的工业产值；2017 年城市化水平将少提高 0.174 75

个百分点，工业化水平将少增长 0.345 95（即 0.174 75×1.9797）个百分点，而 2017 年的预测总产值为 258 981.84 亿元，这意味着少增加 895.95（即 0.345 95%×258 981.84）亿元的工业产值；依此类推，2025 年城市化水平将少提高 0.317 80 个百分点，工业化水平将少增长 0.629 15 个百分点，少增加 3159.02 亿元的工业产值；10 年总共少增加 17 964.30 亿元的工业产值，相当于北京市 30 年的工业产值（以 1990 年价格计算），影响较大。

若政府采取政策使得城乡数字鸿沟持续缩小，则由乐观情景下阻尼大小值（表 3-32）可知，2016 年城市化水平将少提高 0.086 05 个百分点，工业化水平将少增长 0.170 35 个百分点，这意味着少增加 403.24 亿元的工业产值；2017 年城市化水平将少提高 0.079 61 个百分点，工业化水平将少增长 0.157 60 个百分点，这意味着少增加 408.17 亿元的工业产值；依此类推，2025 年城市化水平将少提高 0.010 99 个百分点，工业化水平将少增长 0.021 76 个百分点，少增加 109.24 亿元的工业产值；10 年总共少增加 2730.50 亿元的工业产值，仅仅为基准情景下的七分之一。

如果城乡数字鸿沟真如基准情景那样持续扩大，则未来我国工业化发展以及产业结构调整将会受到明显阻碍，最终影响经济城市化发展。

（3）对社会城市化的影响——未来十年非农就业岗位增加将受影响，社会保障水平提高将受阻。中国城市化水平每提高一个百分点，非农就业比率（即二三产业就业人员数/三次产就业人员总数）将增长 0.9288 个百分点（简新华和黄锟，2010），2016～2025 年我国就业人口每年平均增长 147 万人。

如果城乡数字鸿沟按照基准情景那样持续扩大，则由基准情景下阻尼值（表 3-30）可知，2016 年城市化水平将少提高 0.163 01 个百分点，非农就业比率将少增长 0.151 40（即 0.163 01×0.9288）个百分点，而 2016 年的预测就业人员总数为 76 721.31 万人，这意味着将少增加 116.16（即 0.151 40%×76 721.31）万个非农就业岗位；2017 年城市化水平将少提高 0.174 75 个百分点，非农就业比率将少增长 0.162 31（即 0.174 75×0.9288）个百分点，而 2017 年的预测就业人员总数为 76 889.12 万人，这意味着将少增加 124.80（即 0.162 31%×76 889.12）万个非农就业岗位；依此类推，2025 年城市化水平将少提高 0.317 80 个百分点，非农就业比率将少增长 0.295 17 个百分点，少增加 230.38 万个非农就业岗位；10 年总共少增加 1731.52 万个非农就业岗位，影响较大。

若城乡数字鸿沟按照乐观情景那样持续缩小，则由乐观情景下阻尼值（表 3-32）可知，2016 年城市化水平将少提高 0.086 05 个百分点，非农就业比率将少增长 0.079 92 个百分点，这意味着少增加 61.32 万个非农就业岗位；2017 年城市化水平将少提高 0.079 61 个百分点，非农就业比率将少增长 0.073 94 个百分点，这意味着少增加 56.85 万个非农就业岗位；依此类推，2025 年城市化水平将少提高 0.010 99 个百分点，非农就业比率将少增长 0.010 21 个百分点，这意味着少增加 7.97 万个非农就业岗位；10 年总共少增加 317.77 万个非农就业岗位，影响较小。

如果城乡数字鸿沟持续扩大，则未来我国非农就业比率提升将受到很大阻碍，这对于我国解决农村剩余劳动力就业问题以及城市下岗职工就业问题带来了负面影响，对社会城市化稳步发展造成了很大威胁。

（4）对人口城市化的影响——未来十年城镇居民数量增长将受影响。2016～2025 年我国总人口将平均每年增长 3.48‰（段克峰，2012）。

如果政府不采取政策而任由城乡数字鸿沟持续扩大，则由基准情景下阻尼值（表 3-30）可知，2016 年城市化水平将少提高 0.163 01 个百分点，而 2016 年的预测总人口为 141 800 万人，这意味着少增加 231.15（即 0.163 01%×141 800）万城镇居民；2017 年城市化水平将少提高 0.174 75 个百分点，而 2017 年的预测总人口为 142 500 万人，这意味着少增加 249.02（即 0.174 75%×142 500）万城镇居民；依此类推，2025 年城市化水平将少提高 0.317 80 个百分点，少增加 464.94 万城镇居民；10 年积累少增加 3478.78 万城镇居民。

如果政府采取政策使得城乡数字鸿沟持续缩小，则由乐观情景下阻尼值（表 3-32）可知，2016 年城市化水平将少提高 0.086 05 个百分点，这意味着少增加 122.02 万城镇居民；2017 年城市化水平将少提高 0.079 61 个百分点，这意味着少增加 113.44 城镇居民；依此类推，2025 年城市化水平将少提高 0.010 99 个百分点，这意味着少增加 16.08 万城镇居民；十年积累少增加 636.12 万城镇居民。

如果政府不采取政策任由城乡数字鸿沟持续扩大，则未来我国城市人口增长将会受到显著的阻碍，最终影响了人口城市化发展。

（5）与历史情况相比，基准情景下的阻尼大小平均值（0.240 52%）比 1990～2012 年平均值（0.062 06%）高出 0.178 46%，这意味着城市化速度下降程度比历史时期更大。而乐观情景下的阻尼大小平均值（0.044 33%）要比 1990～2012 年的平均值（0.062 06%）低 0.017 73%，城市化速度下降程度较小。从政府的角度来看，只有进行政策干预，弥合城乡数字鸿沟才能使城市化速度下降得少，从而将城乡数字鸿沟对经济、社会、人口城市化的影响降到最小，因此采取有效的弥合政策是解决阻尼问题的良方。

3.2.4　中国城乡数字鸿沟对城市化进程的阻尼系数仿真

基于中国城乡数字鸿沟对城市化进程阻尼系数测度模型，分别仿真基准情景和乐观情景下的阻尼系数，通过仿真结果揭示阻尼系数的特征，分析城乡数字鸿沟对未来城市化动力的影响。

3.2.4.1　阻尼系数仿真数据处理与检验

根据中国城乡数字鸿沟对城市化进程阻尼系数测度模型的数学表达式可知，测度 2016～2025 年的阻尼系数需要收集 2016～2025 年经济增长率、科技进步率以及阻尼大小的数据。其中，经济增长率、科技进步率数据已经在 2.2 节中提出，而两种情景下 2016～2025 年阻尼大小数据已在 2.3 节计算出。

1）数据标准化处理

由于中国城乡数字鸿沟对城市化进程阻尼系数测度模型计算所用数据皆为标准化数据，故此处对 2016～2025 年经济增长率、科技进步率以及两种情景下阻尼数据进行标准化处理。

利用均值法对数据进行标准化处理，得到经济增长率、科技进步率以及两种情景下阻尼大小数据对应的标准化数据序列 EG、TA、基准情景下的 $Drag_{duS}$、乐观情景下的 $Drag_{duS}$ 见表 3-33。

表 3-33　2016～2025 年经济增长率、科技进步率以及不同情景下阻尼大小标准化数据

项目	年份									
	2016	2017	2018	2019	2020	2021	2022	2023	2024	2025
EG	1.088 17	1.069 01	1.049 42	1.029 59	1.009 66	0.989 78	0.970 04	0.950 54	0.931 33	0.912 47
TA	1.035 59	1.030 98	1.024 86	1.017 36	1.008 66	0.998 94	0.988 37	0.977 08	0.965 24	0.952 91
基准情景下 $Drag_{duS}$	0.677 74	0.726 55	0.777 85	0.828 70	0.958 47	1.051 51	1.135 03	1.237 60	1.285 25	1.321 30
乐观情景下 $Drag_{duS}$	1.941 12	1.795 85	1.669 52	1.135 57	0.947 69	0.695 01	0.659 22	0.464 92	0.443 94	0.247 91

2）数据检验

为避免出现伪回归现象，需要对 2016～2025 年 EG、TA 以及两种情景下 $Drag_{duS}$ 的时间序列数据进行平稳性和协整检验。

A. 平稳性检验

先运用 ADF 检验法结合 Eviews 7.1 软件对时间序列数据进行平稳性检验，检验结果见表 3-34，EG、TA 以及两种情景下 $Drag_{duS}$ 的时间序列数据在 1% 的显著水平下都是非平稳的。

表 3-34　2016～2025 年 EG、TA 以及不同情景下 $Drag_{duS}$ 时间序列数据的平稳性检验结果

变量	检验形式 (C, T, n)	ADF	临界值		结论
			1%	5%	
EG	(1, 1, 0)	−0.073 982	−5.521 860	−4.107 833	非平稳
TA	(1, 1, 1)	−4.637 405	−5.835 186	−4.246 503	非平稳
基准情景下的 $Drag_{duS}$	(1, 1, 1)	−1.981 211	−5.835 186	−4.246 503	非平稳
乐观情景下的 $Drag_{duS}$	(1, 1, 0)	−1.261 445	−5.521 860	−4.107 833	非平稳

注：滞后阶数的确定依据 AIC-SC 准则

再对时间序列数据的一阶差分进行平稳性检验,检验结果见表 3-35,EG、TA 以及两种情景下 $Drag_{duS}$ 的一阶差分时间序列数据在 5% 的显著水平下都是平稳的。

表 3-35　2016～2025 年 EG、TA 以及不同情景下 $Drag_{duS}$ 一阶差分时间序列数据的平稳性检验结果

变量	检验形式 (C,T,n)	ADF	临界值		结论
			1%	5%	
ΔEG	(1,0,2)	−5.710 126	−5.119 808	−3.519 595	平稳
ΔTA	(1,0,1)	−3.702 205	−4.803 492	−3.403 313	平稳
基准情景下的 $\Delta Drag_{duS}$	(1,0,0)	−6.817 961	−4.582 648	−3.320 969	平稳
乐观情景下的 $\Delta Drag_{duS}$	(1,0,2)	−3.626 881	−5.119 808	−3.519 595	平稳

注：滞后阶数的确定依据 AIC-SC 准则

由表 3-34 和表 3-35 可知,2016～2025 年 EG、TA 以及两种情景下 $Drag_{duS}$ 的时间序列变量是一阶单整的,它们之间可能存在着协整关系。

B．协整检验

由于基于中国城乡数字鸿沟对城市化进程阻尼系数测度模型,分别对两种情景下的阻尼系数进行仿真,故应分别对两种情景下的时间序列数据进行协整检验。

首先,利用 Johansen 极大似然法结合 Eviews 7.1 软件对 2016～2025 年 EG、TA 以及基准情景下 $Drag_{duS}$ 时间序列数据进行协整检验,结果见表 3-36,在 1% 显著性水平上有两个协整式,在 5% 的显著水平下也有两个协整式。

表 3-36　2016-2025 年 EG、TA 以及基准情景下 $Drag_{duS}$ 时间序列数据的协整检验结果

协整式个数的原假设	特征根	迹统计量	1% 的临界值	5% 的临界值
无	0.804 763	62.942 80	35.458 17[***]	29.797 07[**]
至多一个	0.668 053	25.371 40	19.937 11[***]	15.494 71[**]
至多二个	0.000 326	0.007 491	6.634 897	3.841 466

、* 分别表示该统计量在 5%、1% 显著性水平上显著

然后,对 2016～2025 年 EG、TA 以及乐观情景下 $Drag_{duS}$ 时间序列数据进行协整检验,结果见表 3-37,在 1% 显著性水平上有一个协整式,在 5% 的显著水平下有两个协整式。

表 3-37　2016～2025 年 EG、TA 以及乐观情景下 $Drag_{duS}$ 时间序列数据的协整检验结果

协整式个数的原假设	特征根	迹统计量	1% 的临界值	5% 的临界值
无	0.619 130	51.130 81	35.458 17[***]	29.797 07[**]
至多一个	0.364 668	18.310 71	19.937 11	15.494 71[**]
至多二个	0.081 435	2.888 043	6.634 897	3.841 466

、* 分别表示该统计量在 5%、1% 显著性水平上显著

2016~2025 年 EG、TA 以及两种情景下 $Drag_{duS}$ 的时间序列数据协整检验结果表明，各变量之间是协整的，因此它们之间存在着长期的依存关系。

3.2.4.2　基准情景下阻尼系数仿真

根据 2016~2025 年 EG、TA 以及基准情景下 $Drag_{duS}$ 时间序列数据，采用 1.2.4 节介绍的非参数估计方法并结合 SPSS 19.0 软件可得到基准情景下阻尼系数的总体估计值与逐点估计值，其中总体估计值为 0.106 98，t 检验统计量为 3.143 25，通过了 5% 的显著性检验；逐点估计值见表 3-38，可看出至少通过了 10% 的显著性检验。从总体估计值与逐点估计值的显著性检验可知，仿真结果的精度达到 90% 以上，符合多变量模型仿真所要求的标准。

表 3-38　基准情景下阻尼系数逐点估计值及相应检验统计量

年份	阻尼系数	t 检验统计量	年份	阻尼系数	t 检验统计量
2016	0.120 23*	2.035 25	2021	0.115 93***	3.695 6
2017	0.112 23**	2.565 02	2022	0.102 17**	2.787 23
2018	0.092 56***	3.184 83	2023	0.090 81*	2.022 06
2019	0.100 10***	4.905 57	2024	0.101 66***	3.404 67
2020	0.109 69**	2.738 68	2025	0.119 82**	2.932 63

*、**、***分别表示该统计量在 10%、5%、1%的显著性水平上显著

3.2.4.3　乐观情景下阻尼系数仿真

根据 2016~2025 年 EG、TA 以及乐观情景下 $Drag_{duS}$ 时间序列数据，采用前面 1.2.4 节介绍的非参数估计方法并结合 SPSS 19.0 软件可得到乐观情景下阻尼系数的总体估计值与逐点估计值，其中总体估计值为 0.099 44，t 检验统计量为 5.177 80，通过了 1% 的显著性检验；逐点估计值见表 3-39，至少通过了 10% 的显著性检验。从总体估计值与逐点估计值的显著性检验可知，仿真结果的精度达到 90%以上。

表 3-39　乐观情景下阻尼系数逐点估计值及相应检验统计量

年份	阻尼系数	t 检验统计量	年份	阻尼系数	t 检验统计量
2016	0.092 40**	2.750 53	2021	0.093 46*	1.887 17
2017	0.101 02**	2.342 43	2022	0.089 43**	2.390 03
2018	0.115 73*	2.033 23	2023	0.100 11***	3.558 49
2019	0.109 71*	1.936 53	2024	0.109 36*	1.932 81
2020	0.101 59***	3.548 74	2025	0.092 13**	2.245 43

*、**、***分别表示该统计量在 10%、5%、1%的显著性水平上显著

3.2.4.4　阻尼系数仿真结果分析

1）阻尼系数的特征

用 Excel 软件绘出两种情景下阻尼系数逐点估计值的波动范围如图 3-10 所示，可以看出：

（1）基准情景下的阻尼系数逐点估计值波动范围。阻尼系数逐点估计值围绕总体估计值 0.106 98 在区间[0.090 81，0.120 23]内上下波动，逐点估计值最大波动幅度，即（最大值–最小值）×100%，为 2.942%，按照局部线性估计稳定性判定标准（Wand and Jones，1995），最大波动幅度在 5%以内即为稳定，因此该情景下总体估计值是稳定的。

（2）乐观情景下的阻尼系数逐点估计值波动范围。阻尼系数逐点估计值围绕总体估计值 0.099 44 在区间[0.089 43，0.115 73]内上下波动，逐点估计值最大波动幅度为 2.63%，所以该情景下总体估计值也是稳定的。

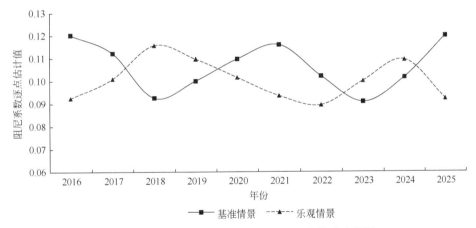

图 3-10　两种情景下阻尼系数逐点估计值的波动范围

通过对比两种情景下阻尼系数逐点估计值的波动范围，发现阻尼系数的一个重要特征就是其较稳定。首先，两种情景下的逐点估计值最大波动幅度都小于局部线性估计稳定性判定标准 5%，所以两种情景下的总体估计值都是稳定的。其次，两种情景下的总体估计值分别为 0.106 98、0.099 44，变动范围 0.009 97%，说明总体估计值之间也相差不大。因此可认为阻尼系数是稳定的，不会随城乡数字鸿沟的变动而变动，这表明城乡数字鸿沟耗损城市化进程动力的能力是稳固存在的，即便是政府采取政策缩小城乡数字鸿沟也不能降低阻尼系数。

2）未来城乡数字鸿沟演变对城市化动力的影响分析

（1）未来城乡数字鸿沟演变对城市化进程总动力的影响。由基准情景和乐观情景下阻尼系数的总体估计值可知，总动力增大一个百分点，则阻尼大小将分别增大 0.106 98%、0.099 44%，两个数值几乎无差别，这说明未来不管城乡数字鸿沟是扩大还是缩小，其对城市化进程总动力的影响都差不多。

（2）未来城乡数字鸿沟演变对经济发展动力和科技进步动力的影响。通过逐点估计值可估计出解释变量经济增长率、科技进步率对被解释变量阻尼大小的偏导数，两者分别表征城乡数字鸿沟耗损经济发展动力和科技进步动力的能力。

若政府不采取措施任由城乡数字鸿沟持续扩大，偏导数分别为 0.033 02、0.061 58，这表明经济发展动力增大 1%，阻尼将增大 0.033 02%；科技进步动力增大 1%，阻尼大小将增大 0.057 80%；城乡数字鸿沟耗损科技进步动力的能力比耗损经济发展动力的能力要高出 0.024 78%，前者约为后者的 1.75 倍。

如果政府采取政策使得城乡数字鸿沟持续缩小，则偏导数分别为 0.058 173、0.038 061，这表明经济发展动力增大 1%，阻尼大小将增大 0.058 17%；科技进步动力增大 1%，阻尼大小将增大 0.038 06%；城乡数字鸿沟耗损经济发展动力的能力比耗损科技进步动力的能力要高出 0.020 11%，前者约为后者的 1.53 倍。

基准情景下耗损经济发展动力的能力远小于耗损科技进步动力的能力，然而，乐观情景下耗损科技进步动力的能力却比耗损经济发展动力的能力要小。这表明如果未来政府不采取措施任由城乡数字鸿沟持续扩大，则城乡数字鸿沟对城市化动力产生的影响主要是在科技进步动力方面；若未来政府采取政策使城乡数字鸿沟持续缩小，则城乡数字鸿沟对城市化动力产生的影响主要是在经济发展动力方面。

3.3　小　　结

基于 Rome 经济增长阻尼概念和借鉴黏滞摩擦学中阻尼系数概念构建模型，测度阻尼大小与阻尼系数，在此基础上运用情景分析法构建基准情景和乐观情景，在不同情景下仿真阻尼大小和阻尼系数，分析阻尼大小和系数的特征，深入探讨未来城乡数字鸿沟演变对城市化进程的影响，具体研究内容包括：

第一，借鉴 Romer 经济增长阻尼大小测度概念模型，构建出中国城乡数字鸿沟对城市化进程阻尼大小测度模型，测度 1990～2012 年的阻尼大小，并借鉴黏滞摩擦学中阻尼系数测度模型的构建思路，建立中国城乡数字鸿沟对城市化进程阻尼系数测度模型，运用非参数估计方法对阻尼系数进行估计，分析中国城乡数字鸿沟对城市化动力的影响。研究发现：

（1）总体上看，中国城乡数字鸿沟对城市化进程的阻尼是持续上升的，1995 年之前阻尼大小增长较平缓，之后随着信息化的迅速推进阻尼大小陡然上升，这表明城乡数字鸿沟的阻碍作用越来越显著。

（2）城市化速度统计值实际上是城乡数字鸿沟"存在"状况下观察到的，即有城乡数字鸿沟阻碍的城市化速度值。因此，在缩小城乡数字鸿沟的前提下我国城市化速度还可以再增大，以期达到对经济体系快速转型具有"催化"作用的"超高速"城市化状态。

（3）城乡数字鸿沟对经济城市化的影响方面，未来十年工业产值增长将受影响，若城乡数字鸿沟持续扩大则十年总共少增加 17 964.30 亿元的工业产值，若城乡数字鸿沟持续缩小则十年总共少增加 2730.50 亿元的工业产值；对社会城市化的影响方面，未来十年非农就业岗位增加将受影响，社会保障水平提高将受阻，若城乡数字鸿沟按照基准情景那样持续扩大则十年总共少增加 1731.52 万个非农就业岗位，若城乡数字鸿沟按照乐观情景那样持续缩小则十年总共少增加 317.77 万个非农就业岗位；对人口城市化的影响方面，未来十年城镇居民数量增长将受影响，若城乡数字鸿沟持续扩大则十年总共少增加 3478.78 万城镇居民，若城乡数字鸿沟持续缩小则十年总共少增加 636.12 万城镇居民。

（4）1990～2012 年阻尼系数逐点估计值围绕总体估计值 0.106 40 做幅度很小的波动，基本上稳定在总体估计值附近，这说明城乡数字鸿沟耗损城市化进程动力的能力是一种固有能力。

（5）经济发展和科技进步是中国城市化进程的原动力，两者共同作用产生了城市化总动力。但是城乡数字鸿沟对城市化动力产生的影响主要是在科技进步动力方面。

第二，基于中国城乡数字鸿沟对城市化进程阻尼系数测度模型，设定基准情景为政府不采取任何干预城乡数字鸿沟的政策，设定政府采取干预政策使得城乡数字鸿沟逐年缩小为乐观情景，在两种情景下仿真 2016～2025 年的阻尼系数，分析阻尼系数的特征，研究未来城乡数字鸿沟演变对城市化动力的影响，结果显示：

（1）阻尼大小有两个特征，一是阻尼大小与城乡数字鸿沟呈现同方向变动的趋势，二是阻尼大小变动具有积累效应。

（2）未来城乡数字鸿沟演变对城市化进程的影响主要有两个方面，一是对政府"2025 年城市化水平超 70%"既定目标的影响，二是对未来经济、社会、人口城市化的影响。如果未来政府不采取政策任由城乡数字鸿沟持续扩大，则对经济、社会、人口城市化的影响相当大，难以实现城市化水平既定目标；若是未来政府采取政策使得城乡数字鸿沟持续缩小，则产生的影响较小，完全可以实现城市化水平既定目标。

（3）阻尼系数的特征就是其较稳定，这表明城乡数字鸿沟耗损城市化进程动力的能力是稳固存在的，即便是采取政策缩小城乡数字鸿沟也不能降低阻尼系数。

（4）未来城乡数字鸿沟演变对城市化进程的影响主要有两个方面，一是对城市化总动力的影响，不管未来城乡数字鸿沟是扩大还是缩小，其对城市化总动力的影响都差不多，二是对经济发展动力和科技进步动力的影响，若未来城乡数字鸿沟持续扩大则耗损科技进步动力的能力较大，若未来城乡数字鸿沟持续缩小则耗损经济发展动力的能力较大。

第4章 我国缩小城乡数字鸿沟促进城市化发展的战略与对策

4.1 缩小城乡数字鸿沟促进城市化发展 WSR 三维分析体系构建

缩小城乡数字鸿沟促进城市化进程属于复杂社会经济管理问题,应当采用复杂系统论来认识这一问题。WSR 方法论从一般性方法论角度为解决这一类问题提供了一种分析思路。

4.1.1 WSR 方法论的内容

物理-事理-人理(WSR)在管理界首次提出大约是在 20 世纪 70 年代,钱学森和许国志在研究中将系统工程学和运筹学归结为"事理"。随后,他们将对"物理""事理"的看法与美国国家工程科学院院士李耀滋交流,并由李耀滋补充上了"人理"这一概念。1994 年顾基发教授在英国 Hull 大学系统研究中心作学术交流时,正式将 WSR 以方法论的高度提出。

WSR 系统方法论强调在处理复杂问题时要系统地考虑三个方面问题,首先是考虑研究对象本体规律的方面(物理),其次考虑如何运用好现有资源解决问题的方面(事理),再次是认识问题、处理问题和实施管理决策都离不开人的方面(人理)。在具体研究中,研究者们既要知"物理",又要明"事理",最后还要通"人理"。在实践中这三个方面更要同时考虑,仅重视"物理""事理"而忽视"人理",做事难免机械,缺乏变通和沟通,很可能达不到系统的整体目标,甚至走错方向;如果一味地强调人理而违背"物理"和"事理",则同样会导致失败,如某些献礼工程、首长工程等,由于事先不做好充分调查研究,仅凭领导或少数专家主观愿望,最终出现问题就说明了这一点。WSR 系统方法论的主要内容与方法见表 4-1。

4.1.2 WSR 方法论的应用

由于 WSR 方法论具有分析问题的系统性优势,各个学科不同专家学者不断将这一方法论应用到各自研究领域,丰富了 WSR 方法论的应用研究。但是,由

表 4-1　WSR 系统方法论的主要内容与方法

主要内容	物理	事理	人理
对象与内容	客观物质世界 法则、规则	组织、系统 管理和做事的道理	人、群体、关系 为人处世的道理
焦点	是什么 功能分析	怎样做 逻辑分析	最好怎么做 人文分析
原则	诚实 追求真理	协调 追求效率	讲人性、和谐 追求成效
所需知识	自然科学	管理科学、系统科学	人文知识、行为科学

资料来源：顾基发，唐锡晋.物理-事理-人理系统方法论：理论与应用.上海：上海科技教育出版社，2006

于 WSR 方法论正式提出时对"物理""事理""人理"三个要素界定太过笼统，众多的研究成果在丰富 WSR 方法论的过程中，存在对"物理""事理""人理"三个要素的内涵理解不尽相同，具体到不同领域、不同问题实践应用中差别较大，如表 4-2 所示。正如张彩江所说，WSR 方法论毕竟走过了艰难的起步阶段，多一些角度的理解和认识，多一些不同范围、不同领域的应用，都有利于这一方法论研究的深入，这是中国学者提出的系统方法论，研究学者有责任来发展它，使它逐渐完善。

表 4-2　物理-事理-人理的主要观点比较

类型	主要代表人物	主要观点	异同点
方法论理论探索	顾基发和高飞（1998）	"物理"指物质运动的机理，它既包括狭义的物理，亦包括化学、生物、地理、天文等，通常解决"物"是什么的问题；"事理"指做事的道理，主要解决如何运用运筹学与管理科学方面的知识来回答"怎么去做"的问题；"人理"通常要用人文与社会科学的知识去回答"应当怎么做"和"最好怎么做"的问题	凸显"物理"的客观性，强调"物理"的基础作用
	朱志昌（2000）	"物"指进行管理或做项目过程中所能调动的资源和面对的限制，包括物质和技术层面，相应"物理"就是指物质运动或技术作用的一般规律；"事理"指管理者接入和执行管理事务的方式和规律，包括感知、看待、认识、思考、描述和组织管理对象和过程；"人理"指管理对象和过程中人与人之间的关系，包括管理主体与主体之间的关系	凸显"物理"的客观性，认为"人理"和"物理"决定了"事理"
	张彩江和孙东川（2001）	"物理"指人们面对的客观存在，是物质运动的总和；"事理"指人们面对的客观存在及其规律时介入的机理；"人理"指处理问题过程中，所有人们之间的相互关系和及其变化过程	凸显"物理"的客观性，不强调某一维度作用
方法论实践应用	董丽娅等（2006）	科技投入宏观系统管理中，"物理"就是存在的人力资源、资金投入、科技活动执行等部门的数据采集及统计过程；"事理"就是如何安排资源去实现科技投入宏观系统管理的目标，有效地服务于科技活动，从而提高科技竞争力；"人理"就是研究汇聚各方面人的智慧的措施和协调参与者的关系	将"物理"界定成了过程，强调"人理"的作用
	房坤和方耀楣（2009）	在本科教学评估中，"物理"就是被评估高校所具备的客观条件；"事理"就是高等学校投入资源使用效率的评价；"人理"就是不同评估主体对本科教学评估影响大小	凸显"物理"的客观性，强调"人理"的作用
	张强和薛惠锋（2010）	在环境安全分析中，"物理"就是环境安全的研究对象，包括环境安全的本质，相关概念的内涵和外延；"事理"就是环境安全的预测、报警和控制管理，需要研究适合环境安全的综合预警方法；"人理"就是各种保障环境安全的相关制度	凸显"物理"的客观性，不强调某一维度的作用

WSR 作为一种方法论，而非一种解决某一类问题的具体方法，在观察问题及其分析问题的过程中，融合了东方传统的哲学思辨，重视人在处理问题、解决问题时的作用，从一般性的角度，为研究者面对研究事物提供了一套系统性宏观思路。正是这个原因，原创者对"物理""事理""人理"概念内涵的界定范围并不是特别明晰和严格，希望不对该方法的研究领域进行限制，以充分发挥这一方法论在研究问题中的宏观指导作用。但是研究者面对不同问题时，应当具体问题具体分析，既要忠于该方法论的原创系统性，也要充分发挥该方法论的灵活性，切不可生搬硬套，或是断章取义。此外，这一方法论在具体分析问题时具有先整体认识，再分层研究，最后综合解决的应用特点，渗透了定量分析与定性分析的系统方法论思想。

就现有文献来看，WSR 方法论在人文社会科学领域的系统开发、管理和评价方面应用比较广泛，并取得了较好的效果，并且随着研究者面对复杂性问题的增多，作为系统方法论，WSR 应用范围将会得到进一步拓展。通过对 WSR 方法论的研究，发现这一方法论对在宏观战略与对策问题分析方面也有其独到的优势：

第一，研究对象情况的确认，对研究对象运动规律要充分考虑主体的客观性，其实质是回答研究对象"是什么"的问题，这跟 WSR 中的"物理"内涵相契合。不仅如此，对一个事物的客观情况或规律进行正确的客观分析也是解决问题的基础。

第二，在对研究对象有一个客观的清晰认识的基础上，针对研究对象的规律和存在的问题，明确有效解决问题的方向，设定战略目标，其实质是回答"怎么去做"的问题，这一点跟"事理"的内涵相吻合。

第三，解决方案提出以后，应当进一步制定具有操作性的具体措施对策解决问题，而不是仅仅停留在方向上，因而在这一过程中为了能够对实施结果进行控制，需要制定一系列的保障措施。这一系列工作本质上回答"最好怎么去做"的问题，这与 WSR 中的"人理"内涵要求相符合。此外，缩小城乡数字鸿沟促进城市化发展问题是一个复杂系统，立足 WSR 方法论系统思维，分层次对缩小城乡数字鸿沟促进城市化发展问题进行研究，能够全面地理解和把握缩小城乡鸿沟促进城市化发展的本质，使分析条理化、层次化、系统化、规范化，进而更有效地解决问题。

4.1.3　缩小城乡数字鸿沟促进城市化进程的 WSR 要素分析

在 WSR 方法论分析框架下，界定"缩小城乡数字鸿沟促进城市化发展"作为主要研究对象后，从"物理""事理""人理"进行剖析可以导出其对应的三个研究视角，即城市化发展规律、缩小数字鸿沟促进城市化的战略选择和在具体实施中的政策与保障。物理层面主要考查并探究城市化的发展特性，掌握城市化发展的一般规律。进而对如何缩小数字鸿沟促进城市化发展战略（具体问题）的研究，则进入了事理层面。最后人理层面研究如何有效实施将战略有效实施，就进入政策规划和保障措施的具体内容。

4.1.3.1　物理要素

缩小城乡数字鸿沟促进城市化发展这一问题，从"物理"层面分析，要体现研究对象的规律性，回答所要研究对象的客观存在"是什么"的问题。要促进城市化发展，首先考虑城市化发展是否可以作为"物理"要素进行分析。

城市化是人类社会发展的基本趋势，其内涵可以概括为：社会生产力水平的提高而引发的人类生产、生活由乡村地区向城市地区集中，生活方式由乡村型向城市型转变。作为社会经济的综合转化过程，城市化涵盖人口流动、空间转移、经济、社会发展等多方面的内容。首先，城市化表现为人口的大规模迁移和集中的过程，即人口从平面无限分散向有限空间集聚的客观过程，它是随着经济发展和社会进步自发形成的。其次，城市化是一个经济活动和资源要素集聚的过程，表现在要素的集聚、生产的集聚、交换的集聚和消费的集聚。最后，城市化是生活方式由农村向城市转变的过程，表现为市场经济下城市居民生产、生活方式潜移默化地影响着外来人口，其思维方式、行为方式、生活理念甚至世界观、价值观会不自觉地被城市居民所同化。在这一同化的过程中，新迁入的农村居民慢慢融入了城市居民之中，至此城市化完成了量变到质变的飞越。

可以看出，城市化作为一个自然历史过程，往往受到社会变动、政府措施、各种偶发因素以及人们主观意志的影响和制约。有些因素起到推动作用，而有些因素起到阻碍作用。但作为人类走向现代化社会的必由之路，城市化是不以人们的意志为转移的，具有历史必然性。因此，城市化演进作为人类社会发展的基本趋势，具有一定的客观存在性和规律性，可以作为缩小城乡数字鸿沟促进城市化发展 WSR 分析中的"物理"要素。

城市化进程作为人类发展客观存在的现象，其运动规律、外在表现、水平特征是缩小城乡数字鸿沟，促进城市化发展的"物理"要素，包括城市化发展的内在动因和规律是什么，未来一段时间内中国城市化将会达到什么样的水平。

4.1.3.2　事理要素

在 WSR 方法论中，"事理"分析强调人在面对问题、处理问题时介入的机理。以缩小城乡数字鸿沟为手段，促进城市化发展是研究的出发点。既然将城市化发展的规律等内容界定为"物理"要素，就要考虑如何缩小城乡数字鸿沟促进城市化发展是否可以作为"事理"要素进行分析。

中国城乡数字鸿沟与城市化发展问题都是较为复杂的巨系统问题，又同属于国家宏观经济这个更大的系统之中，受到国家宏观经济政策的影响。本质上，中国城乡数字鸿沟是信息时代下中国城乡二元经济结构的产物。既然破除、扭转中国城乡二元经济结构是一项复杂性、长期性、系统性的工程，那么如何缩小城乡数字鸿沟促进城市化发展，也应当从复杂性、长期性和系统性的角度来进行分析。否则，仅仅考虑如何缩小中国城乡数字鸿沟，忽视中国城乡数字鸿沟与城市化发展的关系，与整个宏观经济系统之间的联系，妄图仅通过加大农村地区信息基础建设投入，或是把农村地区人口全部迁移到城市等，这种表面上看立竿见影、一步到位的方式来解决问题，只会导致最终目标的失败。这样不但不能够解决原有问题，甚至还会引发新的问题。因此在解决缩小城乡数字鸿沟促进城市化发展这一问题时，首先要在宏观上对我国政治环境、经济环境、社会环境和技术环境等进行分析，判断目前缩小城乡数字鸿沟促进城市化的外部环境如何。其次也要对缩小城乡数字鸿沟促进城市化内部环境——当前农村信息化发展情况进行分析。通过环境分析虽不能直接解决问题，但是能够为研究者和项目实施者找到解决该问题的方法，降低了出现重大失误的概率。最后在对环境分析基础上，制定缩小城乡数字鸿沟促进城市化发展战略，可以为解决问题指明方向。因此，将如何缩小城乡数字鸿沟促进城市化发展进行战略管理分析，符合 WSR 方法论中"事理"内涵，可作为缩小城乡数字鸿沟，促进城市化发展"事理"的要素。

对如何缩小城乡数字鸿沟促进城市化进行战略管理分析，为解决该问题提供方向上的指导是缩小城乡数字鸿沟促进城市化发展的"事理"内容，包括战略环境分析、战略定位、战略内容以及目标愿景。

4.1.3.3　人理要素

在 WSR 方法论中，"人理"是研究者和项目实施者面对具体问题时，采取什么样的措施能够更好地解决问题，即回答"最好怎么做"的问题。此外，还需要注意协调实践活动中人与人之间的关系，避免由于人与人之间的负面因素对项目结果造成的损失。因此，考虑缩小城乡数字鸿沟促进城市化发展的对策与相应的保障措施是否可以作为人理要素。

事实上，通过对缩小城乡数字鸿沟促进城市化发展的"物理"和"事理"要素进行分析与界定后，问题并没有得到解决。"物理"与"事理"的分析作用在于帮助研究者和项目实施者，清楚地认识了缩小城乡数字鸿沟促进城市化发展这一问题，并提供了一个解决该问题的方向。此外，信息服务在性质上类似于公共服务，需要坚持政府主导下的市场经济调节来加速农村信息化建设并进一步服务好"三农"，要让农村、农业和农民享受到信息化带来的进步，更好地促进城市化发展。最终在充分认清上述关系的基础上，提出具体对策解决该问题，制定相应的保障措施来约束、规范缩小城乡数字鸿沟促进城市化发展涉及部门的行为，保障预期目标得以圆满实现。在以往的研究中，研究者与项目实施者往往忽略保障措施的作用，造成了某些项目工程虎头蛇尾，或导致烂尾工程。最终造成的后果就是不但没有解决原有的问题，还可能会引发新的问题；不但错过了解决问题的时机，还为将来解决同一问题增加了难度；不但打击了实施者解决问题的决心，还造成资源的浪费。因此，充分考虑信息化建设过程中政府与市场的关系、农村信息化建设与"三农"之间的关系，并将其纳入分析问题的框架中，将缩小城乡数字鸿沟促进城市化发展的对策与保障措施作为"人理"要素分析是合理的，也是必要的。

分析缩小城乡数字鸿沟促进城市化发展过程中政府与市场的关系，农村信息化建设与"三农"之间的关系，并进一步制定相应的对策与保障措施，是缩小城乡数字鸿沟促进城市化发展的"人理"要素内容，包括缩小城乡数字鸿沟促进城市化发展关系协调问题，分析和提出解决问题的具体对策与保障措施。

4.1.4　缩小城乡数字鸿沟促进城市化发展的 WSR 分析框架

根据上述针对缩小城乡数字鸿沟促进城市化发展问题"物理""事理""人理"三个要素内涵的界定与分析，构建缩小城乡数字鸿沟促进城市化发展的 WSR 三维分析结构，其具体内容如图 4-1 所示。

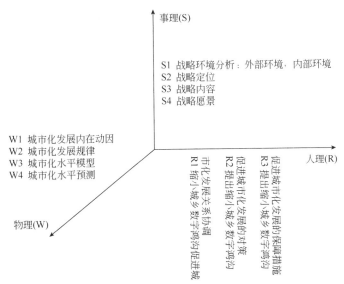

图 4-1　缩小城乡数字鸿沟促进城市化发展的 WSR 三维分析结构

4.2　物理分析——城市化发展的演进规律

城市化作为我国政府扩大内需促进经济发展的抓手，越来越受到政界和学术界的广泛关注，自然也是研究重点关注的主体。城市化在类社会发展过程中有一定的规律可循，客观地理解其发展的必然性，科学地把握其运动规律，准确地预测其未来发展的方向，是解决城市化相关问题的关键，也必将成为指导社会实践活动的重要依据。

4.2.1　城市化发展的内在动因

社会分工引起的市场交易需求，促使生产要素定向聚集，城市在这一过程中逐渐形成与实现自我发展。很多学者认为，城市化是开始于第一次工业革命，机械化生产大大提高了社会生产力和劳动生产率，因而城市化逐渐形成并且发展（高波，1994；余其刚和夏永祥，2001；王铭，2007）。事实上，这样认识城市化问题是片面的。

从广义上讲，在人类文明形成之初就具备了城市化的内在需求，这是因为人类社会分工的发展。在人类最早的远古时期，强壮的男性负责打猎，身体柔弱的女性负责照料孩子和老人，以及男耕女织式的生活都证明了这一点，资源禀赋的差异注定了分工的产生，这一点亚当·斯密在其专著《国富论》中有充分的说明。但是社会分工以后面临一个问题，简单的几种商品并不能满足人类全部需求，人在得到了基础的满足以后，便会产生更高的需求。因此，当某些个体生产者满足了自身生活的需求以后，便会将丰裕的产品拿去交换，交换这一行为能够将自己丰裕的产品消费掉，同时换回自己更需要但是没有的商品，这样交易者双方效用都会得到提高。因此，社会分工的存在注定了人类之间有交易的倾向。

然而过去社会分散的生产和生活方式显然给交易者带了交易困难，增加了交易成本，为此必须不断缩小交易者间的距离，以降低交易成本。因而经济参与者之间就会形成定向聚集，劳动要素的定向聚集实现了城市化阶段中非常重要的一环：人口城市化，就此产生的经济聚集效应和经济规模效应，催生了城市的形成及自我完善，其逻辑关系如图 4-2 所示。可以认为，社会分工是城市化发展的内在动因，城市化发展在工业革命之前并不像之后那样明显，这是因为城市化快速发展需要前期一定社会分工的不断积累，以及在此基础上生产能力的提高，只有不断进行量的积累，才会让人们看到质的飞跃。

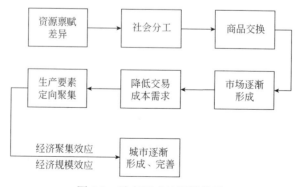

图 4-2　城市形成的逻辑关系

城市形成以后，在聚集经济下会吸引更多的劳动者、投资者来城市从事经济活动。为了减少通勤成本，经济活动者中会有越来越多的人选择定居在城市，引致需求下会促进城市地区的第三产业发展。在这一过程中城市地区由于聚集了大量的劳动力、资本，并受到权利当局政策变化的影响，其城市职能也会发生转变，逐渐由原来的军事防御、商品交换功能转向以政治、经济、文化活动为核心的生产、生活、交流功能。

城市职能反映了城市自身的发展和完善过程，同时也为进一步的社会分工创造了条件。这一点可以从经济城市化、社会城市化两个方面看到。首先，城市地区大量的劳动者不直接从事农业生产，所以大量的农产品需要靠农民来提供，这一过程虽然表面上看增加了农业生产者的劳动负担，但实质上促进了农业规模化和集约化，提高了农业生产效率。当大量的人口来到城市定居生活后，饮食需求、工作需求、教育需求、医疗卫生需求等进一步促进了城市地区第三产业的发展，因而城市化以产业结构升级为节点促进经济城市化发展。其次，根据马斯洛需求理论，当生理需求、安全需求等低级别需求得到满足以后人类会进一步追求更高层次的需求，这一点在现代城市化过程中体现尤为明显。现在越来越多的人口选择从农村地区向城市地区迁移定居，其目的是为了能够享受更好的生活环境，包括体面的工作、良好的教育、全面系统的医疗卫生、齐全的公共设施和更大范围的文化交流等。在市场经济条件下，理性经济者会很快发现各种需求下引发的商机，进而提供各种产品和服务来满足市场中消费者的需求，社会分工会进一步细化，专业化分工进一步再形成规模，并在聚集效应下新的行业逐渐走向成熟，如此一来，消费者效用得到提高，城市得到进一步发展，逐渐地提升了城市居民的生活质量，促进社会城市化水平的提高。

在市场经济下只有不断实现专业化和规模化生产，才能更大程度上提高劳动生产效率，如此一来必然产生交换的需要，而这样一个过程中交易者为了能够降低交易成本必然会形成定向聚集，城市化发展会得到进一步完善推进。此外，虽然目前商品经济已经达到了一个较为发达的时期，社会分工在比较收益的驱动下得到了长足的发展，但是需要引起关注的是经济全球化，社会分工细化趋势随着商品经济的发展愈发明显（刘怀玉，2013）。鉴于此，可以认为城市化既是中国社会发展的必然趋势，也是世界人类历史进程的必然趋势。

4.2.2 城市化的发展规律

城市化发展作为社会分工的产物具有必然性，但是同一时期不同国家和地区，同一国家和地区在不同的时间节点上却呈现出一定的差异性。目前世界范围内部分发达国家城市化进程已经进入饱和调整阶段，其走过的城市化历程对发展中国家具有一定的研究和参考价值。

4.2.2.1　发达国家城市化水平分析

1979 年，美国经济学家、地理学家诺瑟姆把城市化水平发展轨迹概括为一条被拉长的 S 形曲线。在随后的研究中，他注意到城市人口比例变化的 Logistic 曲线特征，进一步将城市化水平划分为三个演化阶段。自该里程碑式的研究结果发表以来，这样一种被拉长的 S 形曲线一直被城市化研究学者用来解释城市化进程阶段的主要工具（焦秀琦，1987；陈彦光和罗静，2006）。

诺瑟姆通过综合分析英美等国家成立 100~200 年城市人口占总人口比例变化曲线，将城市化进程大致分成三个阶段。第一个阶段为初始阶段，城市化水平在 30% 以下，城市化速度比较缓慢；第二阶段是中期加速阶段，城市化水平为 30%~70%，城市化加速发展；第三个阶段是城市化发展后期阶段，城市化水平超过 70% 时城市化速度降低，发展缓慢趋于饱和，大约城市化水平处于 90% 时基本达到饱和值状态。其发展大致趋势如图 4-3 所示。

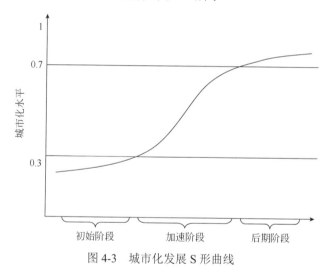

图 4-3　城市化发展 S 形曲线

大多数发达国家由于在两次工业革命时代已经基本完成了工业化，从而极大地带动了城市化的快速发展，所以目前这些国家城市化水平已经基本达到饱和，进入后期调整阶段，如图 4-4 所示。自 20 世纪 60 年代以来，美国、英国城市化水平已经处于 70% 以上，即已经进入城市化 Logistic 曲线的第三阶段，其发展速度有了明显的降低，甚至在个别年份出现城市化水平下降的情况。此外第二次世界大战后也有一部分新兴发达国家，如韩国在近 50 年内经济快速崛起下，现代工业和服务业得到了快速的发展，进而引发了城市化高潮，在 1960 年，韩国城市化水平仅有不到 30%，处于 Logistic 曲线的第一阶段，到 2013 年年末该国城市化水平已经达到了 82.25%，基本达到饱和水平，同早期资本主义强国，如英国、美国，同处于 Logistic 曲线的第三阶段。从图 4-4 中可以很清楚地发现，韩国整个城市化水平发展轨迹呈现出比较标准的被拉长的 S 形曲线的特征，可以说 1960～2013 年韩国城市化发展近乎完美地检验了城市地理学中刻画城市化水平的 Logistic 曲线。

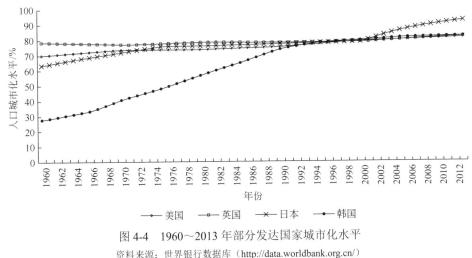

图 4-4　1960～2013 年部分发达国家城市化水平

资料来源：世界银行数据库（http://data.worldbank.org.cn/）

城市化是人类社会发展过程中客观存在的规律，虽然不同国家或国情不同，采取推动城市化的政策和方式也存在较大的差异，但是发达国家走过的城市化轨迹对中国和其他众多的发展中国家具有一定的参考、借鉴意义，更是值得该领域研究者进一步研究和探讨。

4.2.2.2　发展中国家城市化水平分析

第二次世界大战后，发展中国家先后摆脱了发达国家的殖民统治，经济逐渐复苏并得到快速的发展，特别是工业和服务业在国家政策的扶植下发展突飞猛进，大多数发展中国家城市化水平也获得了很大幅度的提升。以目前世界范围内备受关注的金砖五国（巴西、俄罗斯、印度、中国、南非）为例，1960～2013 年其城市化水平总体呈现出快速发展的趋势，如图 4-5 所示。其中巴西和中国城市化水平提升幅度最大，印度和南非增长的幅度相对较小。另外还能够进一步发现的是，就目前来看俄罗斯城市化水平基本上已经达到了饱和，城市化水平在 73% 附近进入了调整阶段，相反印度城市化水平刚刚超过 30%，即刚刚由城市化发展的初始阶段步入加速阶段，未来一段时间印度有可能迎来城市化快速增长时期。

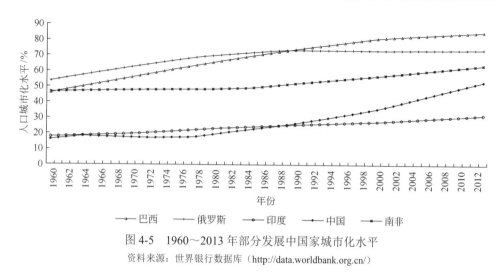

图 4-5　1960～2013 年部分发展中国家城市化水平

资料来源：世界银行数据库（http://data.worldbank.org.cn/）

　　虽然目前发展中国家城市化水平增长速度较快，且明显高于发达国家，但超前城市化与滞后城市化问题突出。1960～2013 年部分发展中国家、低收入国家、世界城市化速度平均水平与高收入国家城市化速度如图 4-6 所示，其中可以清楚地看到，高收入国家城市化水平增长速度明显低于低收入国家，尤其在 1975 年以后表现明显，两者城市化水平增长幅度之差保持在每年 1 个百分点左右；典型的发展中国家，如中国和巴西，其城市化水平增长速度均大于世界城市化水平平均增长速度，更是远高于高收入国家城市化水平增长速度。中国在 1960～1978 年城市化水平出现异常的变动，主要是由该时间段政府过度干预市场经济导致的，但这并不影响此处的研究结论，即发展中国家城市化水平增长速度要明显高于发达

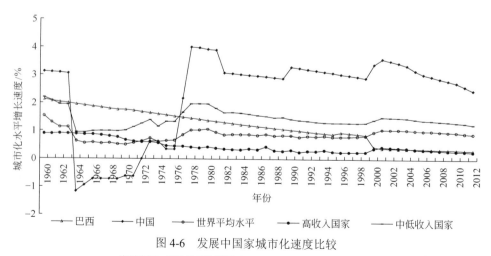

图 4-6　发展中国家城市化速度比较

资料来源：世界银行数据库（http://data.worldbank.org.cn/）

国家①。

超前城市化，即城市化水平大大超过其经济发展水平造成了城市化发展与经济发展脱节；与此相对，滞后城市化指的是城市化水平大大落后其经济发展水平，造成城市化发展与经济发展脱节。典型的发达国家与发展中国家的城市化水平与经济发展水平如表 4-3 所示。目前巴拉圭、巴西、墨西哥和俄罗斯与美国、英国和德国的城市化水平比较接近，但是这些发展中国家人均 GNI 水平远低于上述发达国家，以巴西为例，2013 年其人均 GNI 水平 11 690 美元约为美国人均国民总收入的五分之一，但是其城市化水平却高于同期美国水平，表现出超前城市化的发展特征。另外，2013 年中国和印度人均 GNI 分别达到 6560 美元和 1570 美元，但是其城市化水平明显分别低于历史上美国在该人均 GNI 水平下的城市化水平73.613% 和 69.996%，表现出滞后城市化的发展特征。

表 4-3　2013 年部分国家城市化水平与经济发展水平比较

项目	美国	英国	德国	中国	俄罗斯	印度	墨西哥	乌拉圭	巴西
城市化率/%	81.277	82.092	74.89	53.168	73.851	31.994	78.691	94.983	85.171
人均 GNI/美元	53 470	41 680	47 270	6 560	13 850	1 570	9 940	15 180	11 690

资料来源：根据世界银行数据库（http：//www.worldbank.org/en/country）和美国经济分析局（http：//www.bea.gov/）数据整理计算而得

就发展中国家城市化发展来看，虽然其城市化水平在 20 世纪 60 年代后得到快速的发展，但是超前城市化与滞后城市化问题较为突出，这在中国、印度、巴西和俄罗斯等规模较大国家体现得较为明显，显示出经济发展水平与城市化发展存在脱节问题。这一点提醒我国在利用城市化来缓解、克服城乡关系矛盾中应当注意城市化发展与经济发展之间的内在关联，尊重市场经济的发展规律。

4.2.2.3　中国城市化水平分析

就中国城市化进程而言，从统计数据上看，虽然在 1949～1978 年城市化水平出现部分年份的异常波动，但是自 1978 年后中国城市化发展逐渐回归于世界城市化发展的一般规律，城市化水平呈现出被拉长的 S 形曲线的特征，具体如图 4-7 所示。

---

① 这里城市化水平增长速度等于 t 时期城市化水平减去 $t-1$ 时期城市化水平再除以 $t-1$ 期城市化水平再乘以 100%。虽然发达国家（往往指经济发展水平较高、技术较为先进、生活水平较高的国家）和发展中国家（往往指经济发展水平较低、技术较为落后、生活水平较低的国家）的说法在研究中屡见不鲜，但是目前世界范围内尚未有国际组织对这两个概念进行明确的界定，也没有针对这两个概念形成的分类统计。由于发达国家与发展中国家最为本质的区别在于经济发展水平，研究以世界银行统计数据为依据，用高收入国家（人均 GNI>127 46 美元）、中低收入国家（人均 GNI<4125 美元）分别表征发达国家和发展中国家

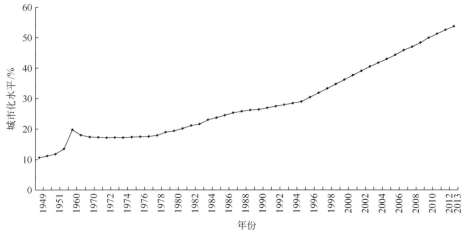

图 4-7　1949～2013 年中国城市化水平

资料来源:《中国统计年鉴》(2014)

可以看出,1949～2013 年中国城市化水平总体呈上升趋势,但是有些年份城市化水平出现了异常值,如 1960 年城市化水平突然迅速增加到 19.75%,但是接着 1961 年城市化水平出现下降,并且逐年下降趋势持续到 1972 年。中国在城市化发展初始阶段期出现这种城市化水平随时间不升反降的现象,主要是由于早期中国政府没有清楚地认识到经济发展的客观运行规律,过多地采用计划经济方式来引导经济发展方向,从而导致资源配置过程中效率低下,造成资源浪费的同时阻碍了经济发展的正常进程,并且政府对经济发展的人为控制也打破了城市化发展的原有路径,出现反城市化现象。

但是需要注意的是,中国计划经济的发展模式随后得到了扭转。自十一届三中全会确立了改革开放的方针以后,中国逐渐向以市场经济为主导的发展模式过渡,于中共十四大正式确立了建立健全社会主义市场经济体制的明确方向。目前中国施行的是以市场经济为主,带有中央政府宏观调控的经济发展模式。因而城市化发展模式逐渐演变成市场主导驱动,与西方国家城市化演进机制趋同。从城市化水平的数据上可以看到,自 1978 年以来中国城市化水平曲线呈现出与西方发达国家一致的被拉长的 S 形曲线特征,都表现出市场力驱动和城市化演进自组织特点,并且还可以发现中国城市化水平在达到30%时有一个明显的加速发展特征,与诺瑟姆根据美国和英国等国家城市化发展规律划定的城市化三阶段这一结论是吻合的。

4.2.3　城市化水平测度

城市化率作为反映城市化发展水平的统计指标,是世界各国政界、学界在城市化研究中关注的焦点问题之一。通过梳理现有主要的城市化水平测度方法,对于准确把握城市化未来的动向，科学地预测城市化水平，是有益的且必要的。

4.2.3.1　城市化水平测度方法回顾

在城市化水平测度方面目前主要有两种方法，其源于两种不同的测度思路。

第一种思路认为，城市化是经济发展的产物，利用城市化演进与经济发展的关系，以城市化水平为被解释变量，以表征经济发展程度的变量（如人均 GDP、经济增长速度）为解释变量，建立计量经济模型对未来城市化水平进行预测。例如，周一星（1982）指出中国城市化水平与人均国民生产总值之间存在对数曲线关系，并拟合出了对数曲线，其可决系数为 0.9，据此预测当中国人均国民收入达到 800～1000 美元，中国城市化水平将处于 42.7%～46.7%；郭志仪和丁刚（2005）鉴于以往研究中仅考虑当期经济发展水平对城市化发展的影响，对城市化水平预测会遗漏滞后变量的信息，利用 PDL 模型对 2006～2010 年甘肃省城市化水平进行预测，结果显示，到 2010 年甘肃省城市化水平将会达到 34.05%。

第二种思路认为，城市化是一种自组织演进体系，借鉴动物种群生产关系对城市化水平进行测度。继 1979 年美国城市学家诺瑟姆根据动物种群数量关系提出城市化过程曲线之后，很多中国学者利用该方法对中国城市化水平进行分析。例如，王远飞等（1997）探讨了 Logistic 模型在描述城市化过程中的合理性，利用中国城市化水平和非农人口时间序列数据分别对城市化水平进行预测，并比较两种数据在预测城市化水平中的差异；陈彦光等（2006）从城市化水平的 Logistic 式出发，推导出：

城市化速度最快时城市化水平=城市化水平饱和值÷2
最大城市化速度=城乡人口增长率差×城市化水平饱和值÷4

据此，对中国城市化水平的饱和值进行推断，结果表明中国城市化水平饱和值为 80% 左右。

事实上，这两种方法测度城市化水平有其合理性，但也存在缺陷。第一种方法，虽然能够利用城市化与经济发展的关系来分析城市化演进，理论分析比较严谨，但是在城市化水平长时间预测上会存在较大的误差，并且随着经济财富量的增加，在测度过程中建立的模型很容易出现"伪回归"现象。第二种方法，虽然能够在测度结果上保证一定的稳定性，但是缺乏一定的经济学理论分析。目前联合国在预测世界各国和地区城镇人口比例时，主要采用第二种方法（陈彦光和周一星，2005）。从理论上讲，只要一个区域城市化是一种健康的自组织演化过程，都应该具备 Logistic 性质（陈彦光，2004）。在 1949～1978 年，中国城市化受到计划经济的影响，政府干预不当使城市化路径偏离。从 1978 年后中国逐渐过渡到政府主导，带有宏观经济调控的市场经济机制，自此中国城市化的发展不完全同历史上西方发达国家一样，表现为政府主导市场调控下自发演进的过程，具备自组织演化的特征。所以可采用 Logistic 式对城市化水平进行定量分析与预测。

4.2.3.2　Logistic 城市化水平测度模型构建

在地理系统中，考虑一定区域内要素的相互关系，可用如下两个微分式进行描述（周一星，1995）：

$$\frac{\mathrm{d}Q_i}{\mathrm{d}t} = f_i(Q_1, Q_2, \cdots, Q_n)$$
$$Q_i(0) = Q_{i0}, i = 1, 2, \cdots, n \tag{4-1}$$

其中，Q_i 表示任意地理要素的某种测度（1，2，$\cdots$，n，n 为要素数目）。当只考虑一个要素的时候式（4-1）可简化为如下形式

$$\frac{\mathrm{d}Q}{\mathrm{d}t} = f(Q) \tag{4-2}$$

假定城市和农村地区人口增长速度不同，分别用 a、b 表示。运用式（4-2）表征城市人口（u）和乡村人口（r）的增长，并借助 Taylor 级数展开化简成如下式子：

$$\frac{\mathrm{d}u(t)}{\mathrm{d}t} = au(t); \quad \frac{\mathrm{d}r(t)}{\mathrm{d}t} = br(t) \tag{4-3}$$

利用式（4-3）其中左右两个式相减，得

$$\frac{1}{u(t)}\frac{\mathrm{d}u(t)}{\mathrm{d}t} - \frac{1}{r(t)}\frac{\mathrm{d}r(t)}{\mathrm{d}t} = a - b = k \tag{4-4}$$

对上式积分得

$$\int \frac{\mathrm{d}u(t)}{u(t)} - \int \frac{\mathrm{d}r(t)}{r(t)} = k \int \mathrm{d}t \tag{4-5}$$

经积分运算得

$$\ln u(t) - \ln r(t) = kt + C \tag{4-6}$$

其中，C 为积分常数。令

$$X(t) = \frac{u(t)}{r(t)} \tag{4-7}$$

表示 t 时刻城市人口与农村地区人口比例，再令

$$Z(t) = \frac{u(t)}{u(t) + r(t)} \tag{4-8}$$

表示城市化水平，即城市人口占总人口的比例，则有

$$1 - Z(t) = \frac{r(t)}{u(t) + r(t)} \tag{4-9}$$

由式（4-6）可以得到城乡人口替代模型

$$\ln X(t) = kt + C \tag{4-10}$$

由上式求导得

$$\frac{\mathrm{d}X(t)}{\mathrm{d}t} = kX(t) \tag{4-11}$$

再根据式（4-8），代入 $Z(t)$ 可得

$$Z(t) = \frac{X(t)}{X(t)+1} \tag{4-12}$$

由上式求导并作变量代换可以得到

$$\frac{\mathrm{d}Z(t)}{\mathrm{d}t} = \frac{\mathrm{d}X(t)}{(X(t)+1)\mathrm{d}t} - \frac{X(t)}{(X(t)+1)^2} \cdot \frac{\mathrm{d}X(t)}{\mathrm{d}t} \tag{4-13}$$
$$= kZ(t)\left[1 - Z(t)\right]$$

上式就是根据城乡人口异速增长得到的，其描述了城市化水平增长速度与城市化水平、农村人口增长速度、城市人口增长速度之间的关系。

可以看出，式（4-13）是关于城市化水平的二阶伯努利形式，将其用伯努利形式表示出来得到

$$y = \mathrm{e}^{-\int k\mathrm{d}t}\left(\int k\mathrm{e}^{k\mathrm{d}t}\mathrm{d}t + C_1\right) = 1 + C_2\mathrm{e}^{-kt} \tag{4-14}$$

其中，C_1、C_2 是常数。令 $t=t_0$，得 $C_2 = (y_0-1)\mathrm{e}^{kt_0} = \left(\frac{1}{Z_0}-1\right)\mathrm{e}^{kt_0}$，从而得出

$$Z(t) = \frac{1}{1 + \lambda\mathrm{e}^{-kt}} \tag{4-15}$$

上式便是预测城市化水平的 Logistic 模型，该其中 $\lambda=(1/Z_0-1)\mathrm{e}^{kt_0}$，其中 Z_0 为 $t=t_0$ 时的值即观测到的初始值。考虑该方法预测城市化水平的广泛认可和预测的准确性，预测中国未来中国城市化水平可以采用该种形式，期望预测结果能够为缩小城乡数字鸿沟促进城市化发展的未来目标规划，提供科学的定量分析。

4.2.3.3　模型参数估计

1）数据收集

中国城市化水平原始数据如表 4-4 所示。由于 Logistic 模型中要求城市化发展是一个自组织过程，这样才能够对模型中的参数进行有效拟合。考虑到中国在 1978 年之前受到政府强烈的不恰当干扰，所以选取 1978 年以后的城市化水平数据。

2）参数估计

根据城市化水平预测函数式（4-15），需要对其中的 λ 和 k 进行参数估计。观察发现，虽然这是一个非线性函数，但是通过函数恒等变换能够将其式转换成线性函数进行参数估计。

表 4-4　中国城市化水平数据（%）

项目	年份					
	1978	1979	1980	1981	1982	1983
城市化率	17.92	18.96	19.39	20.16	21.13	21.62
项目	年份					
	1984	1985	1986	1987	1988	1989
城市化率	23.01	23.71	24.52	25.32	25.81	26.24
项目	年份					
	1990	1991	1992	1993	1994	1995
城市化率	26.41	26.94	27.46	27.99	28.51	29.04
项目	年份					
	1996	1997	1998	1999	2000	2001
城市化率	30.48	31.91	33.35	34.78	36.22	37.66
项目	年份					
	2002	2003	2004	2005	2006	2007
城市化率	39.09	40.53	41.76	42.99	44.34	45.89
项目	年份					
	2008	2009	2010	2011	2012	2013
城市化率	46.99	48.34	49.95	51.27	52.57	53.73

资料来源：《中国统计年鉴》（2014）

对式（4-15）进行函数变化得

$$1/Z(t) = 1 + \lambda e^{-kt} \tag{4-16}$$

$$1/Z(t) - 1 = \lambda e^{-kt} \tag{4-17}$$

对上式两边取对数得

$$\ln(1/Z(t) - 1) = \ln\lambda + (-kt) \tag{4-18}$$

$$令 \ln(1/Z(t) - 1) = Y(t)，\ln\lambda = \alpha，(-kt) = \beta t \tag{4-19}$$

故可转换为一元计量经济模型：

$$Y(t) = \alpha + \beta t + \varepsilon \tag{4-20}$$

将起始年份设置为 1，即 $t_0=0$，利用 Eviews 6.0 软件对上其中的 α 和 β 进行参数估计，结果如下：

$$Y = 1.591\,111 - 0.046\,651t + \varepsilon_7$$

Std. Error　　(0.020 626)　　(0.000 972)

t-Statistic　　(77.528 53)　　(−47.987 32)

$R^2 = 0.985\,450$　　　*Adjusted-R^2* $=0.985\,022$　　$F=2\,302.783$

可以看出，该模型整体拟合非常好。这一点可以从拟合优度和 F 统计量中看出，并且常数项 α 和系数项 β 均在 5% 的水平通过 t 检验，证明其对模型影响显著。

由于将原来的 Logistic 模型经过变量替换为一元线性式，简化模型的同时避免了出现多重共线性、自相关等问题，而且参数估计的结果可靠性较高。

将 α=1.599 111、β=−0.046 651 代回式（4-20），可得 λ=4.948 63、k=0.046 651，从而得到 Logistic 模型如下

$$Z(t) = \frac{1}{1 + 4.948\,63e^{-0.046\,651t}} \tag{4-21}$$

考虑到采用 Logistic 模型得到的仅是理论层面的城市化水平，这与实际城市化水平之间必然存在偏差。为了尽可能保证预测结果的科学性和准确性，进一步求得城市化水平 Logistic 模型拟合值与城市化水平实际值之间误差的标准差。根据正态分布的 3σ 原则，在城市化水平拟合值基础上通过加减 2 倍的误差标准差，能够有 95%的把握保证城市化水平实际值能够落入均值附近的正负两倍标准差区域内。最终得出城市化水平 Logistic 模型的拟合值、拟合值加减 2 倍误差标准差的拟合带如图 4-8 所示。

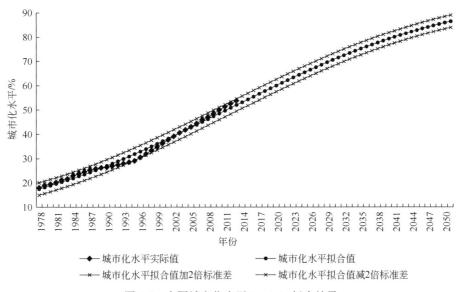

图 4-8　中国城市化水平 Logistic 拟合结果

可以看出，中国城市化发展水平从 1978 年以后，在市场经济机制作用下，基本符合城市化自组织演化轨迹，证明拟合结果是有效的，同时验证了前面对城市化水平的分析。

4.2.4　中国城市化水平预测与分析

4.2.4.1　中国城市化水平预测

利用城市化水平 Logistic 表达式（4-21），对中国未来城市化发展水平进行预

测，结果如表 4-5 所示。

表 4-5　中国城市化水平预测（%）

项目	年份					
	2016	2017	2018	2019	2020	2021
预测值	55.48	56.63	57.78	58.91	60.03	61.15

项目	年份					
	2022	2023	2024	2025	2030	2050
预测值	62.25	63.34	64.42	65.48	70.55	86.45

事实上，根据得出的 Logistic 式可以做未来 20 年，甚至 50 年的预测，虽然能够保证预测结果的长期稳定性，但是考虑到数据的实际样本只有 36 个，长期的预测值会出现一定的偏差，因此这里重点考虑 2016～2025 年城市化水平的预测，将 2026～2050 年城市化水平发展趋势作为未来城市化水平的重要参考。

4.2.4.2　预测结果分析

初步分析可以发现，中国城市化仍将延续近几年的发展趋势以较快速度发展，城市化总体水平将由 2016 年的 55.48% 上升到 2025 年的 65.48%，年均增长率为 1.86%。

进一步将中国城市化水平与历史数据纵向比较可以发现，虽然未来十年中国城市化呈现快速发展的趋势，但是城市化水平增长的速度已经有所下降。将 2016～2025 年的预测期与 2006～2015 年最近中国十年城市化增长速度比较发现，前者为 1.858%，而后者为 2.375%，说明未来十年中国城市化水平每年平均增长速度将降 0.517%；单独对 2016～2025 年的预测期城市化水平增长速度比较发现，中国城市化水平增长速度也呈现出逐渐下降的趋势，如图 4-9 所示。虽然中国城市化水平在 2016～2025 年呈现逐年推进的，但是城市化水平增长速度是逐渐减少的，其增长速度由预测初期的 2.126% 降低到预测期末的 1.649%。

实际上，中国城市化水平增长速度出现下降并不是说明我国城市化发展呈现逐渐衰退的趋势。根据世界城市化发展的一般规律，当市化水平达到 50%～60% 时，城市化发展速度会呈现出放缓的特征，英国和美国的城市化发展过程中也在该水平时同样经历城市化发展速度趋缓的阶段过渡（陈明星等，2011）。陈彦光等（2005）对诺瑟姆三阶段城市化曲线划分作出进一步研究，在城市化加速阶段这个区间，根据城市化发展速度进一步细化为增长速度增加的加速阶段和增长速度减小的加速阶段。因此中国城市化水平增长速度在未来一段时间内出现下降也是正常的。因此，在未来一段时间，我国在稳步推进城市化发展的过程中，不应过度重视现有城市化水平统计指标数字上的增长，而应该在尊重城市化发展客观规律

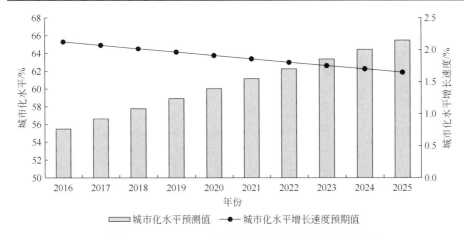

图 4-9　2016～2025 年中国城市化预测水平和增长速度

的前提下稳步推进我国城市化发展的质量，在追求发展大都市和城市现代化的过程中，重点关注落后城镇和农村地区的城市化建设，需要把缩小我国城乡数字鸿沟提到城市化建设的重点议事日程上。

4.3　事理分析——缩小城乡数字鸿沟促进城市化发展的战略管理

自 1992 年以来，在世界范围内掀起了建设信息高速公路的热潮，信息技术与信息化影响着城市化发展的诸多领域，成为维系城市文明进步与空间发展的特殊载体。当城市化速度加快的时候，如何更好地运用信息手段促进城市化的可持续发展，是摆在人们面前重大而紧迫的课题，需要不断地探索。考虑到现阶段农村地区信息化要发展，城市地区信息化也要进一步完善，因此缩小城乡数字鸿沟需要加速农村地区信息化建设，而非延缓城市地区的信息化发展。基于这一逻辑思路，事理部分将问题进一步聚焦于我国农村信息化建设。

4.3.1　缩小城乡数字鸿沟促进城市化发展的战略环境分析

战略环境是战略管理分析的基础，其目标是分析影响缩小城乡数字鸿沟促进城市化发展的因素，明辨来自内外部环境中的机遇、威胁、优势和劣势，为战略制定提供方向性指引。

4.3.1.1　外部环境分析

缩小城乡数字鸿沟促进城市化发展外部环境分析要突出体现影响农村信息化建设外部性、宏观性的因素。由于 PEST 分析方法的系统性，这一方法在企业外部环境分析领域的研究取得较好的研究效果，受到多数研究者的认可。鉴于此，这里尝试利用 PEST 分析方法的框架，从政治、经济、社会文化、技术四方面环境考察缩小城乡数字鸿沟促进城市化发展的外部环境。

1）政治环境

A．政府已经重视"数字鸿沟"问题

1994～2004 年，我国意识到自身与世界发达国家信息化建设的差距，即我国与发达国家间的数字鸿沟，进行了全面的信息化建设；从 2005 年至今，我国城乡和农村地区信息化差距越来越大，形成较为明显的城乡数字鸿沟，继而我国政府开始关注城乡数字鸿沟问题。

1994 年 12 月，"国家经济信息化联席会议"第三次会议上提出"金农工程"，要加速农业信息发展，建设"农业综合管理和服务信息系统"。

1996 年 1 月，国务院信息化工作领导小组成立，统一领导和组织协调全国信息化工作，我国的信息化进入有组织、有计划的推进阶段。

1999 年后，我国地方政府也先后成立政府信息化办公室，以促进各个地区的国民经济信息化建设。

2004 年 5 月，政府启动"西部大学校园计算机网络工程"项目，投资 9 亿元，在西部 152 所大学校园建设网络基础设施，使这些地区的大学校园网和我国教育网与科研计算机网实现高速联网，同时建设一批基于校园网的教育、科研和管理的应用系统，加快西部地区信息化的步伐。

2005 年，国家信息中心组织"中国数字鸿沟研究"课题组，并建立了"相对差距综合指数法"及其分析模型，对"数字鸿沟指数"（digital divide index，DDI）进行跟踪测算和研究。

2006 年 10 月，在国务院有关部门、地方政府、科研单位以及企业共同支持和相互配合下，科技部"缩小数字鸿沟——西部行动"正式启动。

2007 年，在财政部和国家发展和改革委员会支持下，中国移动实施"村村通电话工程"项目，以"三网"惠"三农"，加快农村信息化进程。中国移动公司搭建和完善"农村通信网"，拓展"农村信息网"和"农村营销网"，为农民提供"用得上、用得起、用得好"的移动通信和信息服务，使其成为农村地区经济发展和社会进步的推进器。

2008 年 12 月，为了能够拉动国内市场消费缩小"城乡数字鸿沟"，国务院实行了"家电下乡"政策，对非城镇户口居民购买彩色电视、冰箱、移动电话与洗衣机等四类产品，按产品售价 13%给予补贴。这一政策使得彩色电视和移动电话这类数字产品加速进入农村居民的生活。

2010 年在国家工信部配合和监督下，中国移动负责的"村村通电话工程"已经基本完成，中国实现了行政村 100%通电话的阶段性目标，这一成果为我国发展现代农业奠定了信息化基础。

2011 年 12 月，农业部出台《全国农业农村信息化发展"十二五"规划》，提出要加强与电信运营商、IT 企业等的合作，充分利用 3G、互联网等现代信息技术，建设覆盖部、省、地市、县的四级农业综合信息服务平台，完善呼叫中心信息系统、短彩信服务系统、手机报、双向视频系统等信息服务支持系统，为广大农民、农民专业合作社、农业企业等用户，提供政策、科技、市场等各个方面的信息服务。

2012 年 11 月，教育部与财政部共同实施"教学点数字教育资源全覆盖"项目，计划利用一年时间，为农村义务教育学校布局调整、确保恢复的教学点配备数字教育资源接收和播放设备，如计算机、电视等，利用卫星传输、光纤宽带等信息技术，推送数字教育资源至农村落后地区教学点，帮助农村学校开足、开好国家规定课程，提高教育质量。

2013 年 11 月，农业副部长余欣荣强调，农业农村信息化是一个系统工程，难点和着力点都在基层、在农村、在农民，衡量其成功与否的基本标准就是农民是否需要、是否满意、是否欢迎。各级农业部门要紧紧围绕农民需求，切实把进村入户作为农业农村信息化建设的基本途径，进一步加大推进力度，从根本上消除城乡"数字鸿沟"。

在信息化潮流中，国家对数字鸿沟问题非常重视，这样的政治环境有利充分调动国家资源，加速农村信息化建设，缩小城乡之间数字鸿沟。

B．中央政府提出"城乡统筹"和"城乡一体化"的发展理念

2003 年 10 月，中共十六届三中全会公报从战略高度提出了"五个统筹"，其中"统筹城乡"位列五个统筹之首，成为经济社会和谐发展的重点，其意义已经不言而喻。"城乡统筹"的发展理念不仅仅体现了我国政府高层对长期存在的二元经济结构问题的重视，而且对未来经济社会发展传递出鲜明的信号，即城乡要协调发展，要减小城乡之间的差距。首先，未来我国发展要更加重视农村地区的发展，关乎"农业""农村""农民"的问题举全国之力，重点解决，率先解决。其次，广大农村地区曾经为我国工业化发展和城市化建设作出了贡献，现阶段工业化发展和发达地区的城市地区要支援、支持农村地区发展。最后，在我国经济社会已经取得长足发展的背景下提出"统筹城乡发展"，更加体现了中央政府对解决我国城乡矛盾的决心，城市和农村共同构成了我国经济社会总体，我国有能力协调好两者之间的关系。

2010 年年初，中央一号文件《中共中央、国务院关于加大统筹城乡发展力度，进一步夯实农业农村发展基础的若干意见》明确提出要努力形成城乡经济社会发展一体化新格局。事实上，我国大约在 20 世纪 80 年代就提出"城乡一体化"的发展理念，但是当时我国经济发展还很不成熟，经济基础还比较薄弱，所以这一

发展理念并未引起足够的重视。但是自 2010 年年初"城乡一体化"以中央一号文件的形式再次提出，表明中央政府协调城乡关系，破除城乡二元结构的新思路，推进城乡一体化发展也成为全年地方政府工作的重点。

2012 年 11 月，在党的十八大报告《坚定不移沿着中国特色社会主义道路前进 为全面建成小康社会而奋斗》中特别指出，解决好"农业""农村""农民"问题是全党工作的重中之重，要坚持走中国特色农业现代化道路，并要把推动城乡发展一体化作为解决"三农"问题的根本途径。

现阶段，我国坚持贯彻"统筹城乡发展"的理念，坚定不移推进"城乡一体化"，为我国下一阶段破除城乡二元经济结构提供了思路，从而在根源上弥合城乡数字鸿沟奠定了基础。

C. 国家高层领导和部门高度重视未来农业农村信息化建设问题

党中央、国务院高度重视农业农村信息化建设并对未来发展作出指导。2012年 6 月，国务院发布《国务院关于大力推进信息化发展和切实保障信息安全的若干意见》，该意见明确指出未来一段时间要大力推进农业农村信息化，实现信息强农惠农。同年，党的十八大提出"促进工业化、信息化、城镇化、农业现代化同步发展"的战略部署，显示出党和国家对以信息化支撑工业化、城镇化和农业现代化发展的高瞻远瞩，"四化同步"这一发展战略也为全国上下加快推进农业农村信息化指明了方向，明确了目标和任务。

第一个农业信息化发展专项规划正式出台。2011 年 11 月，农业部《全国农业农村信息化发展"十二五"规划》对外发布，该规划提出"十二五"时期我国农业农村信息化发展的"五大任务、四大区域、三项工程和四项措施"，明确将以全面推进农业生产经营信息化为主攻方向，以农业农村信息化重大示范工程建设为抓手，不断提高信息化服务"三农"水平。作为指导"十二五"期间全国农业农村信息化发展的纲领性文件，绘制了未来五年我国农业农村信息化发展的蓝图，为各级农业部门推进农业农村生产、经营、管理服务等信息化提供了重要依据。

2）经济环境

A. 经济总量持续增长但增长速度出现了明显的下滑

受国际经济环境和我国经济宏观调整影响，2010 年以来我国经济增长速度出现了明显的下滑趋势。从图 4-10 可以看出，过去十年里我国国民生产总值已经由原来的 2004 年 15.99 万亿元增加到 2013 年的 56.61 万亿元，年均增长 9.96%，经济发展处于高速阶段。如果保持这一增长速度，2020 年中国经济总量将会超过美国成为世界第一大经济体。但遗憾的是由于 2008 年美国次贷危机引发的全球经济波动对中国出口影响巨大，2009 年中国货物出口额出现了负增长，由 2008 年的10 万亿元下滑到 8.2 万亿元，虽然以后几年里受全球经济回暖影响中国出口量出现了一定增长，但是增长速度低于前期。

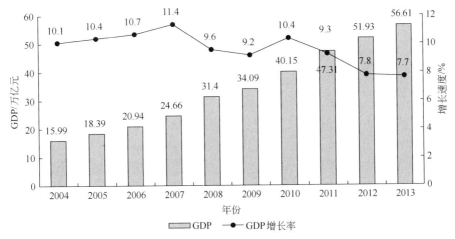

图 4-10　中国国民生产总值与增长率

资料来源:《中国统计年鉴》(2014)

经济增长动力悄然变换的背景下，未来我国经济告别 8% 的增长速度或将成为"新常态"。2008 年世界金融危机后，我国需要转变经济增长方式、淡化经济增长速度、重点关注民生的观点在政界和学术界得到广泛认同。告别过去过度依赖对外贸易、能源消耗和政府投资的旧经济增长模式，转为内需拉动、能源高效利用和民间投资的经济增长方式，在政府工作中也逐步展开和落实。例如，我国对外汇市场化的改革，由于放宽浮动汇率波动幅度，导致人民币在市场机制下的较大升值，在促进外部储备保值增长的同时，引导国内企业对国内市场的挖掘；为了解决房地产发展过热形成的泡沫问题，满足广大人民生活的住房需求，政府出台房屋限购、取消房屋购置贷款优惠政策、控制房地产投资项目等一系列措施来稳定、促进我国房地产建筑业的健康发展。但是转变经济增长方式的负面影响也比较明显，我国经济增长速度出现了较大幅度的下滑，由 2010 年 10.4% 的经济增长速度下滑到 2013 年的 7.7%。

B. 我国城乡经济差距持续扩大

根据 2013 年国民经济和社会发展统计公报数据显示，全年农村居民人均纯收入为 8896 元，与上年 7917 元相比，扣除价格因素实际增加 9.3%；城镇居民人均可支配收入为 26 955 元，与上年的 24 565 元相比，扣除价格因素实际增加 7.0%。可以发现，农村居民的可支配收入增长幅度要高于城镇居民的可支配收入增长幅度。需要引起注意的是，农村居民可支配收入的增加主要由于农村居民外出打工，收入水平增加的同时其生活成本也在增加，在房地产价格快速增加和近几年通货膨胀增加双重压力下，农村居民真实的可支配收入增加是有限的。

此外，隐藏在农村居民与城镇居民的可支配收入大幅增长背后的是，城镇居民可支配收入增加值远远大于农村居民，农村居民与城镇居民之间可支配收入差距不是缩小而是增加了。2004～2013 年我国城乡居民收入及收入差距情况如图 4-11 所示。十年间，农村居民人均纯收入从 2936 元增加到 8896 元，城镇居民人均可支配收入从 9422 元增长到 26 955 元；但是两者之间的差距从 2004 年的 6486 元增加到 2013 年的 18 059 元，城乡收入差距年均增长率为 12.05%。

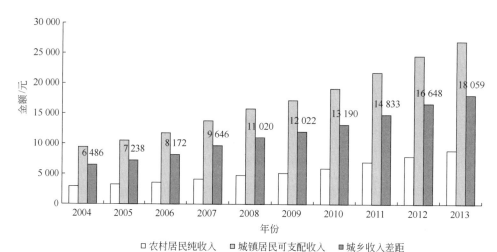

图 4-11　农村和城镇居民收入及收入差距

资料来源：《中国统计年鉴》（2014）

C. 信息产业快速发展

农村地区的信息通信技术应用水平虽然落后于城市地区，但是近几年我国信息产业发展速度快。2012 年，在我国以外需为主的电子信息产业面对国际环境新变化和国内经济新形势，大力开展调整转型，行业增速依然保持领先，呈现出在国民经济发展中地位不断提高的态势；软件产业步入新的快速发展阶段，电信业积极推动 3G 业务和宽带网络基础设施建设，邮政行业继续保持快速增长势头，为推动信息化发展和促进农村城市化，信息化建设发挥积极作用，并且在国民经济发展和全球产业布局中的重要地位日益凸显。2012 年我国信息产业发展总体情况见表 4-6，增长率明显要高于 GDP 的增长率，从侧面也说明了我国信息产业对经济增长的拉动作用非常明显；2001～2012 年我国信息产业业务收入同比增长情况见图 4-12，我国信息产业发展虽然有明显的波动，但其增长率每年都为正，说明我国信息产业每年均保持一定幅度的增长。

与此同时，中国政府从战略高度积极推进与互联网相关产业的发展，将互联网研发和应用、推进新一代信息技术等提升至战略性新兴产业高度，加强政策扶持，加快培育发展。根据 CNNIC 统计数据，截至 2013 年 12 月底，中国网民规

表 4-6　2012 年信息产业发展总体情况

项目	额度/亿元	比 2011 年增长率/%
电信业务收入	10 762.9	9.0
邮政业务收入	1 980.9	26.9
电子信息产业销售收入	109 000.0	16.7

资料来源:《中国高技术产业发展年鉴》(2013)

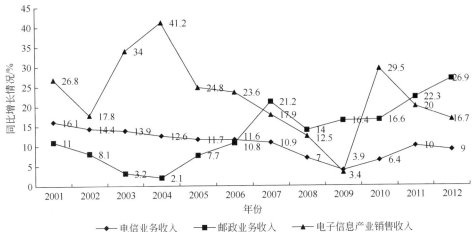

图 4-12　2001～2012 年信息产业各产业业务收入同比增长情况

资料来源:《中国高技术产业发展》(2013)

模达到 6.18 亿人,互联网普及率超过世界平均水平达到 48.5%,已经成为世界上互联网使用人口最多的国家。未来几年中国互联网产业仍有巨大的发展潜力和空间。

城乡之间收入和消费差距是城乡数字鸿沟形成的主要因素,因此如若不能够扭转这一扩大的趋势,那么城乡之间巨大的经济差距将为缩小中国城乡数字鸿沟带来巨大的挑战。

3)社会环境分析

A. 城乡之间人口流动活跃但"两栖"人口转移问题突出

随着现代交通、通信、经济发展,文化传播速度越来越快,农村居民通过电视网络等文化传播工具更加清晰地了解到城市人的工作和生活,而对城市生活的向往促进了农村居民向城市地区的流动。如今每年"春运"期间,都能看到大批的农村外出务工者返程回乡,城市交通压力明显降低。此外,根据《中国统计年鉴》(2014)显示,2013 年年末我国流动人口规模达到 2.45 亿人,人口与户籍分离的人数从 2000 年的 1.44 亿人增加到 2013 年的 2.89 亿人,年均增长率为 5.5%。

与此同时农村居民迁移、融入城市生活的矛盾逐渐显现出来。农村居民进城工作后，面对城市的高房价、消费水平显得力不从心，面对公共服务不均等问题无能为力，因而大多数外出务工的农村人选择在城乡之间来回奔波的转移方式，即"两栖式"人口转移（胡桂兰等，2013）。

B．以户籍为管理基础的歧视性矛盾突出

我国目前施行的是以户籍为基础的管理方式，农业与非农业户籍上的户口导致了城乡居民在社会工作和生活中差别待遇明显。以城乡卫生费用为例，虽然我国财政对卫生医疗提供了资金支持，但是这些资金"不自觉"地向城市地区倾斜。卫生费用是在一定时期内，社会用于医疗卫生服务所消耗的资金总额。据统计，1990～2013 年我国财政支出的城乡人均卫生费用如图 4-13 所示。

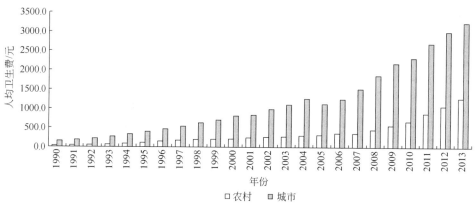

图 4-13　　1990～2013 年我国城乡人均卫生费用比较

资料来源：《中国统计年鉴》（2014）

从理论上讲，社会保障公平的一个重要体现就是城乡社会保障财政的分配与人口分布是否匹配，其中城乡居民在医疗卫生资金方面的公平分配就是一个重要体现。然而我国农村人均卫生费用远远低于城市人均卫生费用，近二十多年来农村人均卫生费用不到城市人均卫生费用的三分之一。这不禁让人联想到农村居民看病难，城市居民医保与农村新农合医疗费用报销比例存在差距等一系列社会问题，其根源就在于过度不均衡的城乡医疗资金分配。就全国范围来看，城市居民享受了较为体面的工作、较高的收入、较好的医疗条件；相反农村地区居民收入较低，面对较差的医疗卫生条件，很多病人都要转到城市的大医院进行治疗，政府理应在农村社会保障方面给予更多财政支持。然而，意在实现城乡之间公共服务均等化的社会保障支出，由于财政支出对城市居民的过度倾斜，反而加剧城乡之间的经济差距，固化原本存在的城乡二元结构。类似的问题还有很多，如城乡居民享有的选举权、教育权利、养老保险等，因此以户籍为管理基础，加剧了城乡之间的对立，扩大了两者之间的差距，不利于缩小城乡数字鸿沟促进城市化发展。

C. 城乡之间教育差距拉大

城乡日益扩大的教育差距阻碍信息通信技术的传播。2012 年 3 月 5 日温家宝总理在向十一届全国人大五次会议作政府工作报告时明确提出，2012 年中央财政已按全国财政性教育经费支出占国内生产总值的 4%编制预算，要求地方财政也要作出相应安排，确保实现这一目标。诚然，国家这些年对教育的投入力度在不断加大，但主要还是偏重城市、偏重高等教育，对农村基础教育的投入还是偏少。不少地方择校费、乱收费之所以肆无忌惮，一个重要原因就是地方政府的财政投入意识还不够强，特别是在教育投入与经济投入、社会投入发生冲突的时候，很多人还是更看重经济，而忽略了教育投入，就将这些教育投入责任转移到群众身上，从而导致城乡之间较大的教育差距。根据 2014 年 5 月国家互联网信息中心公布的《2013 年中国农村互联网发展状况调查报告》显示，农村网民初中及以下学历群体比例为 62.7%，高出城镇网民 21.7 个百分点。其中，45.5%即接近一半的农村网民学历水平为初中，比城镇网民高 13.8 个百分点；小学及以下学历拥有者在农村网民中占到 17.2%，高出城镇网民近 8 个百分点，如图 4-14 所示。

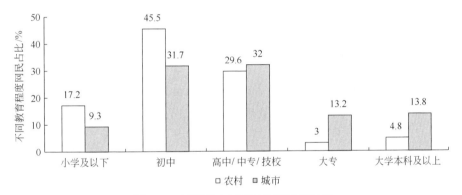

图 4-14 城镇和农村网民学历结构对比

资料来源：CNNIC. 2013 年中国农村互联网发展状况调查报告. 北京，2014

此外，教育在改变信息技术利用水平的同时，改变了农村农民对待信息化的价值观。面对大数据时代海量的知识、信息、数据，学生更应该学习如何利用计算机和网络获取、筛选、处理信息。在这一方面，城里的孩子在很小的时候就可以享受到信息技术教育，通过网络学习实现资源共享，农村地区现代教育教学方面远远落后于城市地区，使得农村孩子在面对激烈的社会竞争中输在了起跑线上。农村缺乏良好的教育环境，教育设施以及师资力量、教育信息化落后，无法对学生进行远程教育等，这就会阻碍教育水平的提升，直接对缩小城乡数字鸿沟形成障碍。

网民受教育程度将直接影响到互联网应用的广度和深度，因此目前城乡教育差距对新兴信息通信技术有着阻碍作用，这不利于缩小我国的城乡数字鸿沟促进城市化发展。

4）技术环境分析

A．越来越多的信息通信技术跻身世界前列

在高端计算机研制方面，我国已经成功研发了新一代神威、银河、曙光、深腾等世界知名产品。2004 年我国曙光 4000A 在全球超级计算机 TOP500 的排名中名列第十，成为继美国、日本之后第三个能制造和应用十万亿次级商用高性能计算机的国家。2010 年 5 月 31 日在全球最快超级计算机前 500 名排行榜上，"星云"超级计算机及其相关系统经过众多专家测评，跻身排行榜第二的位置，超越欧洲和日本的同类产品，其运算速度达每秒 1270 万亿次。2010 年 8 月具有自主知识产权的浪潮天梭 K1 系统成功研发，中国成为继美国、日本之后第 3 个有能力研制 32 路高端计算机的国家；2014 年 1 月正式推出 "K 迁工程"，这是全面推进国产高端容错计算机应用、打破美国对高端容错计算机产业全面垄断的重要信号。

在移动互联网数据处理技术方面，我国开展了下一代互联网（NGI）和全球下一代网（NGN）的研究和试验，并取得了阶段性的成果。值得一提的是，我国下一代互联网信息技术项目（CNGI）已建成目前世界上最大规模的 IPv6 试验网。与国外进行的 NGI 试验不同，由于我国电信运营商的积极参与，CNGI 重视支持服务质量体系（QOS）和技术研究，以走向商业应用为目标，关注网络和业务的可控可管，在国际上首倡旨在促进 NGI 与 NGN 技术协调的研究试验，开发支持NGI 并有可能向 NGN 发展的网络软硬件和应用，探索两者融合之路。

在互联网和移动通信技术研发方面，我国也从无线局域网（WLAN）扩展到无线城域网（WMAN）。我国提出的无线局域网鉴别和保密基础结构（WAPI），性能优于国际标准，技术处于世界先进水平；提出的 SCDMA 技术以其优良的性能价格比领先于其他无线接入技术，成为我国 "村村通工程" 的首选方式；提出的 TD-LTE 技术，是我国拥有自主知识产权的 TD-SCDMA 的后续演进技术，TD-LTE 网络能够达到的最高数据传输速度，下行为 100Mb/s，上行为 50Mb/s，是现有 3G 网络数据传输速度的 10 倍。2012 年在日内瓦举行的国际电信联盟无线电通信会议上，中国提出的 TD-LTE-Advanced 技术规范通过审议，正式被确立为IMT-Advanced 国际标准。TD-LTE-Advanced 进入 4G 标准，是中国通信发展史上继自主创新的 TD-SCDMA 成为 3G 国际标准之后的又一重要的里程碑，为 TD-LTE产业的后续发展及国际化提供了重要基础。

在光电子技术方面，我国在国际上独立提出并实现了优于现有其他结构性能的带电吸收的分布反馈激光器（40Gb/sDFB+EA）和带电吸收的半导体光放大器（SOA+EA），研制出国际领先的可调谐长波长探测器，包括 Si 基和 GaAs 基垂直腔 RCE（共振腔增强型）和 WDM（波分复用）光纤通信系统用 OMITMiC（一镜斜置三镜腔）探测器。2011 年，北京大学量子电子学研究所成功研制了脉宽为 48fs，光谱覆盖范围 1024~1054nm 的掺镱飞秒光纤激光器；2012 年 3 月，在亚洲最大的激光、光学行业盛会——慕尼黑上海光博会（LASER World of PHOTONICS CHINA）上，武汉锐科展出最新自主研发的 1000W 单模连续光纤激光器和 4000W 多模连续光纤激光器，在中国首次成功地实现了千瓦级高功率光纤激光器的产业化，打破了光纤激光器一直由国外公司垄断的局面。在全固态激光器技术方面，在国际上首次研制成功具有自主知识产权的深紫外六倍频全固态激光器和宽调谐全固态激光器。

B. 我国信息领域制造业创新能力显著提升

在过去的十多年中，我国以电子通信设备、计算机和互联网为代表的信息产业在研发投入资金上大幅度增加，新产品的销售收入获得了大幅度的增长，研发投入与新产品利润之间的良性循环逐渐形成。如图 4-15 所示，以电子及通信设备制造业（包括信息设备制造、雷达机配套设备制造、广播电视设备制造、电子器件制造、家用视听设备制造和其他电子设备制造）为例，2000~2012 年，该行业研发经费投入年均增长率为 25.9%，新产品销售收入额年均增长率 18.7%，可以说两者之间的增长态势是非常明显的。进一步分析可以发现，虽然研发投入看似要比新产品的销售收入增长得快，事实上该制造业每年新产品销售收入扣除新产品研发投入支出后的销售收入年均增长率保持在 7.06%，每年的研发支出只占到当年新产品销售收入的 4%~8%，因此可以说目前在电子及通信设备制造业内新产品的研发投入和产品利润之间已经形成了良性循环。

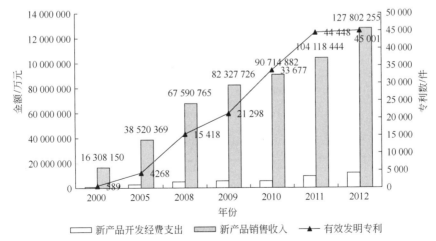

图 4-15　2000~2012 年电子及通信设备制造业研发及成果转化概况

资料来源：《中国高技术产业发展年鉴》（2013）

在过去的十多年中，我国信息领域制造业研究成果增长迅速。此处仍以电子及通信设备制造业为例，在 2000~2012 年我国有效发明专利数量年均增长率 43.5%，这一数字不但显示出了这一行业强大的创新能力，而且可以预示该领域内的技术性垄断优势也将在未来转化成技术性垄断的利润。虽然很多学者已经认识到专利数量并不是衡量研发产出的非常完美的指标，但是这一指标确实体现了研发活动的有效性（王庆元等，2010）。因此，我国信息领域制造业创新能力已经有了很大的改善，创新成果快速增长，成果转化也已经形成良性循环，技术上的优势将有利于缩小我国城乡数字鸿沟促进城市化发展。

C. 信息技术产品在对外贸易中处于劣势

由于我国信息领域技术创新相对落后于西方发达国家，因而在世界范围内的国际分工中处于产品价值链的中低端，来料加工贸易在出口中占比较大。根据我国工业和信息化部公布的资料显示，2013 年电子信息产品进出口 13302 亿美元，同比增长 12.1%；出口 7808 亿美元，同比增长 11.9%；进口 5495 亿美元，同比增长 12.4%。其中出口方面，一般贸易 1514 亿美元、进料加工贸易 4682 亿美元、来料加工贸易 334 亿美元；进口方面，一般贸易 1216 亿美元、进料加工贸易 2323 亿美元、来料加工贸易 336 亿美元。各类贸易方式所占份额如图 4-16 所示。

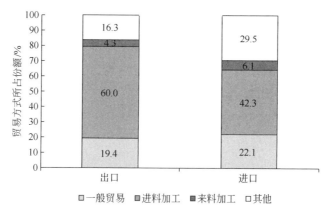

图 4-16　2013 年我国电子信息产品不同贸易方式所占份额

来料加工贸易和进料加工贸易方式都属于加工贸易，主要指经营企业进口全部或者部分原辅材料、零部件等经加工或装配后，将制成品再进一步出口的贸易活动。由于这一过程主要凭借较为廉价的劳动力，赚取组装、加工部分利润，因而产品价值增值较低，处于在产品价值链微笑曲线的底端。技术上处于领先的发达国家凭借高素质的劳动力掌握核心技术，在产品设计研发和技术服务方面占整个信息技术产品的绝大部分附加值。因此从表面上看我国信息技术产品进出口规模不断扩大，保持顺差状态，为我国出口创汇作出了贡献，实则电子信息产品在贸易分工中处于弱势地位，贸易环节中绝大部分的产品利润被技术领先的发达国家所攫取。

5）外部环境分析总结

综上所述，缩小我国城乡数字鸿沟促进城市化的外部环境分析如图 4-17 所示。政治环境方面，城乡数字鸿沟问题已受到政府重点关注，现阶段"城乡统筹"和"城乡一体化"发展理念受到中央政府的重视，国家高层领导和部门高度重视未来农业农村信息化建设问题；经济环境方面，经济总量持续增长但增长速度出现了明显的下滑，城乡之间经济差距不断扩大，信息产业发展迅速；社会环境方面，城乡之间人口流动活跃但"两栖"人口转移问题突出，以户籍为管理基础的歧视性矛盾突出，城乡之间教育差距拉大；技术环境方面，国家鼓励、保护信息领域技术创新，信息领域技术创新能力明显提升，信息技术产品在国际贸易分工中处于弱势地位。因此我国缩小城乡数字鸿沟促进城市化的外部环境既充满机遇，又面临挑战。

P-政治环境	E-经济环境
P1：政府已经重视"数字鸿沟"问题 P2：政府提出并落实"城乡统筹"和"城乡一体化"发展理念 P3：国家高层领导和部门高度重视未来农业农村信息化建设问题	E1：经济总量持续增长但增长速度出现明显的下滑 E2：城乡之间经济差距不断扩大 E3：信息产业快速发展
S-社会环境	T-技术环境
S1：城乡之间人口流动活跃但"两栖"人口转移问题突出 S2：以户籍为管理基础的歧视性矛盾突出 S3：城乡之间教育差距拉大	T1：越来越的信息技术跻身世界前列 T2：信息领域技术创新能力明显提升 T3：信息技术产品在国际贸易中处于劣势

图 4-17　缩小城乡数字鸿沟促进城市化发展外部环境

4.3.1.2　内部环境分析

城市化发展是社会经济系统中的复杂问题，信息化背景下城乡居民如何能够更好地融合引起社会的广泛关注。以缩小城乡数字鸿沟为突破口研究城市化进程中的城乡信息融合问题不失为一种有益的尝试。然而市场经济下，城市乘信息化这一东风发展迅速，反观农村在面对这一科技进步时显得有些措手不及。因此缩小城乡数字鸿沟促进城市化发展应当进一步聚焦于农村信息化建设。农村信息化是指在广大农村地区，加快农村信息技术发展及其产业化，开发利用各种涉农信息资源，提高农村经济和社会各领域信息应用水平，以此推动农村发展，内容主要包含基础设施、信息资源、服务体系、信息技术应用四个方面（郭永田，2007）。

1）基础设施

A. 农村信息基础设施建设整体有序推进

在"十一五"期间和"十二五"发展阶段，我国农村地区发展和完善了以光缆为主、数字微波和卫星为辅的传送网，推进信息网络化、光纤化、无线化和智能化，"乡乡能上网"基本实现；加快了广播、电视建设和升级改造，实施"三网融合"工程，实现有线电视模拟向数字整体转换，建立起新型有线电视数字信息化平台，"广播电视村村通"基本实现；完成电话网络全覆盖，便捷群众的通信要求，"村村通电话工程"已经完全完成，实现了行政村100%通电话的阶段性目标。2014年，农业部全面启动了"十三五"农业经济发展规划编制工作会议，会议强调在"十三五"时期，一要体现新要求。把中央关于新时期"三农"发展的新理念、新论断、新举措作为农业农村经济发展规划编制的基本准则，统领全局、贯穿始终。二要树立新视野。突出战略性，提升规划的"高度"；突出全局性，提升规划的"广度"；突出前瞻性，提升规划的"跨度"；突出系统性，提升规划的"深度"。三要关注新问题。瞄准"四化同步"、国家粮食安全、农业可持续发展、农产品质量安全等关键问题，注重问题导向，选对路径方法，谋划政策措施。四要研究新办法。要研究解决问题的新办法，想新招、出实招，力争推动出台一批新政策、启动实施一批新项目、谋划提出一批新工程；要研究编制规划的新办法，使规划编制过程真正成为汇聚民智、体现民意的过程。

B. 农村基层"最后一千米"问题没有得到根本解决

目前在全面推进农村信息化建设过程中，农村基层信息基础条件严重不足，农村计算机普及率不够高，信息传输在乡、村、户环节障碍尚未消除，尤其是村、乡信息服务站数量不足，根据2013年农村信息化发展报告统计，仅22%的行政村建立了信息服务站，因此导致农村信息化功能因为硬件不足的原因难以发挥，"最后一千米"问题没有得到根本性解决。

C. 农村信息用户数量逐渐提升

在一系列农村信息基础设施建设后，全国农村的电话用户、广播电视覆盖率、有线电视、互联网普及程度明显增长。以农村地区互联网普及情况为例，2013年农村网民数量已经达到17 662万人，比上一年增加2101万人，增长13.5%；对应农村网民数量占全国网民数量的比例上升至28.6%，比上一年上涨了一个百分点。考虑到近年来我国城市化快速发展，农村人口占总人口比例持续下降的实际情况，农村互联网普及率的提高主要源于农村常住居民越来越多地接入互联网，因此可以说农村地区信息基础硬件设施的建设已经初见成效。

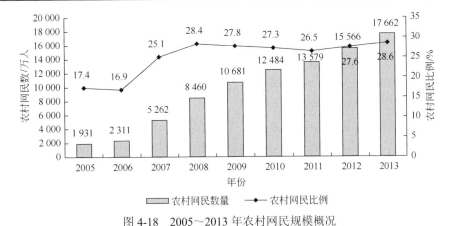

图 4-18　2005～2013 年农村网民规模概况

资料来源：CNNIC.2013 年中国农村互联网发展状况调查报告.北京，2014

D. 城乡之间互联网普及率差距明显

虽然中国农村互联网普及程度在过去的一段时间内已经有了很大的提升，截至 2013 年年底普及率达到 27.5%，但是城乡之间的差距依旧非常明显，从根本上并没有实质性变化，这一点在图 4-19 中体现得非常直观。2008 年城乡之间互联网普及差距 24.3%，五年后差距为 34.5%，可以看出两者之间的差距并没有因为国家西部大开发、农村信息化加速建设而缩小，反而是互联网建设中城市地区从宽带用户接入数量和宽带速度方面获得更大的发展，进而城乡之间的差距进一步扩大了。

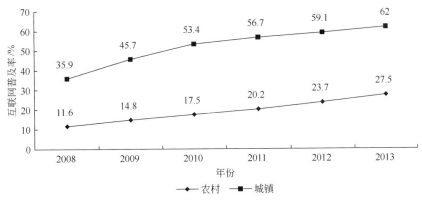

图 4-19　2008～2013 年城乡互联网普及对比

资料来源：CNNIC.2013 年中国农村互联网发展状况调查报告.北京，2014

2）信息资源

A. 农业农村信息采集渠道不断完善

截至 2012 年年底，农业部在全国农业系统建设了近 50 条信息采集渠道，自下而上涵盖了种植业、畜牧业、渔业、农垦、农机化、乡镇企业、农村经营管理、农业科教和农产品市场流通等主要行业和领域；部署信息采集点 8000 多个，建立了信息采集指标体系和报送制度，通过远程联网采集、报送农村各行业和领域的生产动态、供求变化、价格行情、科技教育、自然灾害、动物疫情、农民收入、质量安全和资源环境等信息（李道亮，2014）。

B. 涉农网站和数据库进一步健全

截至 2012 年年底，全国涉农网站达到 4 万个，比 2011 年增长 40.7%，覆盖中央、省、地、县四级政府的农业网站群基本建成（李道亮，2014）。农业部初步建立起以中国农业信息网为核心、集 30 多个专业网为一体的国家农业门户网站。全国 31 个省级农业部门、超过四分之三的地级农业部门和近一半的县级农业部门都建立局域网和农业信息服务网站。此外，农业部相继建设了农业政策法规、农产品价格、农村经济统计、农业科技与人才等 50 多个数据库，各省级农业部门也相继建设了涵盖农村生产、农产品供求、农产品价格、农业科技以及农业政策等各领域的数据库系统。

C. 涉农信息网站访问量低

信息网站建立和更新的目的在于服务相关从业者，令人遗憾的是我国建立的涉农网站并没有得到充分的利用。利用 Alexa 统计网站信息查询功能显示，2014 年 7 月 26 日中国农业部信息网（http：//www.agri.gov.cn）、美国农业部信息网（http：//www.usda.gov）和加拿大农业信息网（http：//www.agr.gc.ca）3 个网站日均（月移动平均）的访问量情况见表 4-7。可以看出，同样是政府官网，中国农业网站的访问量远远低于美国和加拿大。一方面无论是以日均 IP 量为指标反映的用户数，还是日均 PV 量为指标的总访问次数，中国都远远落后；另一方面我国人均日网页浏览量 1.1 次，反映出我国农信网站的访问过程中用户缺乏对相关内容的深入了解，多数用户或许仅仅停留在的主页上，很少有用户进一步访问下一级网页链接的相关信息。另外，考虑到我国与其他两个国家的人口基数差距，更说明了我国在利用农业信息网站方面远远不足。

表 4-7　中国、美国和加拿大官网农业信息网访问量比较　（单位：次）

网站名称	日均 IP 访问量	日均 PV 量	人均日网页浏览量
中国农业信息网	1 235	1 976	1.1
美国农业信息网	204 725	708 348	6.9
加拿大农业信息网	978 500	5 460 030	8.4

注：日均 IP 量是指月平均用户平均每日访问网站的站点数；日均 PV 量是指月平均用户平均每日网站访问的次数。其中日均 IP 访问量、PV 量和网页浏览量均是月移动平均，而非自然月静态平均

资料来源：根据 Alexa 统计网站查询结果整理而得

D. 涉农信息资源建设面子工程依旧存在

目前，我国在涉农信息资源建设方面依然存在面子工程问题。很多网站和数

据库建立以后,内容缺乏更新,甚至很多市一级别的农业局网站上面的信息陈旧。再有,许多涉农数据库建设完成后,没有对数据库的使用进行详细的说明,账户注册审核程序较慢,并且缺乏对原有数据信息进行不断的补充和更新,用户和网站管理员之间的交互性差,用户留言问题得不到有效解决,这些造成了用户使用过程中的困难,久而久之便丧失了用户的关注,成为面子工程。

此外,信息资源存在多头建设、分散管理的问题。政府和电信运营商都在加大农村信息化建设的投入,但统一规划不到位,缺乏有效的部门协调、沟通协作,造成了重复建设和信息资源散、小、弱。个别信息站点信息监管不到位,发布虚假的信息资料,以至于造成了信息可信度不高,不少用户对网络信息不信任等问题。

3）服务体系

A. 农村基层信息服务组织结构日益完善

经过“十一五”和“十二五”的建设,“县有信息服务机构、乡有信息站、村有信息点”的格局基本形成。全国 100%的省级农业部门设立了开展信息化工作的职能机构,97%的地市级农业部门、80%以上的县级农业部门设有信息化管理和服务机构,70%以上的乡镇成立了信息服务站,乡村信息服务站点逾 100 万个,农村信息员超过 70 万人。

B. 更多惠农信息服务平台不断搭建

截至 2012 年年底,农业部先后搭建了 19 个省级、78 个地级和 344 个县级“三农”综合信息服务平台。在农业部领导下,各地农业部门充分利用电话、电视、计算机等信息载体,因地制宜构建了符合当地农业生产和生活需求的信息服务平台。三大电信运营商成功打造了各自的农村信息服务平台,如“农信通”“信息田园”“农业新时空”等。与此同时,越来越多的涉农企业通过建立自己的信息服务平台宣传公司产品,开展网上服务、电子商务等经营活动。

C. 信息服务平台用户参与意识较低

自 2006 年以来,农业部以实施“三电合一”工程建设为抓手,积极探索信息服务进村入户的途径和办法,在全国范围内全力打造了公益性“12316”三农信息服务平台。截至 2012 年年底,“12316”热线年咨询人数约 923.9 万人次,年发送12316 短信 25.1 亿条和 56.7 亿条彩信,短信农户数 1.76 亿人,平台覆盖大约 1/3农户即大约 2.14 亿人(李道亮,2014)。问题显而易见,信息服务平台中电话和短信平台平均人均咨询量和发送量仅为 4.34 次/年、11 条/年,且电话中包括一半以上的回访,短信信息大多是被动型接收,说明农村居民对涉农信息服务平台的参与热情和参与意识较低。

D. 信息服务部门之间协作效率差

目前,在涉农信息化建设服务部门的企事业单位中,由于缺乏信息平台的监管监督机构,对于开展农业信息服务的单位组织也缺少统一管理,造成各部门之间缺乏沟通，缺少协作。例如，个别部门为了一己之利，甚至还人为设置障碍，部分内容只有注册用户才能浏览；有的信息服务部门（如移动公司、联通公司、县商贸委等）虽然将农业信息站点延伸到乡镇乃至部分村级，但因缺乏信息建设的长效机制，仅以国家项目资金作支撑，没有目标责任约束，不能充分、有效地发挥应有作用，最终造成国家资源浪费。各类网站建设都是各自为政，虽然做了不同程度的农村信息服务，但是都没有能力把自己的网站做大做强，存在着信息传输网络不够畅通、信息的有机集成以及信息共享性差等问题。

4）信息技术应用

A. 部分地区已经展开农业物联网应用

2012 年，农业部在北京、黑龙江、江苏 3 省市组织实施的国家物联网应用示范区工程智能农业项目进展顺利，黑龙江农垦大田种植物联网、北京市设施农业物联网和江苏省无锡市养殖业物联网的建设均取得阶段性进展。2012 年 8 月，结合全国农业综合信息服务平台建设，农业部在北京、辽宁、吉林、黑龙江、上海、江苏、浙江、安徽、福建、广西、重庆、甘肃等 12 个省份开展生产经营信息化示范，组织开发了农民专业合作社经营管理等信息系统，选取 600 家农民专业合作社开展应用示范。目前，在上海、天津、安徽正在实施农业物联网区域试验工程。

B. 3G 和 3S 技术逐步开始应用到农业生产

各地区不断探索利用 3G 技术的高速移动网络优势，助推农业发展。海南联手中国移动在全省推广应用瓜菜质量安全监管 3G 系统，完成了省级中央平台建设和全省 17 个合作社的应用部署；陕西联通与高校合作，利用 3G 网络技术为数字大棚提供"远程视频监控"、农技师"单兵实时视频"、大棚参数"短信通知"等多项技术支撑和服务；中国农业科学院推动江苏、北京等地应用 3G 网络技术建设基层农业技术推广信息化平台，极大地便利了基层农业技术推广工作。

3S 技术是遥感技术（RS）、地理信息系统（GIS）和全球定位系统 GPS）的统称。2012 年农业部利用 3S 技术继续开展五大作物种植面积、单产、总产以及草原植被状况、产草量和草畜平衡的遥感监测预测工作，并将甘蔗、油菜种植面积遥感监测纳入了业务化试运行，完成了第一轮全国水稻和东北三省玉米种植面积调查。山东各地为远洋渔船安装了北斗卫星定位系统，有效减少了渔业作业安全事故的发生。安徽肥东在农村土地承包经营权登记试点项目中成功应用 3S 技术进行土地测量，探索出一条快速、精确、有效确定农村土地权属的新方式。重庆利用 3S 技术构建了动物卫生监督指挥平台，为动物疫情的防范和应用处理提供了技术支撑。

C. 信息技术推广体系建设滞后

随着越来越多的信息技术试点成功并进入推广阶段，我国在信息技术推广体系建设的矛盾逐渐暴露出来。农业信息技术推广政府投入经费不足，公益性信息技术推广考核标准设置不合理、推广人员知识老化,在目前的推广环节中矛盾突出(申红芳等,2012)。因而技术推广人员积极性受到了极大的限制,包括信息技术在内的很多农业技术不能够在更大范围内得到利用,使得农业信息技术研发丧失了其改造传统农业,提高农业劳动生产效率的意义。

D. 农业信息技术应用人力资源不足

由于我国在教育方面存在短板,导致我国在农业信息技术应用方面,研发、推广、完善等环节问题比较突出。首先在农业信息技术研发方面,由于信息技术高精尖人才以及高端仪器试验设备缺乏,我国农业信息技术借鉴、学习和模仿国外发达国家的先进技术较多,缺乏一定的自我研发能力;其次由于在基层能熟悉、熟练掌握信息技术的人员匮乏,农业信息技术由试点进入全面推广环节进展缓慢;最后信息技术的应用依赖于信息设备,由于信息设备结构较复杂,维护难度较大,因而农村基层在信息设备的维护方面显得有些束手无策。

4.3.1.3　SWOT 矩阵分析

根据上述对我国缩小城乡数字鸿沟促进城市化发展的外部和内部环境分析,以 SWOT 方法总结战略环境的分析结果见图 4-20。

4.3.2　缩小城乡数字鸿沟促进城市化发展的战略选择

战略选择是管理者面对内外部环境进行综合判断,形成有针对性、计划性、全局性和方向性的规划。考虑到缩小城乡数字鸿沟促进城市化发展内外部环境的复杂性,仅通过 SWOT 定性分析难以进行综合定位,因而也就难以提出较为科学和有针对性的战略方案。鉴于此通过定量分析,对内外环境做进一步判断并形成较为客观、合理的战略定位。

4.3.2.1　SWOT 战略定位主要方法比较

SWOT 战略分析方法是 1971 年哈佛大学商学院教授 K. Andrews 在其《公司战略概念》中提出的,认为当机遇(O)大于威胁(T)时,企业应该采取强势策略,否则采取弱势战略。后来随着战略管理理论的不断演进和研究问题的复杂化,传统的 SWOT 分析方法在机遇与威胁、优势与劣势的孰强孰弱的比较中显得捉襟见肘。

与此同时国内外研究学者在利用传统的 SWOT 分析时也进行了一系列的改进,以弥补这一分析方法在定位功能上的缺陷。后续的研究方法可以归纳为三类:

第一类是 Thampson 和 Strickland(1984)利用波士顿矩阵对 SWOT 方法进行改进,提出了四象限的战略聚类模型,将外部环境细化为行业增长率,再进一步根据企业的优势和劣势进行战略定位。

内部因素　　　　　　　　　　外部环境	优势 S	劣势 W
	S1：农村信息基础设施建设稳步推进； S2：农村信息用户覆盖率逐步增加； S3：农业农村信息采集渠道不断完善； S4：涉农网站和数据库进一步健全； S5：农村基层信息服务组织结构日益完善； S6：惠农信息服务平台不断搭建； S7：部分农村地区已经展开农业物联网应用； S8：3G 和 3S 技术逐步开始应用到农业生产。	W1：农村基层"最后一千米"问题没有得到根本解决； W2：城乡之间互联网普及率差距明显； W3：涉农信息网站访问量低； W4：涉农信息资源建设面子工程依旧存在； W5：信息服务部门之间协作效率差； W6：农村用户信息服务参与率低； W7：信息技术推广体系建设滞后； W8：农业信息技术应用人力资源不足。
机遇 O	SO 策略	WO 策略
O1：政府已经重视"数字鸿沟"问题； O2：中央政府提出"城乡统筹"和"城乡一体化"的发展理念； O3：国家高层领导和部门高度重视未来农业农村信息化建设问题； O4：信息产业快速发展； O5：越来越多的信息技术跻身世界前列； O6：我国信息领域制造业创新能力显著提升。	依托政府支持，继续加大农村地区信息基础设施建设，完善信息设备配套设施；积极推动农村地区"三网融合"，实现农村信息服务全面覆盖； 地方政府牵头，企业参与，国家财政支持，积极推动信息产品及家电下乡，鼓励农村农户信息产品更新换代； 加快信息新技术在农业生产和生活领域推广，提高劳动效率和生活质量。	统筹城乡资源，在信息化发展政策的制定过程中注意向农村倾斜，实现信息服务提供商与农村信息设备终端全面对接；缩小城乡互联网普及差距； 完善农业农村信息化服务部门考核和监督机制，提高农村信息化建设中政府部门、企事业单位等之间的协作水平； 依托信息设备制造业企业，加速信息技术应用人力资源建设。
威胁 T	ST 策略	WT 策略
T1：经济增长速度出现了明显的下滑； T2：我国城乡经济差距持续扩大； T3：城乡之间"两栖"人口转移问题突出； T4：以户籍为管理基础的歧视性矛盾突出； T5：城乡之间教育差距拉大； T6：信息技术产品在国际贸易分工中处于弱势地位。	开拓国内农村信息产品市场，提升农村信息化建设质量； 利用信息通信媒介，促进城乡居民交流，实现农村居民思想观念向现代化转变； 利用信息平台技术，实现农村地区语音、视频等网络课程教育教学，开展涉农数据库和网站使用培训，以应用型技术为突破口缩小城乡教育差距。	增大政府信息化建设财政支出，改善外部经济环境，加大农村信息连接终端设备资金投入，解决农村信息化硬件设施不足问题； 深化户籍制度、管理体制改革，大力改善城乡教育不平等待遇，着力培养农村信息技术应用人才； 鼓励大学生支援农村建设，在农村地区培养、营造农村居民信息意识。

图 4-20　我国缩小城乡数字鸿沟促进城市化发展的战略矩阵图

　　第二类是 Kotler（1988）提出企业外部面临的机遇与威胁发生概率的思想，随后王秉安等（1995）借鉴这一思想通过专家赋值法和用极坐标来实现精确的战略定位，并提出了四象限八种战略类型的划分，以后黄溶冰等（2008）进一步认为，战略向量的强度处于 0～0.5 应该采取保守策略，当处于 0.5～1 则采取积极的战略，并以我国中石油企业为例对其石油工程技术发展战略问题进行了实证研究。

第三类是 Wheelen 和 Hunger（1995）提出内外部环境关键因素的想法，对企业关键的内外部因素进行分析和评分，可以实现 SWOT 分析中的战略因素的定量分析，后来学者进一步利用 AHP 和 QSPM 方法进一步完善了其在战略选择上的功能，并进行了实证分析（Kahraman et al，2007；王胜远等，2009）。

在上述三类方法中，第一、第三类方法的缺点是比较明显的。第一类战略聚类方法虽然细化了研究主体的外部环境，但是缺少定量分析是其最大不足，当研究主体处于复杂环境时该方法容易陷入战略定位混沌；第三类方法虽然基于内外部环境的关键因素分析和专家评价实现了量化分析，但未对研究主体所处的环境进行综合定位，只是进行了战略类型评价和选择，并没有针对研究主体所处的实际状况进行战略内容设计，因而其战略选择未免让人感觉有可能是在次中选优；第一、第三类方法都局限于四象限战略定位或战略选择，在象限内部定位不够精确。相比之下，第二类方法不但实现了环境因素的定量化处理，而且实现了研究对象在现有环境下更为细致的综合战略定位。然而第二种方法也存在一定的不足之处，首先内外部环境的判断直接依靠专家赋值，主观性未免太强；其次在环境评价过程中缺少了专家打分后的信息反馈，因而专家对其评价缺乏调整；最后如果将战略定位的目的用于针对研究主体所处的环境，进行战略设计而不仅仅局限于战略定位，那么将更具有研究价值。

因此，利用判断矩阵对极坐标战略定位方法进行改进，并进一步通过雷达图直观展示增强环境定量化过程中的信息反馈，以此增加战略定位的客观性和科学性。同时基于改进的极坐标战略定位方法，对缩小我国城乡数字鸿沟促进城市化发展进行战略定位并设计战略内容。

4.3.2.2　基于判断矩阵-极坐标法战略定位模型构建

1）判断矩阵-极坐标战略定位思路

判断矩阵-极坐标战略定位方法是在传统 SWOT 分析框架下借鉴数学中极坐标系的思想，通过在 SWOT 四半维坐标系中引入战略向量，实现 SWOT 定性分析到定量分析的转化，以此来解决复杂环境的战略定位问题，其思路如图 4-21 所示。

2）SWOT 定量分析模型构建

（1）判断矩阵构造与赋值。根据专家对各因素强度及影响程度和重要性的定性判断构造判断矩阵，利用两两比较的方法对各因素强度及影响程度和重要性进行排序，并根据排序结果进行赋值。然后需要将赋值结果重新比对各因素之间的因素强度及影响程度和重要性，保证其与判断矩阵中专家提供的判断信息相吻合，至此实现 SWOT 方法中定性分析到定量分析的转化。

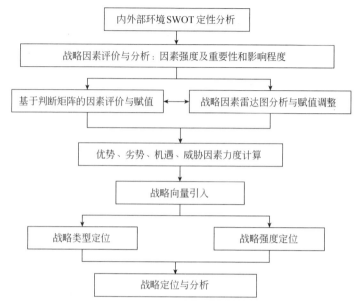

图 4-21　判断矩阵-极坐标战略定位逻辑框架

（2）因素雷达图分析。在对 SWOT 因素强度及影响程度和重要性赋值后，为了能够进一步保障战略评分的客观性和一致性，可以根据 SWOT 中每个要素强度及影响程度和重要性作出雷达图，将信息反馈给专家并对不合适的因素判断进行调整。根据调整结果再次构造判断矩阵与赋值，不断反复这一过程，最终在专家组中达成一致意见，确定各因素强度及影响程度和重要性的最终赋值。

（3）战略因素力度计算。在战略分析中，外部环境的机遇和威胁都是正在发生或在未来一段时间内有可能发展的环境因素。这里不仅关心机遇和威胁本身的强度，而且需要考虑机遇和威胁对研究对象的影响程度，同样的思路也可以对研究对象本身的优势和劣势及重要性进行分析。可以利用公式表示上述含义，机遇或威胁力度=机会或威胁估计强度×机会或威胁影响程度，优势或劣势力度=优势或劣势估计强度×优势或劣势重要性，因此 S、W、O、T 四个方面要素的定量分析可以表示为：

$$第 i 个因素优势力度 S_i = 对应优势强度评价值 × 对应重要性评价值$$
$$第 j 个因素劣势力度 W_j = 对应劣势强度评价值 × 对应重要性评价值$$
$$第 k 个因素机遇力度 O_k = 对应机遇强度评价值 × 对应影响程度评价值 \quad (4\text{-}22)$$
$$第 l 个因素威胁力度 T_l = 对应威胁强度评价值 × 对应影响程度评价值$$

其中，优势和机遇力度用正值表示，数值越大说明力度越强；相反劣势和威胁的力度用负值表示，其绝对值越大力度越大。机会、威胁、优势、劣势因素本身的强度可以采用 Delphi 方法和判断矩阵确定，并进一步根据判断矩阵对 SWOT

各因素强度及影响程度和重要性赋值，总机遇、总威胁、总优势、总劣势的力度由各因素力度求和得到：

$$S_{总} = \sum_{i=1}^{n_1} S_i (i = 1, 2, \cdots, n_1)$$

$$W_{总} = \sum_{i=1}^{n_2} W_i (i = 1, 2, \cdots, n_2)$$

$$O_{总} = \sum_{i=1}^{n_3} O_i (i = 1, 2, \cdots, n_3)$$

$$T_{总} = \sum_{i=1}^{n_4} T_i (i = 1, 2, \cdots, n_4)$$

（4-23）

（4）因素力度及影响程度和重要性计算。根据专家评分并利用雷达图将评分结果直接展示，对不一致的评分结果进行调整后得到最终的因素强度及影响程度和重要性数值，在此基础上利用式（4-22）对 S_i、W_j、O_k 和 T_l 进行计算，最后根据式（4-23）计算出 $S_{总}$、$W_{总}$、$O_{总}$ 和 $T_{总}$。

（5）战略四边形构建。假设优势、劣势、机遇和威胁对于战略定位同等重要，所以可以 $S_{总}$、$W_{总}$、$O_{总}$ 和 $T_{总}$ 各自作为半轴，构成四半维坐标系，分别找出各自的坐标点 $S_{总}$、$W_{总}$、$O_{总}$ 和 $T_{总}$，相互之间用线段连接可以得到战略四边形 $S_{总}O_{总}$ $W_{总}T_{总}$，如图 4-22 所示。

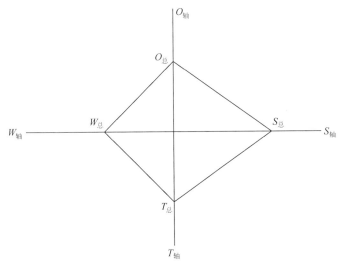

图 4-22　战略四边形

（6）战略方位角 θ 计算。在四半维坐标平面中，战略四边形 $S_{总}W_{总}O_{总}T_{总}$ 的重心是判断研究对象战略方位的重要依据，即根据战略四边形重心坐标所在象限的位置确定战略类型。战略四边形重心位置可以表示为 $P(x, y)$，其计算公式如下：

$$P(x,y) = \left(\sum {x_i} \Big/ 4, \sum {y_i} \Big/ 4 \right)$$ (4-24)

其中，x_i 和 y_i 分别表征 $S_{总}$、$W_{总}$、$O_{总}$ 和 $T_{总}$ 在战略四边形中的横纵坐标。

在此基础上，引入战略方位角 θ（$0 \leq \theta \leq 2\pi$），有 $\tan\theta = y/x$，利用反三角函数求出 $\theta = \arctan y/x$，根据 θ 大小确定战略类型，如表 4-8 所示。

表 4-8 战略类型方位角 θ 与战略类型对应关系

第一象限		第二象限		第三象限		第四象限	
开拓型战略区		争取性战略区		保守型战略区		抗争性战略区	
类型	方位区	类型	方位区	类型	方位区	类型	方位区
实力型	$(0, \pi/4)$	进取型	$(\pi/2, 3\pi/4)$	退却型	$(\pi, 5\pi/4)$	调整型	$(3\pi/2, 7\pi/4)$
机会型	$(\pi/4, \pi/2)$	调整型	$(3\pi/4, \pi)$	回避型	$(5\pi/4, 3\pi/2)$	进取型	$(7\pi/4, 2\pi)$

（7）战略强度系数 ρ 计算。战略强度系数反映战略执行力度，需要综合战略环境相机决定。由于战略类型仅为研究者提供了整体战略的方向性判断，因此在战略执行过程中，实施者会因为自身风险偏好采取积极或是保守的态度去完成，即执行力度会有所不同，这将有可能导致战略执行力度与战略环境不匹配，进而影响预期结果。因此，对于相同的战略类型，还应该进一步确定战略执行力度。

设坐标点 $p(x, y)$ 对应的战略强度定义为 xy。在四半维坐标平面内，满足 $C = xy$，（$c > 0$）。类似于经济学中的无差异曲线，当 C 是常数时，(x, y) 所形成的轨迹称为战略强度曲线；同一条战略强度曲线上各点战略强度相同，曲线离坐标原点越高意味着战略强度越大；xy 乘积绝对值的大小恰好等于 $p(x, y)$ 所确定矩形图形的面积，其示意图如图 4-23 所示。

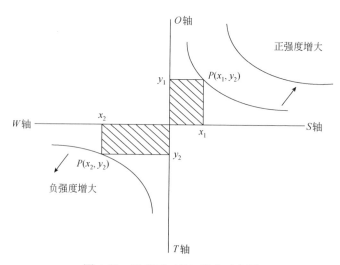

图 4-23 战略正（负）强度示意图

战略强度系数 ρ 由正战略强度和负战略强度共同决定，正战略强度反映机遇和优势，负战略强度反应威胁和劣势，根据上述示意图，正战略强度可以表示为：

$$U = O_总 \times S_总 \qquad (4-25)$$

其中，$O_总$、$S_总$ 分别表示 SWOT 分析中总机遇和总优势的力度。对于相同的正战略强度，可以由不同的机会、优势组合，这一模型表明了机遇和优势在一定程度上可以相互转化。类似地，相应的战略负强度也可以表示为：

$$V = T_总 \times W_总 \qquad (4-26)$$

其中，$T_总$、$W_总$ 分别表示 SWOT 分析中总威胁和总劣势的力度。

对应所选择的战略类型，到底应该选择什么样的战略强度，需要综合正战略强度和负战略强度，为此可以通过计算战略强度系数 ρ 进一步确定，其计算公式如下：

$$\rho = \frac{U}{U+V} \qquad (4-27)$$

其中，$\rho \in [0,1]$，战略正强度 U 越大，表明研究对象所面临的机遇越强，或者自身的优势越大，更应该加强战略执行过程中的力度，采取积极开拓的态度充分抓住机遇或发挥自身优势；相反，战略负强度 V 越大，表明研究对象所面临的威胁越强，或自身的劣势越明显，应该确立谨慎保守的战略执行思路来规避外部威胁或克服自身劣势，韬光养晦、寻觅良机。一般研究中以 0.5 作为临界点，当 $\rho > 0.5$ 时应该采取积极开拓的战略，当 $\rho < 0.5$ 时应该采取求稳保守的战略（黄溶冰和李玉辉，2008）。

（8）确定战略类型。根据战略方位角 θ 和战略强度系数 ρ，分别判断战略类型和战略执行力度，最终形成战略定位，如图 4-24 所示。图中极坐标系与 SWOT

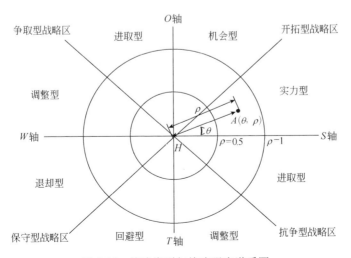

图 4-24　战略类型与战略强度谱系图

四半维平面结合，以 H 点为中心形成一簇圆，SW 轴和 OT 轴将圆分成四个不同战略区，每个战略区内根据内部与外部环境的强弱比较又进一步细分为两个扇形战略区域；随着同心圆半径的增大，对应战略系数增强，表明战略执行力度越强。例如，图中 A 点的极坐标是 (θ, ρ)，形成了战略方位角为 θ，大小为 ρ 的战略向量，由此可以确定战略类型和战略强度。

4.3.2.3 缩小城乡数字鸿沟促进城市化发展的战略定位

1）评分量表设计与问卷发放

对缩小城乡数字鸿沟促进城市化发展的战略定位，需要将 SWOT 要素定量化。经过广泛的调研、专家座谈和小组讨论，设计了量化打分表，并进一步利用判断矩阵实现对缩小城乡数字鸿沟促进城市化发展的内外部环境的定量化。

问卷调查的对象主要是从事农村信息化发展规划的政府官员、农村信息化和战略管理领域的专家学者以及从事这方面工作的农村基层领导。共发放问卷 25 份，历时两周，收回问卷 21 份，回收率为 84%。

2）判断矩阵构造与赋值

经过多次雷达图信息反馈调整后，取其中多数人认同的观点作为 SWOT 因素强度及影响程度和重要性的判断依据，利用 1、3、5、7 四级标度判断矩阵确定问卷中因素强度及影响程度和重要性，得到 SWOT 各因素强度见表 4-9。进一步得到 SWOT 各因素的影响程度和重要性的判断矩阵见表 4-10。

表 4-9 SWOT 各因素强度判断矩阵

S 组	S_1	S_2	S_3	S_4	S_5	S_6	S_7	S_8	W 组	W_1	W_2	W_3	W_4	W_5	W_6	W_7	W_8
S_1	1	5	5	5	3	3	7	7	W_1	1	3	5	3	5	5	1	1
S_2	1/5	1	1	1	1/3	1/3	3	3	W_2	1/3	1	3	1	3	3	1/3	1/3
S_3	1/5	1	1	1	1/3	1/3	3	3	W_3	1/5	1/3	1	1/3	1	1	1/5	1/5
S_4	1/5	1	1	1	1/3	1/3	3	3	W_4	1/3	1	3	1	3	3	1/3	1/3
S_5	1/3	3	3	3	1	1	5	5	W_5	1/5	1/3	1	1/3	1	1	1/5	1/5
S_6	1/3	3	3	3	1	1	5	5	W_6	1/5	1/3	1	1/3	1	1	1/5	1/5
S_7	1/7	1/3	1/3	1/3	1/5	1/5	1	1	W_7	1	3	5	3	5	5	1	1
S_8	1/7	1/3	1/3	1/3	1/5	1/5	1	1	W_8	1	3	5	3	5	5	1	1
O 组	O_1	O_2	O_3	O_4	O_5	O_6			T 组	T_1	T_2	T_3	T_4	T_5	T_6		
O_1	1	3	1	5	5	3			T_1	1	1/3	1	1	1	1		
O_2	1/3	1	1/3	3	3	1			T_2	3	1	3	3	3	3		
O_3	1	3	1	5	5	3			T_3	1	1/3	1	1	1	1		
O_4	1/5	1/3	1/5	1	1	1/3			T_4	1	1/3	1	1	1	1		
O_5	1/5	1/3	1/5	1	1	1/3			T_5	1	1/3	1	1	1	1		
O_6	1/3	1	1/3	3	3	1			T_6	1	1/3	1	1	1	1		

表 4-10　SOWT 各因素影响程度和重要性判断矩阵

S 组	S_1	S_2	S_3	S_4	S_5	S_6	S_7	S_8	W 组	W_1	W_2	W_3	W_4	W_5	W_6	W_7	W_8
S_1	1	1	3	3	3	1	5	5	W_1	1	3	5	5	5	3	3	3
S_2	1	1	3	3	3	1	1/5	1/5	W_2	1/3	1	3	3	3	1	1	1
S_3	1/3	1/3	1	1	1	1/3	3	3	W_3	1/5	1/3	1	1	1	1/3	1/3	1/3
S_4	1/3	1/3	1	1	1	1/3	3	3	W_4	1/5	1/3	1	1	1	1/3	1/3	1/3
S_5	1/3	1/3	1	1	1	1/3	3	3	W_5	1/5	1/3	1	1	1	1/3	1/3	1/3
S_6	1	1	3	3	3	1	5	5	W_6	1/3	1	3	3	3	1	1	1
S_7	1/5	1/3	1/3	1/3	1/3	1/5	1	1	W_7	1/3	1	3	3	3	1	1	1
S_8	1/5	1/3	1/3	1/3	1/3	1/5	1	1	W_8	1/3	1	3	3	3	1	1	1

O 组	O_1	O_2	O_3	O_4	O_5	O_6		T 组	T_1	T_2	T_3	T_4	T_5	T_6
O_1	1	1/3	1/3	1/3	1	1/3		T_1	1	1	3	7	1	7
O_2	3	1	1	1	3	1		T_2	1	1	3	7	1	7
O_3	3	1	1	1	3	1		T_3	1/3	1/3	1	5	1/3	5
O_4	3	1	1	1	3	1		T_4	1/7	1/7	1/5	1	1/7	1
O_5	1	1/3	1/3	1/3	1	1/3		T_5	1	1	3	7	1	7
O_6	3	1	1	1	3	1		T_6	1/7	1/7	1/5	1	1/7	1

从谨慎的角度出发,为了考察专家对于同一准则的判断结果是否具有一致性,在此利用 Matlab 2012a 软件对上述判断矩阵进行一致性检验,检验结果见表 4-11。

表 4-11　SWOT 因素强度及影响程度和重要性的判断矩阵一致性检验

待检验矩阵	$\lambda_{\max}$	$\lambda_{\max}$ 对应归一化特征向量	n	CI	RI	CR
S	8.1910	(0.3624, 0.0733, 0.0733, 0.0733, 0.1772, 0.1772, 0.0317, 0.0317)	8	0.0273	1.41	0.0194
W	8.0976	(0.2297, 0.0961, 0.0396, 0.0961, 0.0396, 0.0396, 0.2297, 0.2297)	8	0.0139	1.41	0.0099
O	5.9658	(0.3210, 0.1292, 0.3210, 0.0498, 0.0498, 0.1292)	6	-0.0068	1.26	-0.005
T	6	(0.1250, 0.3750, 0.1250, 0.1250, 0.1250, 0.1250)	6	0	1.26	0
s	8.0543	(0.2318, 0.1837, 0.0906, 0.0906, 0.0906, 0.2318, 0.0404, 0.0404)	8	0.0780	1.41	0.0684
w	8.0976	(0.2297, 0.0961, 0.0396, 0.0961, 0.0396, 0.0396, 0.2297, 0.2297)	8	0.0139	1.41	0.0099
o	6	(0.0714, 0.2143, 0.2143, 0.2143, 0.0714, 0.2143)	6	0	1.26	0
t	6	(0.0714, 0.2143, 0.2143, 0.2143, 0.0714, 0.2143)	6	0	1.26	0

由于待检验矩阵的一致性比率 CR 均小于 0.1,所以 SWOT 因素强度及影响程度和重要性的判断矩阵均保持了较好的一致性,可以作为因素强度及影响程度和重要性赋值的依据。进一步对以上两组判断矩阵中各因素强度及影响程度和重

要性按照大小排序，发现因素强度及影响程度和重要性的大小可以划分为四个程度，分别是很强、较强、较弱和很弱，并将这一划分对原矩阵做进一步检验证明是可行的，然后赋值为 4、3、2 和 1。

3）因素强度及重要性和影响程度雷达图分析

利用雷达图将优势、劣势、机遇和威胁四个方面各因素强度及重要性和影响程度进行直观展示，如图 4-25 所示。其中，劣势和威胁因素强度是负值，但为了能够直观展示其大小，所以在雷达图中取绝对值。

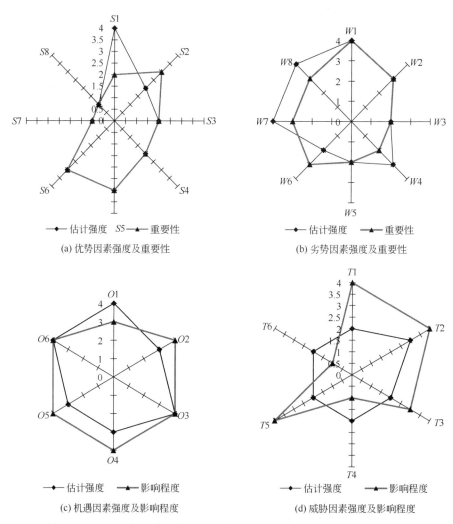

图 4-25　SWOT 各因素强度及重要性和影响程度赋值（绝对值）雷达图

将图 4-25 展示的信息反馈给评判专家小组，其中 16 人认为 SWOT 因素雷达图所展示的信息完全符合或大致符合之前评价的心理预期，不需要对原有判断作出调整。因此，专家小组之前的意见和判断具有较高的集中性和一致性，可以不对先前因素强度及影响程度和重要性的判断作出调整。雷达图展示的各因素强度及影响程度和重要性的赋值可以进一步用来计算判断缩小城乡数字鸿沟促进城市化发展的战略类型。

从图 4-25 中可以发现，缩小城乡数字鸿沟促进城市化发展的内部环境中，劣势因素的强度和重要性整体水平高于优势因素，外部环境中机会因素的强度和影响程度整体水平高于威胁因素。因此，缩小城乡数字鸿沟促进城市化发展的战略类型大致上属于抓住机遇规避劣势的加速自身发展的争取型战略类型，但是具体是调整型还是进取型，采取什么样的执行力度即求稳保守还是积极开拓需要进一步通过量化的方式来确定。

4）因素力度及影响程度和重要性、战略方位角和战略强度计算

利用式（4-22）和式（4-23）计算 SWOT 各要素力度及影响程度和重要性，求得 $S_总$、$W_总$、$O_总$和 $T_总$ 的分值。公式和计算结果如下：

$$S_总 = \sum_{i=1}^{8} S_i = 41$$

$$W_总 = \sum_{i=1}^{8} W_i = -69$$

$$O_总 = \sum_{i=1}^{6} O_i = 80 \tag{4-28}$$

$$T_总 = \sum_{i=1}^{6} T_i = -38$$

根据 $S_总$、$W_总$、$O_总$ 和 $T_总$ 结果，作出缩小城乡数字鸿沟促进城市化发展的 SWOT 战略四边形，如图 4-26 所示。进一步利用式（4-24）计算出战略四边形重心坐标 $P(x，y)=(-28，42)$，根据反三角函数求得战略方位角 $\theta = \arctan\left(-\dfrac{28}{42}\right) \approx 0.813\pi$，显然 $0.75\pi < 0.813\pi < \pi$，从而可以判断出战略方位角落在争取型战略区内的进取型扇形区域。

仍旧利用 $S_总$、$W_总$、$O_总$ 和 $T_总$ 的计算结果，并结合式（4-25）、式（4-26）和式（4-27），计算战略正强度 U、战略负强度 V 以及战略强度系数 ρ，结果如下：

$$U = O_总 \times S_总 = 3280$$

$$V = T_总 \times W_总 = 2622$$

$$\rho = \frac{U}{U+V} = 0.5541 > 0.5$$

因此对于缩小城乡数字鸿沟促进城市化发展应采取调整的争取型发展战略。

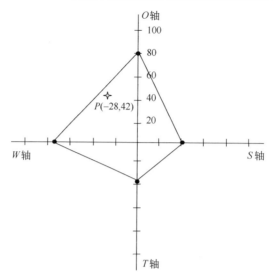

图 4-26　缩小城乡数字鸿沟促进城市化发展的 SWOT 战略四边形

5）战略定位与分析

根据前面计算的战略方位角和战略强度系数，极坐标战略向量表示为 $HA=$ (0.813π, 0.5557)，将这一战略向量置于战略方位与战略强度谱系图中，如图 4-27 所示。

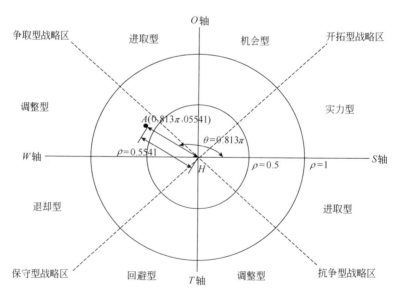

图 4-27　缩小城乡数字鸿沟促进城市化发展的战略定位

（1）战略定位方向分析。一方面得益于我国近年来的城乡一体化发展理念和涉农信息化建设等中央政府方面的"外力"，因而外部环境中机遇较强，并且其正面影响明显强于外部威胁所造成的负面影响,故战略向量方向指向 O 轴(机遇轴);另一方面在内部环境中, 由于农村居民信息素养不高、硬件设施仍存在较大缺口和信息服务部门间协作效率低等因素, 严重影响了农村信息化发展自有条件, 因而内部劣势强于优势, 战略向量在方向上指向 W 轴（劣势轴）。最终缩小城乡数字鸿沟促进城市化发展的战略方位偏向争取型战略区域。

（2）战略定位强度系数分析。综合考虑机遇与优势正战略力度（$O_{总} \times S_{总}$）和威胁与劣势的负战略力度（$T_{总} \times W_{总}$）来看, 负战略力度略强于正战略力度, 这说明了缩小城乡数字鸿沟促进城市化发展内部劣势的负面影响或许已经超过了外部机遇所带来的正面影响, 反映出我国在推进城市化发展过程中农村信息化建设的严重不足。

（3）战略定位结果有效性分析。一方面, 从与多个政府部门数次座谈与实地调研的结果来看, 战略定位结果与实际情况基本相符；另一方面, 考虑到我国在社会经济发展过程中, 政府宏观指导性较强的特点以及内部环境分析结果与城乡数字鸿沟内涵、形成机理内在的契合性, 可以认为模型定位结果较好地反映了缩小城乡数字鸿沟促进城市化发展这一研究主题的内外部客观情况和城乡之间信息化融合过程中存在的问题。

最后为了进一步丰富这一战略定位的内容, 将这一调整的进取型发展战略命名为城乡信息化融合发展战略。

4.3.3　缩小城乡数字鸿沟促进城市化发展的战略内容

诚然城乡数字鸿沟反映了城乡之间在信息化接入和利用方面的差距, 但缩小这一城乡信息化差距不能简单理解为, 可以通过加速农村信息化基础设施建设, 进一步将农村人口迁移到城市这种看似一步到位的方式。城乡数字鸿沟问题不仅在我国社会经济发展过程中有较为明显的表现, 在其他发达国家和发展中国家同样有程度或大或小的表现。市场机制下, 企业对公共信息服务的提供往往倾向于经济发展条件较好、有着较高的信息服务需求的城市地区, 因而城市地区在信息化的推动作用下发展越来越快, 与农村地区间的差距越来越大, 可以说马太效应使信息化加大了城乡之间的差距。若在我国社会主义市场经济下解决缩小城乡数字鸿沟促进城市化发展问题, 首先要考虑到信息服务具备一定的公共物品的属性, 作为公共服务不能一味地放任市场经济去发展, 中央和地方政府应当对农村地区的信息化建设引起格外的重视, 在缩小城乡数字鸿沟促进城市化发展的顶层设计和战略规划中注意城乡发展在政策上的公平性, 对较为落后的农村地区在政策上进行适当的倾斜, 鼓励信息技术应用和管理人才深入农村, 参与农村信息化建设。其次必须要创造条件让农村居民想消费, 并且消费得起信息产品。再次无论是加速农村信息化发展缩小城乡数字鸿沟, 还是进一步推进我国城市化建设都依赖一定的物质基础，需要较好的基础设施来承载农村和城市的经济社会活动。此外，不可忽视的是基础设施投资对推动经济发展的乘数效应，通过加速农村基础设施投资不但能够直接缩小城乡数字鸿沟促进城市化发展，而且能够极大地拉动当地经济发展，破除在城乡间横亘已久的二元经济结构。最后，缩小城乡数字鸿沟、促进城市化发展最重要的是以人为本，实现农村居民与城市居民之间的融合，这需要尽快提升农村居民的信息意识以及科学文化素质。综上所述，城乡信息化融合发展战略应包含城乡政策公平、城乡经济协调、基础设施推进和城乡教育均等四个方面，分别对应城乡信息化融合发展总战略下的四个支撑战略，如图4-28所示。这一战略组合中城乡政策公平战略旨在保证城乡发展过程中机会均等、城乡居民权利公平，防止由政策不公平造成的城乡差距进一步加大；城乡经济协调战略、基础设施推进战略、城乡教育均等战略三个战略则是为农村信息化和城市化发展创造一个能够缩小城乡差距的物质基础。期望从软战略与硬战略两方面出击，相互配合，尽快缩小城乡数字鸿沟，实现城市化健康发展。

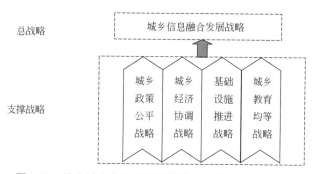

图 4-28　缩小城乡数字鸿沟促进城市化发展的战略架构

4.3.3.1　城乡政策均等战略

国外城市化发展的成功经验表明，通过政府构建一个有利于城乡融合发展的政策环境，对加速农村发展，缩小城乡差距，实现城市化的健康发展至关重要。长期以来，我国城乡二元分割的制度严重制约了城市化的发展进程。诸如户籍制度、分配制度、公共财政制度等一系列城乡不平等的社会制度，使得我国城乡矛盾越来越突出。城市地区一方面拥有较好的生活条件，另一方面还享受着比农村地区更多的政策支持。这样造成的结果便是农村居民越来越被以城市主导的现代社会所边缘化，城乡二元分割的关系越发对立，城乡二元鸿沟越来越大。当城乡二元结构固化后，即便是农村人口有意向城市转移，也无力形成有效转移，因为农村居民转移至城市后其自身经济实力在城市尚处于弱势地位，即便在城市长时间定居，也难以获得城市身份，更难以安家落户。因此我国人口城市化过程中出现了一个新名字"两栖人口城市化"，大量的农民工不断往返于城市与农村之间，在某种意义上来说农业推力和非农产业的拉力都已经形成，但是城乡二元制政策横亘在人口城市化面前，阻碍了这一进程。

城乡政策均等战略的思路及内容是：①逐步剥离与户籍管理制度挂钩各种城乡不均等的公共政策，解决基于户籍管理形成的城乡歧视性财政制度与城乡歧视性公共服务，并在未来有计划地取消城乡户籍制度，采用城乡统一的居住证制度，彻底解决由于户籍制度造成的城乡社会不公；②政府通过税收调节、财政支出、社会保障、转移支付等手段，重建以公共服务均等化为导向的二次分配制度体系，调节贫富群体的收入差距；③以电子政务为手段促进政府部门在城乡间公平执政和公平施政，通过民主政治制度化、法制化谋求农村与城市之间公平发展，控制并努力缩小城乡发展的两极分化。

4.3.3.2　城乡经济协调战略

城乡经济二元结构是城乡差距的主要表现，也是城乡经济、政治、社会、文化差距的源头，更是产生城乡数字鸿沟的基础。因此加速农村地区信息化进程，首先要加快农村地区经济的发展。虽然这对于我国这样一个幅员辽阔、城乡差距和区域差异明显的国家来说是一项长期工程，但只有按照这样的思路，才能从根本上解决问题，城乡数字鸿沟能够最大限度上得到弥合，城乡关系能够在更大程度上得到融合，城市化在更大程度上得到发展。相反，如果仅仅依靠国家财政力量，依靠信息化建设的资金、设备在农村地区以一种粗放式的投入，虽然在统计层面缩小了城乡数字鸿沟，但是并不能让农村居民真正融入这一信息化的时代潮流中。值得庆幸的是，目前正值中央政府举全国之力自上而下地落实统筹城乡，努力形成城乡经济社会一体化新格局的契机，农村地区应当充分利用这一外部环境，来加速自身的发展，首先改变城乡之间经济上的对立和差距，在进一步的发展过程中缩小城乡之间的信息化差距，从而促进我国城市化的进程。

城乡经济协调战略的思路及内容是：①政府积极发挥其主导作用，通过提供财政支持和金融支持推动具有发展潜力的农村地区的经济发展，再借助市场机制下经济辐射功能实现中心点到周边农村腹地的带动作用，缩小我国农村地区与城市地区间的经济差距；②以信息化配合工业化、城市化、农业现代化，实现四化同步充分带动我国农村地区发展，进一步推动农业规模化、集约化的农业产业化发展，提高我国农业劳动生产效率和劳动报酬，进而缩小城市居民和农村居民经济差距；③调整经济发展思路，转变经济发展方式，积极引导中心城市过于密集的工业、服务业向周边转移，扩大城市服务范围，加强城市与农村经济联系，在城市群建设的规划设计中将城市周边农村纳入框架范围，重点考虑城乡经济互补性，实现城乡经济公平对接。

4.3.3.3　基础设施推进战略

加速基础设施建设是缩小城乡数字鸿沟促进城市化发展的基本内容和环节。信息基础设施是为实现以电视、手机和互联网为核心形式的，保障信息传输所需要的硬件和软件的集合，这一集合主要包括计算机、网络和通信设备的硬件和软件。现代信息技术对于我国的社会经济发展和人民生活水平提高起着巨大的作用，但是并不是所有人都在享受着信息通信技术所带来的好处，许多农村地区成了被遗忘的角落，处在数字鸿沟的另一端。相对于信息丰富的城市地区而言，农村地区的信息比较闭塞，而制约这些落后地区社会信息化发展的瓶颈正是信息基础设施的落后与信息资源的匮乏。农村信息基础设施建设滞后城市地区是目前我国城乡数字鸿沟的最为突出的外在表现，形成了在信息接入层面上的差距。要想富先修路，要实现城乡信息化融合发展，就更要在农村地区修建"信息高速公路"，实现城乡之间信息互联互通，让农村的发展紧跟城市发展的步伐，紧跟世界潮流。因此，要缩小我国城乡数字鸿沟首先应当加大对广大农村地区的信息基础设施建设，否则城乡间信息化差距在较长时间内仍将处于逐渐扩大趋势。

基础设施推进战略的思路及内容是：①通过国家信息化发展的区域规划和城乡规划，首先政府应提供资金支持，加速建设、完善农村地区以传输光缆、移动通信基站、网络交换机、移动互联网终端等为代表的信息基础设施硬件建设，保障城乡在信息化接入过程中的平等；其次拓展农村信息化建设过程中的融资渠道，放活农村信息化建设的市场，鼓励支持社会企业加入到农村信息化硬件设施建设中去。②通过深入农村调研，进一步落实农村、农业和农民在信息方面的生产类和服务类需求，以农村居民能接受，可操作的电视节目、网络资源等信息平台，发展文字、音频、视频等多媒体的互动方式，从农业生产和农村生活两个角度保障我国农村地区与国内乃至世界的先进生产方式和生活方式接轨。③以满足农民信息需求为核心，转变信息服务方式提升农村的信息服务水平。

4.3.3.4　城乡教育均等战略

城乡数字鸿沟不仅仅是城乡之间在信息设备接入和使用上的差距，也是城乡居民之间在信息意识上的差距。农村信息化发展不仅要重视信息设备硬件的投入，更要重视农村居民信息意识的培养和信息能力的提升。目前，我国农村信息化发展过程中普遍存在涉农网站和数据库使用率低、惠农信息平台用户参与率不高的现象，这些现象暴露出我国农村信息化软环境建设滞后问题。如果信息化软环境长期滞后于硬环境建设，将会造成大量信息硬件设施的浪费，投入的越多浪费的越多。此外更应该引起关注的是，农业、农村的发展关键在于农业劳动者和农村居民素质的提高。2013 年年末，我国大约有 7.7 亿就业人员，其中农业就业人员最多，有 2.4 亿人，约占总就业人口的 31.4%；全社会共 13.6 亿人口，其中有 6.3 亿农村居民，约占总社会人口的 46.3%。如果这部分人在科学文化素质上得不到提高，城乡教育差距得不到扭转，那么破除中国城乡二元经济结构将是空谈，缩小城乡数字鸿沟的问题也不可能得到有效解决。因此在农村信息化建设过程中，农村教育改善作为软环境建设应引起有关方面足够的重视。

城乡教育均等战略的思路及内容是：①在城乡经济社会一体化思路下，重点实现城乡教育均等化，构建和设计城乡义务教育均等化标准与执行方案，创新义务教育管理体制和机制，将教育均等化纳入经济社会发展规划，纳入政府考核标准体系；②设立国家农村基础教育信息化建设专项资金，优先加大农村基础教育信息设备资金投入，尽快实现全国范围内农村地区基础教育数字化教育教学，通过互联网共享全国范围内优秀品质的教育教学资源，从义务教育阶段就开始培养学生信息意识，全面开展农村计算机和互联网课程，提高学生信息设备应用能力；③以地方政府财政收入为支撑，为农村地区职业教育信息化提供资金支撑，鼓励农村成年人再教育，培养农村成年人信息意识，转变思想观念，在农村地区建立并充分发挥数字图书馆的服务功能，丰富职业农民农业知识，提升职业素养；④以信息技术研究所、高等院校和职业技术院校为载体，加速我国自身信息人才人力资源建设，因材施教分层次开设关于信息技术应用、农业信息技术推广、信息服务平台管理等专项课程，在提高我国当代大学生和研究生素养的同时，培养具有专业知识的高素质信息技术人才，来更好地服务于农村信息化建设。

4.3.4　缩小城乡数字鸿沟促进城市化发展的战略目标

在物理分析中，是在假定城乡数字鸿沟按照目前的惯性趋势发展情形下，对我国未来城市化水平进行预测的，但是在未来一段时间内如果对我国城乡数字鸿沟采取控制措施，我国城市化水平完全可能超过预测值。因此对城乡数字鸿沟问题应该引起足够的重视，虽不能说完全弥合我国城乡数字鸿沟，但是尽可能采取措施让城乡数字鸿沟不进一步扩大。

1）近期目标

到 2020 年，城乡数字鸿沟扩大趋势得到遏制，城市化水平达到 61%以上。通过均等城乡政策、协调城乡经济发展、推进基础设施建设和推行城乡教育均等化等一系列相应措施，使城乡之间的对立关系得到改善，城乡经济差距扩大趋势得到扭转，以户籍为管理方式的城乡矛盾得到一定缓解，农村信息化发展环境有一定程度的改善，农村居民信息化意识得到改善。信息技术科研能力得到提高，3G、3S 和农业物联网信息技术在全国大部分地区的农业生产中得到应用，4G 信息技术的农业生产试点工作基本完成。

2）中期目标

到 2030 年，城乡数字鸿沟逐渐呈现出缩小趋势，城市化水平应达到 72%，城市化进程逐步进入自我完善的阶段。在一系列缩小城乡数字鸿沟的措施下，城乡之间互动协调经济发展模式逐渐形成，农业生产过程中释放出大量的农村劳动力并且在第二产业和第三产业中得到有效转移，信息技术已经大量地应用到农业生产过程中，全国大部分地区已经实现农业产业化；涉农信息化服务平台进一步得到完善，基本实现信息服务多部门协作；中国农村地区信息基础设施建设完成，全国范围内实现教育教学资源共享，农村信息化意识明显提高；4G、3S 和农业物联网信息技术在全国范围内得到推广和应用。

3）远期目标

到 2050 年，城乡数字鸿沟基本消除，城市化发展进入发达阶段，城市化水平达到 80%，城市化发展进入饱和调整阶段，形成城乡经济社会一体化新格局，城乡划分失去意义。农业产业化发展进入发达阶段，农业生产劳动效率大大提高，农业生产实现机械化、数字化、智能化；全国范围内实现无线网络覆盖、互联网普及率达到 100%，实现信息资源平台共享，农业生产合作交流无障碍；信息技术对教育观念、教育思想、教学方法、教学组织和教学模式都产生了重大影响，全国一批有特色的在线教育机构包括网络大学和职业技术院校建立并形成一定的规模；我国信息技术科研能力大大提高，农业信息技术研发周期大大缩小，信息技术成果转化速度明显加快。

4.4　人理分析——缩小城乡数字鸿沟促进城市化发展的对策与保障

当前中央和地方政府应当正视城乡信息化差距持续扩大的这一挑战，尽量避免城乡数字鸿沟成为城乡差距的新表现，并按照"四化同步"的战略要求，积极稳妥地推进农业农村信息化发展，缩小城乡数字鸿沟，促进城市化。根据中共中央办公厅、国务院办公厅印发的《2006~2020 国家信息化发展战略》，在我国信息化发展的战略行动中明确提出缩小数字鸿沟计划：坚持政府主导、社会参与，缩小城乡之间信息技术应用水平的差距，创造机会均等、协调发展的社会环境。通过对缩小城乡数字鸿沟促进城市化进程的"物理"和"事理"要素的分析，为解决问题提供了一个清晰的宏观认识，但是落到实处还需要制定具体的对策。一方面考虑到不同执行部门处理问题过程中可能存在认识差异，人理部分在提出对策之前，首先分析缩小城乡数字鸿沟促进城市化进程中的政府与市场之间的关系和"三农"关系；另一方面为了最大限度保证既定目标的实现，还需要从政府角度出发提出一系列对策建议及保障措施。

4.4.1　缩小城乡数字鸿沟促进城市化发展关系协调

4.4.1.1　缩小城乡数字鸿沟促进城市化进程中政府与市场关系协调

缩小城乡数字鸿沟促进城市化是实现城乡经济社会一体化新格局的重要一环，也是解决农业问题，推进新农村建设和改善城乡关系的重要推手。政府具有的强大的动员调集资源的能力和集中力量办大事的优势，在涉及全国性的大型信息化建设项目，诸如"金农工程"和"三电合一"等农业综合信息服务项目上，发挥着主导性推进作用，这决定了政府在这一建设中处于绝对的优势地位（岳奎和吴敏，2014）。但是，仅仅依靠政府单方面的作用是不行的，在发挥政府主导作用的同时，还要联合社会各界力量，相互扶持，共同努力，携手缩小城乡数字鸿沟促进城市化进程。

1）作为规划者：政府总体目标与阶段性方案有机结合

我国作为发展中大国，不同地区的自然条件和经济发展水平差异极大，政府在这方面具有超越于其他主体的"全国一盘棋"的大局观。同时，政府是信息化建设的首要受益者，且建构了从中央到地方的领导、组织、服务等体系，对于地区优势及差异有着较为清晰的认知。从这两方面考虑，推进农村信息化建设离不开政府的规划指导。

从管理体制上看，我国政府部门具有科层制结构特征，这赋予了各级政府部门在缩小城乡数字鸿沟促进城市化进程中不同的角色。首先，中央政府需根据中国农村农业发展的现实状况和国际社会农村信息化建设的经验，制定符合中国国情的农村信息化建设规划，作为全国农村信息化建设的指导性方案。其次，地方政府要在国家规划目标的指导下，根据区情、民情将国家的规划目标本地化，进行目标任务分解，制定相应的行动纲要。总体来说，不论是中央层面的规划还是地方层面的行动纲要，都需要明确阶段性，保持连续性和相对稳定性，积极地推进农村信息化总体目标的实现。同时，在阶段性目标的分解和实施方案的制订中应有一个互通的平台，形成互通性政务而不是线性政务传达，才能更好地明确和实现农村信息化建设的目标任务。

此外，基于城市化进程的客观规律和缩小城乡数字鸿沟的战略定位，提出了未来缩小城乡数字鸿沟促进城市化进程的战略目标，包括近期、中期和远期目标。但是鉴于信息化快速发展的趋势，在未来的执行过程中应当针对现实情况的变化作出适当的调整，以更加契合未来的实际发展。

2）作为服务者：政府构筑参与平台与激发社会活力相结合

当前我国农村信息化建设已经从基础完善阶段向服务提升阶段转变，政府由"划桨者"向"服务者"角色转变的要求也更为迫切。但由于缺乏相应的农村信息化政策法规，对农民和社会企业等参与主体的政策优惠不够，一方面导致企业等市场主体参与的积极性不高，使农村信息化的发展动力不足；另一方面政府对市场主体以及社会力量进入机制的规划不到位，易造成运行不畅、推进无序的局面。

对政府而言，要行使好服务者的角色，主要通过政策措施激发社会市场活力，完善平台机制的构建。具体来说，一是政府要充分利用组建的信息服务网络为农户提供信息服务，提高农户的信息使用能力，促进"科学务农"的发展；二是国家要进一步加强对农业的重视和扶持，完善农村信息化的政策法律体系，通过政策激励，让农业成为"更有发展前景的产业"，吸引企业和社会力量参与投资，为农村信息化注入活力；三是地方政府除了引导农业企业、社会组织积极参与外，还应加强与社会力量的合作，为农村信息化的科研开发提供资金、政策支持，构建多样化、多元化的农业信息服务体系。同时，政府工作人员尤其是地方直接参与农村信息化建设实施工作的行政人员，要解放思想，与时俱进，转变思维观念，提高农村信息化服务的能力和水平。

4.4.1.2　缩小城乡数字鸿沟促进城市化进程中"三农"关系协调

1）农村发展要处理好农村与城市、产业和体制三大关系

首先是农村与城市的关系。缩小城乡数字鸿沟促进城市化发展进而实现城乡经济社会一体化，并不是城乡一样化，在农村社区中推进农村生活数字化、信息化，但是要充分尊重农村习俗，适度保留农村文化符号，不能将城市的生活方式强行复制到农村社区生活中；其次是农村与产业的关系。信息化建设为农村地区发展第三产业创造了机遇，农村地区要想实现信息化浪潮下的跨越式发展，不能仅仅停留在传统产业层次，要在农业基础上建立为之服务的现代服务业，延长农业生产的产业链，进一步为农村致富创造条件；最后是农村与体制的关系。缩小城乡数字鸿沟促进城市化，必须冲破城乡二元的制度性障碍，让生产要素自由流动，资源合理配置，从而实现以城带乡，城乡统筹发展，万不可走以往以牺牲农村利益来维持城市地区快速发展的路线。

2）现代农业建设要处理好农业与市民、市场和生态三大关系

首先是现代农业与市民的关系。要站在农产品生产者与消费者角度，城市临近的郊区与附近农村要仅仅抓住都市型现代农业这一思路，远离城市的农村腹地要积极走规模化、集约化的现代农业思路；其次是农业与市场的关系。信息时代，农产品生产、供给与销售要充分借助互联网经济自发调节，尊重市场规律，但是农产品的生产不能仅仅通过市场手段去调节，中央和地方政府也应当积极引导农业企业、农户以避免信息不对称所引发的农产品的盲目生产，并积极借助互联网金融手段为农业农产品提供套期保值；最后是农业现代化与生态环境的关系。发展现代农业不能一味追求农作物亩产量和规模化生产，还要因地制宜发展可持续

的耕作方式以防止土壤退化、生态环境恶化，逐步建立农业信息系统体系，发展精准农业、生态循环农业。

3）新型农民培育要处理好农民与政治、经济和社会三大关系

首先是农民与政治的关系。在推进农村信息化建设中要重点做好电子政务工程，让政策深入基层、深入群众，做到问政于民、问计于民，妥善处理好农民收入、社保、就业、集体产权、社会管理、基层民主等关系农民切身利益的重要问题；其次是农民与经济的关系。在网络经济的洗礼过程中，农民需借助互联网工具积极更新观念，在社会化大生产中找到自身的发展定位，在市场经济的摔打中放弃"等、靠、要"的惯性思维，成为真正的市场主体；最后是农民与社会的关系。农民是社会生活中不可缺少的一部分，通过农村信息化发展要提升农村居民整体文化素质和职业素养，愿意从事农业生产的农民能够在农业生产中安居乐业，愿意步入城市地区生活的农民能够快速融入现代城市生活，逐步解决城市化过程中"两栖城市化"引发的"空巢老人"与"留守儿童"等问题。

4.4.2　农村信息化建设国际比较与经验借鉴

1）欧盟信息化建设

欧盟及其各成员国都非常重视欧盟区信息化建设，利用宽带技术缩小欧盟区成员国之间的数字鸿沟，目前已经实现了 100%家庭宽带接入，其主要措施包括（任贵生和李一军，2006）：

第一，制定宽带战略规划。欧盟成员国普遍认为宽带技术在信息化建设中发挥重要作用，早在 2003 年就提出了宽带战略，推动宽带发展，并且欧盟区原 15国制定了各自的国家宽带战略。为了使新加入的成员国更好地实施宽带战略，在2004 年 6 月制定的文件《高速连接欧洲：国家宽带战略》中指出，市场是推动宽带接入增长的一个主要因素，在市场本身不能发挥其作用的情况下，公共政策可以作为有效的补充，刺激宽带的供给和需求。

第二，运用公共干预提高宽带接入。针对欧盟原 15 国和新成员国城乡之间宽带接入方面的差距，欧盟以及各成员国运用公共干预的方法来缩小城乡数字鸿沟，在《电子欧洲2005：为所有人创建信息社会》中强调要在不能提供宽带服务的地区加强公共干预，而且还通过开展"数字鸿沟快速启动"项目（digital-divide quick-start）、运用结构性基金等方式促进农村和边缘地区的宽带接入和应用。2011年 10 月，欧盟委员开展"连接欧洲通信"项目，建设欧洲高速、特高速宽带网络，改善数字化服务。

第三，开设专门网站提高政策与信息的透明度。欧盟在 2005 年 7 月公布的《数字鸿沟论坛报告：宽带接入与未服务领域的公共支持》征求意见稿中建议开设一个专门的网站，发布一些与推动宽带发展有关的政策，包括法律、法规、成功案

例等，还发布了未能提供宽带服务区域的范围信息、需求评估、解决数字鸿沟的计划以及招标信息。

第四，注重信息技术的应用。利用信息化推动环保工作和"绿色经济"发展，如欧盟委员对智能电网进行调研，以利用信息技术节约电能。为加大信息技术在医疗保健领域的应用，提高医疗保健的水平和效率，欧盟从 2012 年开始实施"电子健康行动计划 2012～2020"。欧盟还大力推动信息技术在文化、政务、交通等领域的应用，发展数字图书馆、数字电影院、电子政务、智能交通等项目。欧盟方面也非常重视信息技术使用能力的培养，政府鼓励培训机构对使用者进行电子信息产品使用、实践能力的具体培训与学习。针对外来人口，欧盟还倡导在产品设计中支持文化的多样性和社会融合，主要对象包括外来移民、失业人员、边缘和经济不发达地区居民。

第五，加大资金和政策方面的支持。其中 ICT 政策支持计划总共投入了 7 亿欧元，并对参与该项目的企业通过补贴和税收优惠，给予实际支持。欧盟预计，2020 年欧洲人平均寿命预期为 80 岁，届时会有 25%的人超过 65 岁，他们都会在不同程度上存在视力、听力和记忆问题，信息技术要为此提供解决方案，具体措施是增加电子接入，修订标准，鼓励科技和工业界涉及开发及生产适合老人和残疾人使用的电视和数字产品。

第六，构建信息化领域统一标准。欧盟于 1998 年颁布标准化指令，确定了欧洲标准化委员会、欧洲电子技术标准委员会和欧洲电信标准学会作为"欧洲标准组织"（ESOs）。2011 年 6 月，欧盟委员会又通过《欧洲标准规则》提案，要求加大信息化标准工作力度，建立健全有关法律法规。12 月，通过一项关于建立欧洲各相关方信息技术标准平台的决定，要求各成员国、企业界、公共服务界、科研界等认真执行有关信息化标准的政策，推动信息化标准工作的开展。

第七，加大对信息化的宣传和教育的力度。欧盟把提高公众信息化素养、增加他们适应信息社会的能力作为一项重要工作。2012 年，欧盟委员会建立信息化素养的指标体系，建成信息化在线教育平台，并且开展欧洲"更安全的互联网日"活动，增加公众的网络安全意识。

2）美国信息化建设

如今，占美国人口 2%的农民，不仅养活了 3 亿多美国人口，而且还使美国成为全球最大的农产品出口国。如果离开了高科技、农业信息化，这样的奇迹根本不可能发生。目前美国大约有 51%的农民接上了互联网，20%的农场用直升机进行耕作管理，20%的农场主使用了装备有全球卫星定位系统的农业机械，美国政府农业管理者可通过卫星定位系统了解耕地的基本元素含量，可以针对土壤的具体情况来决定肥料的科学施用，这些科技构成了美国农业信息化的主要内容，也打造出美国的"精确"农业。美国农业信息化建设的成功经验可归结为五点（张忠德，2009；贺洪明和肖友国，2011；陈威和杨立新，2013）：

第一，资金投入有保障。稳定、足额地投资建设国家级农业和农村科技信息中心，实现了公益性农村信息资源（如国家农业数据库等）的长期积累、高效管理和广泛应用。一方面，美国联邦政府大力投资用于农业信息系统的多项硬件，包括基础信息资源的开发和网络设施建设；另一方面，联邦政府为了保证充足的系统运行经费，每年有10亿美元的农业信息经费支持，约占农业行政事业经费的10%。

第二，法制健全。政府从信息的采集到信息发布都有法律规定，并已形成完整的法律体系，其重点是信息保密制度和信息共享制度。美国健全的农业信息化法规依法保证了信息的真实性、有效性及知识产权等，维护信息主体的权益并积极促进信息的共享。例如，在1946年《农业市场法案》中规定，凡享受政府补贴的农民，均有义务向政府提供农产品产销信息。

第三，职责明确。形成以农业部及其所属机构为主的信息收集、分析、发布体系，保证农业信息系统有效性强、信息及时，减少了农村信息化建设中的重复建设和浪费。例如，美国农业部信息体系服务局下设信息服务署，主要负责农产品市场动态信息的收集与发布，当天采集的信息经汇总、整理就可以分类发出。

第四，资源共享。美国政府部门与各种专业协会咨询机构形成了信息社会化服务体系，如1995年美国成立的农业网络信息中心联盟是一个有众多涉农机构自愿组成的农业信息资源共建的联合体，实现了海量农业信息资源的共建共享与充分利用。并且政府明确规定凡是政府参与收集的农村科技信息，如宇航局、地理勘探局等收集的数据，以及大学、研究机构由政府资助项目产生的数据实行"完全与开放"共享政策。科研人员和社会各阶层均能以不高于工本的费用，以最方便的方式、不受任何歧视地得到各自所需的数据。

第五，科研、教育、推广三结合。美国农业部联邦推广局是全国农业科研和推广工作的管理机构，它指导推广部门制订和执行推广计划，协调各州之间的合作和交流。美国各州立大学的农学院不仅从事农业科技的研究和人才培养，还是美国合作推广体系的重要组成部分。以各州农学院为依托建立的农业推广中心是美国科技推广工作的中级管理机构。农业推广中心下设若干办公室，分别负责本州农业科技推广示范工作。州下面的每个县或地区也都设立农业推广站，负责本地区的农业科技推工作。科研、教育、推广相结合的管理体制，使得各种农业科技成果及时推广应用，并很快转化为经济效益，为涉农经济的发展提供了基本保证。

3）韩国信息化建设

韩国互联网用户以通信为主，成为信息化发展指数世界领先、电子政务指数居世界首位、互联网平均连接速度最高的国家，这主要得益于政府强力推进工业、科技和民众的积极配合。韩国信息化建设的经验主要有四点（任贵生，2006；李淑华，2013）：

第一，采取政府主导模式。政府分阶段向所有家庭提供统一的高速互联网服务，优化企业电子商务环境。韩国政府为了充分利用信息化来提升经济发展空间，在政府和公共机构与企业之间实现了 G2B、G2C、B2B 系统。为了鼓励电子商务，政府在税收政策方面还提供优惠，如减免 50%的股票交易税。

第二，调动企业力量协力推进。政府与私营企业联合行动，加大研发移动互联网、信息安全和电子交易核心技术，并尽可能早地在公共机构引入电子交易系统，目前韩国的政府采购有 80%是通过电子交易系统完成的。

第三，支持信息技术风险投资企业。韩国不仅建立了高质量的信息和通信基础设施，而且营造了相应的风险投资热情，为信息技术研发和推广提供了资金上的坚强后盾。

第四，重视农村信息化建设。韩国提出了惠及全民的"千万公民互联网计划"，政府在乡村和偏远地区发展信息高速公路建设，提供宽带互联网服务。例如，在乡村邮局、农村和渔村都建立信息终端设施，此外利用现代计算机网络和多媒体技术为农村偏远地带实现远程教育；实施"信息化村"建设计划，政府在示范村开展基础设施建设、网络使用环境建设、管理运营体制建设、信息资源开发和用户培训等，大大促进了农产品的交易和流通，培育了农村和土特产品品牌，实现了农业受哺、农村获益、农民增收。

第五，建设具有创新软力量的信息社会。为了加强国家品牌文化的创新软力量，韩国在信息化发展保障方面做了长远规划和重要战略部署，把创意和信任的信息社会环境作为长远目标，健全信息文化结构以适应与高端数码相融合的信息社会。例如，韩国增加了对个人信息隐私的保护，个人信息的收集率由 2008 年的 69%下降为 2012 年 30%；将信息技术充分运用到国民服务领域，电子政务的使用率由 2008 年的 41%提升至 60%。

第六，完善政策和法律。韩国非常重视安全信息环境的建设，先后制定了统一的法律法规来规范网络安全信息、保护私人信息，控制网络犯罪，保障信息化，如 2011 年《个人情报保护法》的颁布使个人信息的保护从二元化走向一元化。

4.4.3　缩小城乡数字鸿沟促进城市化发展的对策

缩小城乡数字鸿沟促进城市化进程，实现城乡之间的信息化融合，加快城乡一体化发展是中央提出的未来中国新的发展思路。我国应当进一步发挥政府宏观调控能力，重点扶持农村地区的发展，通过实施城乡信息融合发展战略，以农村信息化为重要手段，促成农村自我发展、自我完善的新局面，最大限度缩小城乡数字鸿沟促进城市化快速发展。

4.4.3.1　构建城乡均等的政策环境

1）改革户籍制度实现城乡融合

户籍制度涉及两大社会体系，关系到整个社会的协调发展。但随着我国市场经济体制的发展，我国现行的户籍制度将城市和农村隔离开来，严重违背了公民的自由迁徙原则，同时与户籍制度相联系的公共资源的分配也被严重扭曲，使得城乡居民在医疗、教育、住房等方面差距较大。并且静态的户籍管理模式程序繁琐、效率低，不利于人口的流动管理。因此要不断推进户籍制度的改革，破除城乡不平等，才能真正实现城乡融合。

第一，建立和完善相关的户籍法律体系。户籍制度改革的关键是建立一个与我国市场经济体制发展相适应的户籍法律体系。改革开放以来，虽然我国户籍法律制度改革取得了不错的成绩，但我国的户籍管理法律依据依然是沿用 1958 年《户籍登记条例》，该条例通过法律形式对农民进城、城市间人口流动和自由迁徙等严格限制，无形中在城市和农村之间竖起一道高墙，导致城市、农村的隔离和不平等现象，可见现行的户籍法律体系已经不能适应社会发展的新情况。我国应该借鉴各国通行的做法，制定适用全国范围的户籍法，如荷兰早在 1936 年就颁布了《人口登记皇家法案》，新加坡于 1949 年就颁布了《国民注册法》，跟这些国家相比，我国的户籍立法明显滞后。推出的户籍法要以实现迁徙自由、均衡社会福利、保障合法权益等核心原则的基础上，明确户籍管理的基本原则、目标任务、性质特点、对象范围和户籍业务的主要内容、类别划分、基本要求、办理程序、违法处罚等。

第二，完善户口登记制度。户籍制度改革的重点是完善户口登记制度，积极解决好户籍制度中涉及的居民身份不平等问题。现行户口登记制度中，针对农业户口与非农业户口居民身份的相关规定，在很大程度上，限制了人口的自由流动，导致难以形成全国统一的劳动力市场，影响了人力资源合理配置，直接导致了"人户分离""人人分离""人房分离"的奇特社会现象。据《2014 年国民经济和社会发展统计公报》显示，2014 年全国人户分离的人口达到 2.98 亿人，比 2013 年增长了 900 万人，其中 2.98 亿人户分离的人口中，流动人口达到 2.53 亿人，比 2013 年增长了 800 万人。尤其是"北上广"这些特大型城市，有大量的外来人口，他们跟本地人一样在为城市的建设贡献着力量，但是他们却在子女教育、社会保障、就业等方面享受不到跟本地人一样的待遇。城市户籍管理单位没有把他们当成常住人口，他们自己也没有把自己当成城里人。这种事实证明，完善户口登记制度的关键是打破原有农业户口与非农业户口的登记办法，取消以户籍所在地为主的登记，建立以居住地为标准的户口登记制度，让常住人口彻底转变农民身份，切实保障农业人口享有与城市人口一样的、真正的身份平等。

第三，建立动态的户籍管理系统。户籍制度改革的目标是建立一套动态的户籍管理系统。进入 21 世纪以来，信息化成为新时代的主流，面对国际化、市场化、多极化和网络化的发展态势，结合时代特征，户籍管理也应该由静态管理转变为动态管理。首先利用网络信息技术将身份证制度与户籍制度结合起来。户籍簿只能在户口所在地进行管理，只记录着居民的出生信息、民族信息、家庭住址等，如果发生人口迁徙，但迁徙人没有申请在常住地迁徙落户，户口信息无法及时更新，常常导致人户分离的现象。然而二代身份证已经实现了全国性的信息化管理，并且易携带，但是身份证的不足之处就是附着的信息较少，不能显示个人的迁徙、家庭成员等情况。将居民身份证与户籍结合在一起，这样新型的身份证既包括居民的家庭住址、家庭情况等静态信息，也包括居民的迁移情况、结婚生子等动态信息。其次将户籍信息与就业、医疗、社会保障、教育等管理信息结合起来，建立新型的 IC 卡。这样不仅记录了居民的姓名、性别、居住地等信息，也显示居民的就业状态（就业、失业、退休）、医疗保险、社会保险的缴费情况、教育程度等。无论居民在什么地方，都可以凭借该卡在当地相关部门进行医疗保险个人账户结算、登记求职与失业保险、就业培训以及劳动能力鉴定和工伤鉴定等。可见将身份证、保障信息与户籍信息结合在一起，方便了公民的自由流动，消除了城乡差别，有利于整个社会的劳动力资源配置，同时动态的户籍管理系统，使得我国人口数据得以全面信息化，将大大提高我国行政管理和社会管理的服务水平。

2）运用财政手段调节城乡收入差距

财政手段是国家通过财政支出与税收政策调节国民收入，进而实现收入再分配的一种经济手段。但就中国的财政制度来看，尽管不同时期有不同的特点，但长期以来基本的特点就是农村获得的财政支持低于城市居民，而所承担的税负却远远高于城市居民，也是就是说中国长期以来实施的就是双偏向性的财政制度。在这种的二元财政制度的影响下，资源配置过度向城市倾斜，城乡公共服务差距逐渐增大，可见二元财政制度制约城乡统筹发展的弊端日益凸显。在这种背景下，实施统筹城乡发展的财政政策，调节城乡居民收入差距对于城乡协调发展具有重要意义。

第一，构建城乡收入公平分配的财税体系。

首先，发挥财税政策的调控引导作用，促进提高农村生产效率体制与机制的建立。中央和地方政府应发挥其调控和引导作用，积极促进提高农村生产效率的金融机制和农业生产要素流通体制的建立。一方面，要通过增量奖励、贴息等措施，进一步提高金融机构开展涉农金融服务的积极性，拓展农村金融服务业的范围，创新农村信贷的品种和形式，满足农村发展需求；各级财政部门要争取政府支持，设立专项资金，支持发展农村金融市场和专门针对农业的村镇银行；要对金融机构针对农民开展金融理财产品等服务给予奖励或补贴，使农民也能获得财产性收入。另一方面，对金融机构开展涉农金融服务给予税收优惠政策，如在企业所得税、营业税等方面，针对专门面向农村开展服务的金融机构可考虑给予一定的减免；针对综合性金融机构，对其涉农业务能够单独核算的，可将涉农业务单独征收企业所得税、营业税并给予减免。

其次，实行必要的财税政策，建立顺畅的农业生产要素流通体制。完善的农业生产要素流通体制是提高农村生产效率的前提和基础。当前，我国农业生产要素流通体制存在缺陷，使得农业生产要素配置不合理，农村生产力远远落后于城市。在构建农业生产要素流通体制的过程中，要充分发挥财税政策的支持作用。在财政政策方面，要设立专项财政资金，推进农业生产要素市场建设；对农业生产要素流通企业给予奖励；要通过设立专项资金，设定针对收购农产品的最低收购价，形成合理的农产品定价机制，让广大农户真正分享发展的成果。在税收政策方面，要在企业所得税、增值税等方面，对专门从事农业生产要素流通的企业给予减免政策；对综合流通企业能够单独核算农业生产要素流通业务的，对相应部分给予减免。

第二，加大公共财政对农村公共品的供给。

当前在构建公共财政体系的宏观背景下，针对我国城乡收入差距过大的现状，必须按照公共财政的要求，优化调整财政支出的结构，从基础设施建设等方面加大农村公共品供给，给低收入群体一个好的环境，共享社会主义劳动成果。构建中央、省、市、县"四位一体"农村公共产品供给的格局，以法律法规的形式明确政府机构的职责权限，使各级政府提供公共产品具有强制性和约束性。中央政府的主要职责是制定好农业方面的财政税收政策以及制度支持跨地区超大农业项目的建设，并注意自然灾害的防治，治理好现代农业发展的水利系统；地方政府的职责是贯彻国家农业方面的宏观经济建设政策，并进一步执行国家的各项财政税收政策制度，大力支持地方范围内农业科技教育等各项事业的发展，支持农业基础设施的建设。此外，各级政府应当成立农村公共产品提供的组织机构，负责农村公共产品投入资金的筹集、分配和使用，了解和掌握农村居民对公共产品的需求信息，及时进行分析，制定好科学合理的规划。

3）依托电子政务推进农村信息化发展

电子政务作为新型的政府管理模式自 20 世纪 90 年代提出以来，已经成为各国发展和关注的热点问题。我国城市和经济相对发达地区的电子政务也已经开始从第一阶段向第二阶段过渡，但反观农村地区电子政务的建设基本处于空白状态。农村居民要享有与城镇居民一样的知情权、参与权、表达权和监督权，在农村建设电子政务是保证农民公平参与社会建设的有效途径，另外也可以推进政府的管理创新、提高政府的办事效率、促进政府的公开、廉政建设。

第一，制定农村电子政务建设的统一标准。"标准先行，制度保障"，是我国在农村建设电子政务的重要准则，也是支持农村电子政务顶层设计和工程建设的基础。我国政府部门中涉及"三农"信息服务的部门有农业部、科技部、教育部等 17 个部委。这些部门分别制定了信息应用标准、信息安全标准、应用支撑标准等，虽然为农村电子政务的建设提供了依据和准则，但在实际的应用中，由于各个部门标准差异较大，从而造成农村电子政务系统无法进行统一管理和约束，导致部门之间信息资源不能共享，出现重复建设和资源浪费的现象。

规范我国农村电子政务的建设标准，具体可以从以下三个方面进行：一是统一电子政务的基础元件，实现对基础元件的相关参数的统一标准，有效防止组件之间存在不兼容的问题。二是统一网络编写语言、数据库的使用等标准。电子政务的处理过程中，要求在异构网络、异构环境中实现数据的交换和业务的自动处理，实现数据、公文的统一，使得各部门之间能够有效互通。三是实现网络技术应用的标准统一。可以采取较为成熟且受到好评的 IT 技术，开发出统一的、标准化的政务系统平台，如信息发布平台、互动交流平台和在线办事平台，有效地解决信息孤岛问题。

第二，做好顶层设计建设农村电子政务运行平台。注重农村电子政务主体职能协调，面向农村建立由两个并轨的信息平台组成的综合性农村电子政务运行平台，即农业部门和地方政府的农业信息服务平台，在目标明确的基础上统一宏观规划平台建设，做好顶层设计。

一方面做好国家农业信息资源服务平台。涉农政府部门从宏观上协调农业内部各层次、各产业间的比例关系，引导农业生产、经营的大方向，并按照这些内容，在电子政务网上发布信息，组织、引导农民参与到农村整体发展中。这一过程中，重要的是做好网站兼容性设计、网站导航、链接与动态更新。网站系统要做到既与部门内部兼容，又与村务办公系统兼容，避免横向信息传递不畅；电子政务平台搜索引擎、菜单栏、网站地图要方便农民搜索、阅览和发布信息，更好地实现导航性；涉农部门要做好网站链接，并及时更新信息，保证农业信息内容的时效性。

另一方面做好农村地方农业信息资源服务平台。根据本地资源特征和优势，制定农业发展战略与政策，依据相应规划，突出农村区位特点，收集分析农业信息，建立覆盖乡村的地方农业信息资源和服务平台。为了方便农民使用，可借助子网站群做法，即一个主站集合若干分门别类的子网站。输入政府综合门户网站网址，再点击进入农村频道主页面，即可浏览各村网站或本地特色农业产业网，使其具备提供一站式服务的优点。村级网站内容涉及村级首页、通知通告、村务公开、本村动态、本村风采、农事指南、党建工作等，展现村庄环境、乡村风土人情和自产农产品；特色网站包括粮食网、瓜果蔬菜网、畜禽网、水产养殖网、花卉茶叶网、乡村旅游网等，平台设置为了方便为不同农业资源提供相应的信息化管理与科技服务，帮助农民找方向、抓机遇、避风险。

第三，强调服务导向分布推进政务服务。农村电子政务的建设目标是对农村人口政务服务的最大化和效率化，其服务对象——农民，主要关心的是能否通过政务系统获得准确及时的科技、市场与公共服务信息，两者目标一致。现阶段，农民个体更关心的是生产收益，其次才是公共服务、民主政治等，因而在农村电子政务建设初期，采取"先商后政"的模式，突出重点、分步推动将具有更好的效果。

首先在管理、经济、文化共建的总体框架下，从农业技术信息、招商引资、生态旅游宣传等经济服务上着手，尽快让农民接触信息化，并从中得到实惠；其次借助政务平台提供"一站式"服务，改变仅从政府管理角度的网上政务信息发布，主动适应农民、农业、农村发展需要，提供与其生产生活息息相关的农产品市场、农业科技等实际信息服务；再次对信息进行更深层次的加工，预测市场行情，发布农产品市场供求情况和趋势分析信息，如良种、种苗、农药、肥料、饲料等农资产品及市场信息，加强对农民的引导，将现代科技与农业相结合，增强农业综合生产建设能力；最后在经济服务取得一定效果后，经济社会发展也为电子政务建设筹措到更多资金，再开展政治服务、文化服务方面的农村电子政务建设。

4.4.3.2　促进城乡经济协调发展

1）促进农村经济发展提升自身经济实力

促进农村自身经济的发展，是促进城乡经济协调发展的优先手段。而这较大程度依赖于政府的政策引导，政府应坚持统筹发展工业化、城市化与农业现代化，积极整合农村土地资源，促进资源有效利用，同时采用新技术，培育完善农村各类市场，提高农村居民收入，拉动农村消费，以此来推动农村地区经济快速发展，缩小城乡之间经济差距。

第一，整合农村土地资源。土地是农民生活的基本保障。我国目前实行农村土地承包责任制这一政策的主要目的是保障农民的生活，以维持国家的稳定。反过来考虑，只要能够充分利用土地获得收益，保障农民的基本生活，就是达到了国家实行这一国策的目的。然而，若要提高我国农业生产效率，需进一步整合农村土地资源。2013 年中央一号文件《中共中央国务院关于加快发展现代农业进一步增强农村发展活力的若干意见》指出，要求坚持依法自愿有偿原则，引导农村土地承包经营权有序流转，鼓励和支持承包土地向专业大户、家庭农场、农民合作社流转，发展多种形式的适度规模经营。近年来，在全国范围内展开的土地流转呈加快之势，通过将农民手中零散的土地集中起来，转让使用权取得了较好的成效。事实上，农民在土地上的收益不一定要靠自己的劳动力获得，进行土地资源整合，将土地承包、转让给懂技术、懂管理、懂市场和有资本的人进行经营管理，采取现代农业经营模式，实现农业生产的现代化、机械化、规模化、集约化以及市场化，也能够确保土地收益，保障农民基本生活并提高土地上的收益。

第二，完善农产品市场流通体系。目前我国各地区依赖各自的产品及资源优势，已建立了一批具有一定规模的蔬菜、水果、花卉、水产品、木材、畜禽肉类产品的批发市场，但这些市场大多数是现货交易市场，市场容量较小，成交量也低，市场发育程度不高，交易手段较落后。不少的农产品市场还处于"集贸市场"的水平，交易很分散，市场透明度低，影响力小。因此，我国还需要逐步建立一批规模较大的农产品的中转市场、拍卖市场和期货交易市场，构建并完善农产品物流平台，通过标准化与信息化来提高农产品流通的效率，解决农民销路不畅问题，搞活农产品流通。

第三，提高农村居民收入水平。对于边际消费倾向较低的农村低收入阶层而言，实际收入水平的上升对消费需求有极其明显的扩张作用。研究表明，农民收入每增长 1 个百分点，农村消费品市场的销售额将会增长约 0.9878 个百分点（董长瑞和梁纪尧，2006），因此，增加收入是促进消费的关键。增加农村居民收入的主要措施有：一是通过改善农业结构，发展优质、高效的农业，调整农业生产的区域布局，从而进一步挖掘农业内部收入增长潜力，并且通过延长农业产业链条以及农产品加工增加值，为广大农民创造更多的收入增长机会；二是通过加大对农村基础建设的投资，在政策上支持乡镇企业发展，并鼓励农民兴办企业、商业和公司，加大农民的就地转移力度，改善农村劳动力的就业环境，从而提高农民非农收入；三是进一步深化农村税费改革，减轻农民负担，提高农民的实际购买能力，改善农民的收入状况，刺激其各种需求向现实消费的转变以扩大内需带动经济发展。

第四，改善农村消费环境。农村消费环境特别是落后的基础设施，极大地约束了当前农村消费。通过对这一状况的改变，能极大的地释放农村消费潜力。2003年年初，中央就提出了建设社会主义新农村，加大农村基础设施投资的倡议。此后的建设新农村专题研讨以及两会都明确指出，统筹城乡经济社会发展，实行工业反哺农业，城市支持农村的方针。增加对农业以及农村基础设施建设的投资，不仅能够有力地改善农村消费环境，还能够扩大农村劳动就业机会，增加农民的收入，从而提升其消费能力。因此，要充分发挥财政和资金的杠杆导向作用，吸引各类社会资金流向农村，搞好农村的水利、公路、通信电网等基础设施的建设，为拓展农村消费市场提供切实保障。

2）推进农业现代化建设

农业现代化建设关乎我国经济、社会发展的全局，只有完成农业现代化建设，才能充分保障农业作为国民经济的基础产业对二三产业发展的支持。党的十八大部署的"四化"同步战略，提出"城镇化和农业现代化相互协调，实现工业化、信息化、城镇化和农业现代化协调发展"，但反观我国目前的农业现代化建设，仍存在发展方式粗放、资源消耗大、农业资源供需矛盾突出等问题，农业现代化滞后于工业化、信息化和城镇化的矛盾依然突出，可见同步推进四化发展，实现城乡经济协调发展，关键在于加快推进农业现代化建设。

第一，创新农业经营体制机制为农业现代化提供制度保障。农业组织管理现代化是农业生产手段现代化、技术现代化的基础和保障。目前，我国农业经营体制机制创新的任务很艰巨。当然创新农业经营体制机制，并不是要否定或取消农业的家庭经营方式，而是要在坚持农业家庭经营方式不动摇的前提下进行创新。家庭经营不仅能够适应以手工劳动为主的传统农业，也能适应采用先进科学技术和生产手段的现代农业。综观世界农业现代化模式，其农业经营体制主要是实行以自然人为基础的家庭农业经营体制，公司制的农业经营只占很小的比例，即便是公司制的农场，也以家族式公司占绝大多数。可见，家庭经营不仅现在，即便将来也是我国农业最基本的经营形式。

目前，我国乡村人口众多，户均耕地不足 0.5 公顷，经营规模太小（潘建伟和张立中，2013）。随之而来的问题有农业组织化程度急需提高、规模化经营和标准化生产难度大、农业生产机械化困难、社会化服务成本高等，加之农业市场化程度低，迫切需要创新农业经营的体制机制。

一是深化土地承包制改革，实行土地所有权与经营权的彻底分离。实行"两权分离"，使农户对土地享有占有、使用、收益并依法处置的权利，包括继承、买卖、租赁、抵押等处置权，有利于避免农户短期化行为，促进土地流转、规模化经营等，进而加速农业现代化进程。

二是发展农民专业合作社，提高农业组织化程度。在有效扩大农户外部经营规模、推动农业生产区域化布局的同时，提升农民在市场经济中的谈判地位，保护农民利益。

三是健全农业社会化服务体系，促进农业分工。农业产前、产中、产后服务对农业现代化的推进发挥着重要的作用，因此除鼓励农民建立社会化服务组织外，国家还必须建立健全农业生产、流通等社会化服务及市场信息咨询机构，承担公益性服务，使"小生产与大市场"有机衔接，降低农业经营风险，增加农民收入。

第二，积极利用农业信息化助推农业现代化。农业信息化促进现代农业产业结构的优化。以计算机和现代通信技术为主的信息技术在农业上的广泛应用，能促进农业产业化过程信息化、高效益化，使农业生产率大幅度提高，生产成本下降。粗放式大批量生产和高消耗的农业生产模式将被高度集约式的"高产、高效、优质"生产模式所代替，农业产业中服务、销售比例逐渐加大，劳动密集型比例下降，技术密集型和知识密集型的比例将提高。农业产前、产中、产后规划将更加合理，联系更加紧密，这些都促进了农业产业结构的进一步升级和优化。

农业信息化提高现代农业经营管理水平。应用现代信息技术创造的智能工具改造和装备农业各部门，建立农业信息网络体系，可为农业服务、生产、销售等各阶段的经营管理决策者提供强大的技术手段和高效、畅通、丰富的信息渠道，将农业各阶段经营管理提高到一个新水平，解决管理效率低、调控不及时等问题，促进管理科学化、合理化和最优化，从而加快农业的全面发展。利用农业信息技术中的管理信息系统和决策支持系统技术辅助农业决策者、经营者进行包括农业生产方案选择、过程控制、农事管理、施肥配方、成本核算、产品销售等工作，将使农业生产实现以最小投入获取最大利润，从而提高农业生产的效益。

第三，加快农业科技自主创新促进农业增效。农业科技作为现代农业区别于传统农业的重要标志，是加快现代化农业建设的决定力量，因此农业现代化建设应以农业科技为突破口。2014 年我国农业科技贡献率达到 56%，农作物综合机械化率达到 75%，良种覆盖率在 96% 以上，反观发达国家，尤其是德、英、法等国，其农业科技贡献率达到了 90% 以上，可见我国仍有 20% 的上升空间。同时我国农业面临农业资源不足、自然灾害频发等挑战，加快农业科技创新已成为突破资源环境约束的必然选择。首先政府应优化农业科研投入机制。目前我国的农业投入占财政总投入的 0.75%，连世界平均水平 1% 还达不到，同时农业科研经费还存在资金分散、重复建设等问题，为此，我国要建立农业科研投入机制，一方面加大对农业科研投入的经费，另一方面要合理分配不同研究环节、不同行业的科研投入比例。其次要注重农业科研的区域性。我国的农业科研区域一般是按照行政区进行划分的，忽视了自然资源、生态环境等方面的差异。对此可以效仿美国，按照自然区域进行设置，避免科学研究的重复建设。最后要加大对农业科研成果的保护。农业科研产品的公共属性使得在科技成果的推广过程中，难免出现搭顺风车的现象，对此政府可以建立补偿机制，对于公共性比较强的技术，应由政府直接给予补贴，对于产权容易界定的私人产品，可以在政府的引导下，发挥市场机制的作用，实现农业技术的产权交易。

3）加强城乡经济互动实现优势互补

加强城市与农村的经济互动、实现城乡的互补互促是统筹城乡经济协调发展的基本通道。城乡经济互动，实质上就是要打破原有的城市与乡村两个经济系统彼此隔绝的运行状态，将城市和农村作为一个有机整体，积极引导城乡各类生产要素的有序流动，促进资源的优化配置。

第一，强化城乡空间规划。坚持把城乡作为一个整体，统筹城乡的空间网络结构是实施城乡经济互动发展的前提。首先，政府应该从当前"城市—城镇—乡村"的布局考虑，进行统一规划。目前，我国乡村聚集点星罗棋布，如果直接进行投资建设，会造成极大的重复投资和资源浪费。鉴于此，政府应该立足于实际，树立城乡"一盘棋"的建设思路，通过实地的调研选址，以核心城市为圆心，中心城镇为延伸轴，将分散的乡村进行整合，建立聚集点。在此基础之上，发挥城市中心的"扩散效应"，吸引剩余农村劳动力向非农产业的转换，逐渐加强城乡间的经济资源共享，从而缩小城乡之间的经济发展差距。其次，加强城乡间的交通设施建设，为发挥城市辐射带动作用提供基础。西方发达国家的经验表明，发达的交通基础设施是加快城乡要素流动，推动城乡经济互动发展的重要前提。随着中心城市中心交通功能的完善，下一步建设的重心要逐步向广大农村地区转移，农村交通体系的建设应充分发挥辐射、沟通、连接等桥梁和纽带作用，其选线和布局要与城乡人口分布和产业布局相协调。因此，在城乡统一规划下，应该以政府投资为主体，最大限度发挥 PPP 模式的作用，建立完善城乡交通网络系统，缩小城乡之间的距离。

第二，建立城乡双向的市场流通体系。长期以来，我国二元结构的存在导致城市发达的市场流通体系与农村落后的市场流通体系并存，由于两个市场的分割导致城乡商品、要素的生产、流通各自独立。建立双向的市场流通体系是解决城乡资源配置的有效途径。首先要加强农村流通基础设施的建设。目前我国农村流通基础设施严重不足，许多农产品市场设施陈旧、功能不全，缺乏信息服务等造成效益不佳，对此可以依托城市商业基础设施数量多、现代化水平高的优势，统筹城乡流通基础设施的建设。还可以通过财政支持，鼓励城市大型企业到农村建立分支机构，真正实现以城促乡，改变农村流通基础设施落后的现状。其次建设城乡双向流通的商贸流动体系，为城乡工业品下乡和农产品进城提供通道。对此要重点发展电子商务和现代物流，电子商务作为新型的交易方式，具有方便、快捷的优势，尤其是农业要充分利用电子商务这一优势，建设网上销售站点。另外在电子商务的推动下，要同步加强现代物流的建设，加大对农产品批发市场物流配送设施的投入，建设服务于冷藏和低温农产品仓储运输为主的冷链配送系统和以农产品加工分拣包装为主要功能的物流配送系统。

4.4.3.3　加大农村信息基础设施建设

1）加大农村地区信息硬件建设

"要致富，先修路"，在社会信息化与经济发展进程中缩小城乡差距，农村地区应当先修好"信息公路"。社会信息化的发展依赖于信息硬件设施，信息硬件设施承担着信息的传输、处理和储存等重要工作，因此，信息硬件设施具有战略性地位，应该优先安排，加快建设。

第一，政府提供资金支持。政府应当向农村地区投入大量政策性资金，充分保障农村地区的信息硬件设施建设。我国农村地区人口分布比较分散，信息硬件设施建设成本巨大。农村扶贫攻坚战略实施以来，国家重点支持了农村地区基础设施建设，但是宽带技术通信建设项目很少，特别是在全国取消农业税后，使得乡镇一级在农村信息基础设施投入上明显不足。针对农村信息化基础和农民的切实需要，国家应通过直接投资或发行农村信息化建设国债等方式进行融资，对农村地区信息硬件设施建设提供资金支持。在信息基础设施难以普及的偏远农村地区，应当由中央和地方政府拨款，以村为单位配备计算机并连入互联网，同时采取政策性金融服务或是信息设备家电下乡方式，为农村居民提供配套资金购买信息设备。

第二，发动社会力量参与建设。国家应积极发动社会力量参与农村地区的信息硬件设施建设，鼓励民间资本参与建设，完善投资渠道和投资方式。由于农村基础设施的建设投资规模大，回收周期长，获利水平不高，承担的风险大等，导致私人部门对农村信息硬件设施建设积极性不高。一是政府可以采取财政补贴或者税收优惠等激励方式，吸引民间资本。二是政府可以与银行进行联合，在设施营销上采用更加灵活的方式。如为农村用户提供终端分期付款服务，或者先支付两年的使用费等，可以减轻农民的初装费用，让广大农村用户买得起，用得上。三是引导企业开发低成本、不需要经常升级的农用计算机、农用软件。对此企业可以与政府合作，选择一村或者镇作为试点，为农民提供售前、售后的免费培训服务，如果效益好，进而可以进行推广。

2）加强农村地区信息软件资源建设

由于广大农村地区信息软件资源匮乏，导致农村地区的居民对于信息技术的需求不高，进而影响了信息技术的普及率。因此，政府应当针对这一情况采取相应的措施，加强农村地区的信息软件资源建设，用丰富的信息软件资源吸引农村居民主动要求掌握现代信息技术，从而提升信息技术在农村地区的普及程度。

第一，加强建设农业信息资源数据库。加强农村地区信息软件资源建设，首要任务就是要搭建好农村信息基础平台，解决好信息入户的"最后一千米"问题，即如何将农业信息有效传递到农民手中。在这方面可以借鉴外国经验，积极推进农村信息数据库的建设，为农民提供农业技术知识和生产经验，构建农业产品交易平台等。例如，美国建有全国作物品种资源信息管理系统，在该系统的数据库中，保存有几万种作物资源样品信息和相关数据，美国农民可以在家通过计算机网络或电话网络对该系统进行查询、搜索、咨询、下载等操作；法国农业部植被保护总局建立了全国范围的病虫害检测与预报计算机网络系统，可以实时提供病虫害情况、"药残毒"预报和农药评价等信息；日本政府也建立了全国性的农业信息数据库，将重要的农业信息录入数据库中，并进行全国联网，大大提高了日本农村的互联网普及率，许多农户都利用该数据库学习栽培和生产管理技术，收集农产品行情以及推销农产品。同时在建设过程中要注意以下几点：一是既要重视农村信息数据库的开发，也要重视其运行和服务，要根据市场形势的变化，及时更新数据库内容。二是要加强管理，积极引导。农村数据库的建设是一个复杂的管理和经济问题。要加强统一规划，做到数据库横向实现资源共享，纵向功能栏目丰富多样，对农民形成极大的吸引力。三是要使农村数据库与国际接轨。在数据库的信息发布中要涉及大量的国际农业信息，在其农业网站栏目中设置国际农业相关网站的索引数据库，这样可以积极借鉴外国农业建设的经验，进一步促进我国农业的全面发展。

第二，搭建农产品电子商务平台。由于农产品生产的季节性、区域性、保鲜性等特点，严重制约了农产品的流通，导致卖难、买难事件频繁发生。搭建农产品电子商务平台就是将现代化的商务手段和农产品的销售、配送等环节相结合，整合传统的物流和资金链，这不论是对销售者还是消费者，都提供了极大的便利。要建设好农产品电子商务平台，需要注意以下两点：首先要完善网络支付体系。对此政府要积极鼓励农村地区的信用合作社或农村商业银行发展网络支付系统，将信用合作社或农村商业银行与电子商务网站进行连接，通过互联网络进行网络支付。其次要完善农产品的网络物流配送系统。通过建立自动分拣系统、自动存取系统等实现物流的自动化。

3）积极完善政府涉农信息化建设过程中的制度创新

市场经济下，涉农信息化建设相对于城市信息化建设缺乏足够的利益驱动，往往会造成城乡之间信息化发展的差距，形成数字鸿沟。因此，我国政府必须改变目前涉农信息化建设中管理体制的弊病，从全局出发统筹全国资源，协调好各部门之间的关系，才能更好地调动全社会的力量，共同致力于农村信息化的建设，进一步缩小城乡数字鸿沟。

第一，完善制度环境。

首先，加速完善法律法规，保障缩小城乡数字鸿沟促进城市化进程的顺利进行。加快推动出台相关法律法规，明确宽带网络作为国家公共基础设施的法律地位，强化宽带网络设施保护。依法保护个人信息，营造安全可信的网络环境，促进宽带应用发展。

其次，推动开放竞争，进一步引导社会力量共同参与缩小城乡数字鸿沟促进城市化进程的建设。逐步开放宽带接入网业务，鼓励民间资本参与宽带网络设施建设和业务运营，推动形成多种主体相互竞争、优势互补、共同发展的市场格局。规范宽带市场竞争行为，保障住宅小区及机场、高速公路、地铁等公共服务区域的公平进入。加强国家骨干网网间通信质量监管，建立网间互联带宽扩容长效机制，完善骨干网网间结算办法，保障网间互联高效畅通和骨干网公平竞争。通过产业联盟、行业协会等各种渠道，引导宽带网络设备制造和信息服务企业加强行业自律，建立竞争机制，共同维护竞争秩序。

最后，进一步深化应用创新，全民共享城乡数字化融合发展战略下的社会福利。构建和完善宏观调控、社会管理和公共服务等基础信息资源体系，加快建立公益性信息资源开发应用长效机制，推进农业、科技、教育、文化、卫生、人口、就业和社会保障、国土资源等领域信息资源的公益性利用，建立跨地区、跨部门、跨层级的开放共享机制。

第二，规范建设秩序。

首先，严格落实宽带网络建设规划和规范。按照城乡规划法、土地管理法和城市通信工程规划规范等法律法规和规范规定，将宽带网络建设纳入各地城乡规划、土地利用总体规划。切实执行住宅小区和住宅建筑宽带网络设施的工程设计、施工及验收规范。做好宽带网络与高速公路、铁路、机场等交通设施规划和建设的衔接。

其次，保障宽带网络设施建设与通行。市政设施和政府机关、企事业单位、公共机构等所属公共设施应向宽带网络设施建设开放，并提供通行便利，保障公平进入，禁止巧立名目收取进场费、协调费、分摊费等不合理费用。对因征地拆迁、城乡建设等造成的光缆、管道、基站、机房等宽带网络设施迁移和毁损，严格按照有关标准予以补偿。

最后，深化网络设施共建共享。在城市地下管线规划、控制性详细规划中，统筹安排通信工程综合管道网和相关设施，加强宽带网络设施与城市其他通信管线、居住区、公共建筑等管线的协调。深化光缆、管道、基站等电信基础设施的共建共享，创新合作模式，探索应用新技术，促进资源节约。

第三，建立健全自我监督、监管体系。

政府是农村信息化建设的公共服务者，而市场主体和社会力量参与农村信息化建设有其自身的利益目标，但同时也具备部分公共功能。由此，不同参与主体的着力点是有差异的。作为一项复杂的系统工程，要督促目标的实现需要建立相应的评价机制。这个评价机制要照顾到政府、市场主体和社会力量的不同目标与利益诉求，一方面不能以政府的标准要求市场、社会力量主体，实行"一刀切"，这容易压制其积极性；另一方面，政府也不能因市场、社会力量的参与而懈怠，造成行为的不到位。因此，要建立适应不同主体的差异性、层次化的评估机制，使各方参与的积极性得到有效发挥，同时又能为目标的实现形成一定的压力机制。具体来说，要建立政府行政人员的目标考核与评估机制，将成效评估与职务升迁、工资绩效挂钩。此外，在积极引入农业企业、社会组织的参与共建中，达成相应的目标共识，建立"有进有出"的参与机制。

4）创新信息服务方式提升涉农信息服务水平

提高农业信息服务水平是规避市场风险，进行科学生产决策的理性需求。但我国的农业信息服务中存在着信息服务内容实用性差、信息服务手段不配套、信息服务机制不健全等问题，这严重制约了农业和农村经济的发展。因此，以满足农民需求为核心，以切实推进信息服务进村入户为主线，以站点为基础，以队伍为保障，以平台为载体，创新农业信息服务方式，加强对农业产前、产中、产后各个环节的信息服务刻不容缓。

第一，以信息服务站点作为信息服务的桥头堡。

农村信息服务站是由政府牵头组织、网通公司独家建设、管理和运营，利用互联网、远程教育网、电话、IVR 等现代信息技术手段，为农民提供信息浏览、查询、采集、发布等服务的场所。作为为农村居民提供信息的关键节点，农村信息服务站是信息服务的桥头堡，需要做好两个方面的工作：一是打造多功能农村综合信息服务站，按照"政府主导、社会参与、整合资源、共建共享"原则，充分整合各级部门及组织的基层信息服务站点，做到"五个一"（一处固定场所、一套信息设备、一名信息员、一套管理制度、一个长效机制）的要求，建设一站多功能农村综合信息服务网站，发挥其在信息入户的桥梁和纽带作用。二是建立形式多样的村级专业信息服务站，依托涉农养殖大户、家庭农场、农民专业合作社、农业产业化龙头企业、农业社会化服务等新型经营主体，建设形式多样的专业信息服务站，达到"有人员、有场所、有服务、有收益"的"四个一"标准，采取政府购买信息服务等方式加强农业信息服务站的建设（李道亮，2012）。

第二，推进涉农信息市场化运作。

在市场经济下，能赚到钱的信息服务才能够持续运作下去，才符合市场经济的生存法则。因此各级农业部门应当统筹和调集各方资源，推动涉农信息服务市场化改革，可以通过合作、委托、外包等方式，整合社会化服务资源，提升信息服务能力。要充分调动科研院所、高等院校、农业龙头企业、农产品批发市场、信息服务企业、中介组织、农民专业合作社、农民经纪人、种养大户等的积极性，鼓励通过多种形式提供农业信息服务，开发农业信息服务站点实体网络优势，引导社会主体发展农业电子商务和农村物流，激发农村信息员的创业积极性，增加站点"自我造血"、自我发展能力，逐步形成信息服务可持续发展机制。

第三，打造多种接入方式的涉农贴身信息服务平台系统。

首先，建立信息服务平台应当充分考虑涉农从业人员接受信息的难易程度。在未来应当创新涉农信息接入方式，按照"平台上移、服务下延、资源整合、共建共享"的基本原则，打造支持物联网、语音、短信、视频等多种接入方式的信息服务平台，以涉农从业人员可以接受的、容易获取的方式向其提供涉农信息。

其次，在省部一级的信息服务平台中，应当进一步打造综合性和专业性相结合，公益性和经营性相结合的技术同构、业务协同、信息互通的农业信息服务平台体系和分布式专业信息服务系统，包括开展政策类、技术类、市场类等统一性信息服务，推动城乡公益性信息服务均等化。

4.4.3.4　推进城乡教育均等

1）创新制度体系促进城乡义务教育均等

制度体系创新是当前推进教育公平政策的首要任务。我国现行的教育制度一方面造成公共教育资源在城乡之间分配的不公平，导致城乡居民教育机会不平等，另一方面对城乡学生流动起到很大的阻碍作用，无法保障进程务工人员子女接受优质教育。因此，我国政府应该加快教育体制创新，以公平为核心，统筹全国教育资源，积极构建城乡一元公共教育体系。

第一，构建义务教育均等化标准体系。结合各地区的自然资源、经济社会和人力条件，以城乡义务教育均等化为导向，制定相关标准体系，并根据社会经济发展情况适时调整。在此基础上，研究制定并实施义务教育均等化的目标与方案。构建能够反映投入经费、设施设备、教师资源等要素的定量标准或分级体系，对全国现有中小学的各项资源状况进行统计，并根据各区域教育发展实际与分级标准的差距对其进行排序，作为对落后地区优先配置教育资源的基础和依据。按照分级倾斜的思路，对与"目标标准"差距较大的地区进行经费、师资等各方面的倾斜性投入，差距越大、条件越差的地区获得的倾斜投入越多，对那些条件和资源相对丰富的地区，则相应减少国家的投入，充分发挥学校自身动员社会资源的能力。与城市相比，对于农村地区同样采取倾斜性投入政策，以缩小城乡差距。

第二，创新义务教育的管理体制与机制。加强对推进义务教育均衡发展工作的组织领导，将城乡义务教育均等化水平纳入经济社会发展规划，将推进城乡义务教育均衡发展纳入政府绩效考核体系，明确政府职责，加大对农村地区义务教育的公共财政投入。建立健全城乡义务教育均衡发展的激励机制，定期开展义务教育均衡发展状况的监测与评估工作，对推进义务教育均衡发展成效显著的地方教育机构给予表彰奖励，对未达到义务教育经费"三个增长"、截留或挪用义务教育经费、继续举办重点校（重点班）等违规行为，则对相关责任人实施问责。建立城乡义务教育均衡发展主要指标发布制度，研究编制义务教育均等化指数，结合动态监测结果，及时纠正城乡义务教育资源配置不当的现象。

第三，促进优质教育资源城乡流动。探索城乡学校结对帮扶机制，推进城市扶持农村。加大义务教育阶段校长和教师的培训、交流力度，完善农村中小学教师补充机制，均衡配置优秀校长和教师资源，尽快提高农村地区和薄弱学校教学质量。按照就近入学的原则，加强进城务工人员随迁子女就学工作，将进城务工人员随迁子女义务教育纳入公共教育体系，使其享受与流入地学生同等待遇。做好农村留守儿童接受义务教育工作，完善学校教职工与留守儿童的结对帮扶机制。加大对农村家庭经济困难学生的资助，建立义务教育阶段免除学杂费、课本费和住宿费的监督核查机制，逐步提高和扩大困难家庭寄宿生生活费补助标准和范围，帮助农村贫困家庭学生接受义务教育，逐步实现城乡义务教育均等化。

2）加强农村信息技能培训提高信息意识

互联网思想家爱思特·戴森说过："你可以把计算机放在社区中心，但只有那些有一定文化程度的人会去用他们。"在现代社会，即使人们在接触和使用信息技术的机会上一样，它所带来的社会结果也可能完全不同。我国农村地区个人信息意识落后，要缩小我国城乡数字鸿沟促进城市化发展，应当鼓励农民积极参与信息技能培训，培养和增强农村地区人们的信息意识，从根本上消除城乡之间的信息观念鸿沟。

第一，鼓励、诱导农民参加技能培训。我国农村地区信息比较闭塞，观念陈旧，许多人对于学习信息技能的热情不高，导致个人信息技能落后，信息技术设备往往不能得到有效利用。在这一方面可以借鉴发达国家的经验，通过制定优惠政策鼓励农民进行信息技能培训。例如，德国农民在参加培训时，可以免交杂费并且获得一定的伙食补贴；加拿大政府允许农业企业把培训费用计入生产成本，出售农产品时对其减免税收；丹麦为了鼓励农民学习新知识、提高农业生产水平，当农场主派出员工外出学习而请帮工时，政府会为农场承担一部分费用；韩国政府在农村实行免费的信息技能培训，并为合格者提供购买计算机的补贴。以上激励措施的实施，增强了农民参加培训的积极性。此外，通过间接拨款、发放补贴和优惠贷款等方式，从经济利益上诱导相关企业、农民等利益相关者积极参加信息技能的培训。将实施就业准入制度与鼓励农民培训有机结合起来，优先录用具有信息技能的农村求职者，也是一个刺激信息培训的好方式。

第二，开展综合性的农民信息技能培训。农民信息技能培训可分为信息认知技能培训、信息获取技能培训以及信息利用技能培训等。应当以市场为导向，以满足社会需求为立足点，重视培养农民的综合能力，从信息认知、信息获取以及信息利用技能三个方面来开展综合性的农民信息技能培训。

在培训过程中，要根据社会需要和市场变化开设课程。在信息认知技能培训上，要了解农民的需求，使其全面了解信息技术涵盖的内容，才能有掌握并利用信息技术的动力；在信息获取技能培训上，可结合农民自身情况，指导其通过信息网络技术挖掘客户；在信息利用技能培训上，可指导其进行网上技术培训拓展，学会利用网络进行交易等。要针对不同地区、不同产业和不同类型的农民，采取适应其需要的培训形式，以提高农民培训效果，使农民培训活动更好地服务于农村发展和增加农民收入的需要。如根据农业产业链不断延伸的需求，促进农民培训链的有效延伸、农民培训内容的调整及其领域的拓展，将农民信息技术培训与增强农民的职业技能、创业和合作能力结合起来，通过培训让农民得到实实在在的好处。

第三，提高农村地区居民信息意识的广度和深度。信息意识是指信息、信息技术、社会信息化等在人们头脑中的反应，是人们对信息价值的认识，也是人们掌握信息、运用信息的要求。信息技术的迅速发展及其对人类社会的巨大推动作用，必然会对人们的思想产生深刻的影响，从而形成一种新的观念。信息意识会促进和推动人们自觉地掌握信息和应用信息，从而推动和促进信息化进程。

首先，应当大力培养农民的信息意识广度。当信息技术进步已经明显走在时代前面的时候，我国大部分农村地区在信息意识上的滞后却在阻碍这种进步向更深的层次推进，因为农村地区许多人的思想意识还仍然停留在工业文明甚至农业文明时代，而没有认识到信息技术对于社会经济和个人生活所带来的巨大变革。因此，应转变观念，加强农民对于信息化建设重要性的认识，也就是培养农民信息意识。跨越城乡数字鸿沟的根本在于跨越思想意识上的鸿沟，农村地区的政府工作人员应首先跨越这道鸿沟。为此，政府工作人员必须尽快培养和具备过硬的数字化业务素质，包括掌握数字科学的基础理论和先进的数字专业知识。要采用多种方法开展对现岗政府工作人员的信息知识、数字技术以及有关业务专业知识等方面的培训，包括参加专业性培训学习和在岗工作上边干边学，提高其信息业务技术水平，从而发挥以点带面的作用，带动周围大批的农民养成良好的信息意识。

其次，应提高农民信息意识的深度。我国农村地区居民的信息意识普遍比较淡薄，对现代信息技术的知识和信息了解得较少，搜索信息的能力较差，因此要努力提高他们的信息获取和搜集能力，掌握一定的信息技术，也就从深度上提高农民信息意识。要让他们知道，在市场经济体制下，信息就是财富，谁占有了更多有价值的信息，谁就拥有了更好的资源，从而也就能开发出更多的财富。具体可由政府和社会机构组织信息技术宣传服务队，深入农村地区开展信息技术教育，如可开展"信息三下乡""信息技术进农村"等活动，力求活动的适用性和多样化，同时，采取各种大众传播媒体及其他多样化的方式和手段，持久地宣传信息技术对于农村、农业、农民的重大意义，借此不断加强农民的信息意识。在加强农民信息意识的同时，政府还应采取积极措施提高农民的信息素养。政府应帮助广大的农村干部、普通农户树立正确的信息观念。要通过种种学习和教育活动，让他们掌握必要的信息与传播学知识，提高理解信息技术的能力和使用信息技术的深度，让他们知道怎样科学有效地从网络中获取、利用信息，辨别和传播信息。

3）重点依托高等院校实现农业信息人才培养

随着网络技术和信息技术、农业科学技术的飞速发展，农业信息化已逐步成为 21 世纪农业现代化发展的重要标志与出路，因此，对农业信息人才的需求也急剧增加。但反观我国信息人才培养方面，面临着人才结构单一，学科分布不平衡的现象，突出表现在对农业信息人才不够重视、投入经费少、培训机制不完善等。依托高等院校培养高质量的农业信息人才，满足我国农业信息化发展的需要成为当前亟须解决的问题。

第一，做好信息人才培养的统一规划。为了适应我国农业信息化迅速发展的形势，缩小城乡数字鸿沟促进城市化发展的战略目标，对于高等农业院校农业信息人才的培养必须要有一个全面的统一规划，从全局的角度对培养结构进行调整、优化和完善。

首先，必须确立农业信息人才培养的主渠道，有条件的院校要及时建立农业信息技术专业，并予以重点投资建设。同时根据发展需要，合理调整信息类专业、农科或近农专业的培养目标和培养规格，通过课程体系改革和教学、实践过程的控制，使毕业生尽量贴近我国农业信息化工作的需要。

其次，要按照"研究型、工程型、应用型"三层次金字塔式结构，对专业办学层次予以合理调整。在保证现有本科、专科农业信息技术教育不断发展的基础上，应进一步发展农业信息技术研究生教育以及成人教育和职业教育，尤其要注重多种形式的短期技术培训。在具体实施过程中，采取灵活多样的形式，如通过专升本、双学位、辅修专业等，在现有专业中培养农科与信息技术的复合人才，以解决短期农业信息人才的供求矛盾。

第二，通过课程改革构建全新的课程体系。课程结构、教育体系及教学内容方法改革，是育人模式改革的具体表现，紧紧围绕新的农业信息人才培养目标，模式设置重组是课程体系是改革的关键点。高等农业院校要从 21 世纪农业信息化对毕业生的知识、能力和素质的要求出发，对教学内容课程体系进行整体探索，包括重组教学内容和课程体系；明确和组织农业信息技术专业的学科主干课程和专业核心课程；结合各大类专业的特点，构筑各专业大类的信息技术和农业科技知识教育基础课平台；重新审视各门课程的地位、作用和边界，进行优化整合。依托高等院校进行课程体系创新可以重点考虑以下三类课程：

第一类是农业信息技术专业课程。除了公共课和基础课外，专业基础课及专业课应由农业科学知识、信息学基本理论和方法、计算机技术等信息技术工具、信息技术农业应用四个部分组成，具体课程可根据学校的重点发展方向予以设置。例如，根据现阶段我国农业技术的推广重点及发展趋势，围绕农业资源数据库开发与维护、智能型农业决策系统、农业网站规划与建设等方面安排信息技术农业应用课程，对于虚拟农业、精细农业、设施农业测控技术等课程要适当组织开展。

第二类是农科或近农专业的信息技术课程。由于这一类课程的应用性价值较高，故原则上应实现大学期间信息技术教育"不断线"。例如，第一学年开设计算机基础课程，让学生能够充分具备计算机基本的操作和主流软件的操作与运用；第二学年开设程序设计基础课程，让学生掌握基本的编程方法并具备一定的编程能力；第三学年针对不同的专业开设相关的应用课程，如农业经济管理类专业开设植被、土化、果树栽培育种统计分析与管理课程，生物技术等专业开设生物信息技术，农业工程类专业开设自动化、控制与检测类等课程；第四学年应当进一步结合课题和科研工作，将所学的计算机知识和技能应用于本学科，并在毕业设计中应用计算机知识解决相应的问题。

第三类是计算机信息管理类相关专业的课程。对于计算机信息管理等相关专业，可以围绕农业技术概论课、计算机或信息类专业课、农业领域的信息技术应用课三个模块设置课程。其中，农业技术概论课主要让学生了解应用领域的背景知识，而农业领域的信息技术应用课程主要培养学生针对特定领域的应用开发能力。同时还可以结合就业需要开设一些取证类选修课。需要重点强调的是，在课程体系改革中，尤其要重视实验实习课程体系的建设，要充分调研，结合专业特点和培养学生实际动手能力的需要，组织有一定经验和水平的教师予以合理规划。

第三，重视教材与教学手段建设推进农业教育信息化。高水平的农业信息技术教育取决于高质量教材，设立农业信息技术专业的院校必须本着将农业科学与信息技术有机融合的原则，针对课程设置搞好教材建设，根据学科体系的系统性要求对教材内容予以统一规划，使知识内容和案例组织真正体现学科特点，符合实际需要。高等农业教育管理部门应加强对教材建设的管理和支持，通过联合、协作等形式集中各高校骨干力量，保证教材建设质量。

加强课件与教学手段建设，推进教育信息化，已成为教育界的一种共识，高等农业院校更应引起足够重视。首先，农业教学离不开信息化。传统农业教育弊端重重，难以调动学生学习主动性，缺乏对不同学生的适应性，知识表现形式枯燥，大量形象的、微观的、宏观的现象因受发生的时间、空间或随机性等因素限制，不能应时地在课堂教学中再现，此时进一步引入多媒体、虚拟现实等技术则可达到身临其境的效果。其次，信息化教学对农业信息技术教育具有潜移默化的影响。在农业教育范围内全面实现信息化教学，可以为师生创造一个良好的环境，促进师生信息意识的提高，而且可以在不知不觉中潜移默化地实现信息素质教育，为因人而异地构建知识、能力与素质结构，适应社会需要、个人发展需求提供可能。

当前，多层次全方位推进农业教育信息化可按多媒体化、网络化和远程教育三个层次循序渐进。一是全面普及计算机多媒体教学。首先，结合农业信息技术或其他专业学科特色，制作多媒体教学课件，应用到实际教学中。其次，提高创作深度和创作质量，促使农业多媒体教育上档次。更进一步，将多媒体化教学用于广大农村干部和农民培训，拓展多媒体化教育的覆盖广度。二是逐步完善网络化教学环境。首先，加强校园网的建设与功能开发利用，建设网络教学平台，增加校内外交流机会，实现资源共享。进一步将网络应用于整个学校的科研与开发、管理等工作，提高整体办学水平。三是大力发展远程教育。这是教育网络化的最高层次，是未来教育发展的方向。高等农业院校应加强对教职工远程教育知识和技能的培训，倡导教师及相关人员积极参与农业远程教学平台建设，将农业各学科与远程教育相结合，切实推进农业远程教育工作。

第四，加强科研实习基地建设构筑产学研实践平台。农业信息技术作为一个新兴学科，目前只在个别高等农业院校作为专业方向开设，在科研、试验和实习基地建设方面相对落后，必须下大力气予以加强。

纳入国家研究型的高等农业院校，应及时建立农业信息技术研究中心，加强软硬件投资建设，尽快形成气候。其他有条件的高等农业院校应结合本校的优势学科，选择生物信息技术、虚拟农业或精细农业中的某一方向，建立相应的研究所，为提高学生的创新能力，培养研究型高层次农业信息技术人才，提供科研实践平台。暂不具备条件的高等农业院校，可以采用外联的方式，与社会上的相关研究院所合作，建立校外科研实践基地。

农业信息技术作为一个新兴学科，实验条件相对落后，必须在投资上予以倾斜。在实验室建设中，主要考虑以下两点：一要突出重点，充分共享现有实验室资源，除非必需，一般不再新建基础理论教学实验室，而把建设重点放在应用型实验室，包括生物信息技术、虚拟农业、精细农业等；二要做好统筹规划，可采取共建共用的形式，跨院系建设，以节约资金，提高利用率。

实习基地既包括学生的实习基地，也包括教师实习基地；包括校外实习基地，也包括校内实习基地。要保证教学质量，不仅要建设好学生的实习基地，同时也要建设好教师的实习基地，提高教师的实践经验和动手能力，将工程和应用案例真正引进课堂。在实习基地建设上，应坚持自办与联办相结合，以联办为主的原则，充分借助社会资源完成实践教学。有条件的院校也可以自主开办信息技术企业，以此为龙头，构建产教结合平台。这种企业不应以营利为目标，主要目的是为学生提供熟悉信息技术企业工作流程的环境，但同时也要遵循市场经济规律，形成多元化管理体制，真正实现产业化、商品化，最理想的模式是办成集教学、科研、产业开发、学生管理为一体的科技教育产业集团。

4.4.4　缩小城乡数字鸿沟促进城市化发展的保障措施

农村地区信息化建设是一项复杂工作，也是政府参与程度较深入的系统工程，为了保障各项工作顺利展开，中央和地方政府应该从政策、机制、资金以及组织等方面提供有力保障，使缩小城乡数字鸿沟促进城市化发展的对策落到实处。

4.4.4.1　政策法规保障

缩小城乡数字鸿沟，是实现全国范围社会和谐的重要内容，国家和各级政府应该为缩小城乡数字鸿沟促进城市化发展提供必要的政策支持，来引导社会力量共同完成。首先，各地区政府应该把握好农村信息化与城市化的发展趋势，因地制宜，在国家大的方针政策之下，制定适合自身地区的相关政策。其次，加快制定当地缩小城乡数字鸿沟促进城市化发展的中长期发展规划、专项规划，搞好顶层设计。但是规划的设计不是拍脑袋就能解决的，要保证规划的科学性、合理性和可行性，为政府部门明确方向。最后，在政策制定过程中，要充分尊重市场经济的运行规律，尽量减少各地政府对经济建设的直接干预，要通过政策对社会力量进行引导。例如，对研发信息装备的单位给予一定扶持，以此鼓励企业对信息装备的创新；对使用信息装备的农民进行补贴，以此鼓励农村地区居民使用信息设备；对农村信息化建设项目给予贷款利率上的优惠，以此降低资金成本，鼓励企业参与农村信息化基础设施项目的建设。

在"保护国家利益和社会公共利益，维护各类主体合法权益"的原则指导下，建立缩小城乡数字鸿沟促进城市化的法律保障体系，协调各类关系，避免矛盾冲突。缩小城乡数字鸿沟促进城市化进程中，涉及各类复杂的活动主体，必然会产生各种冲突，这些冲突给公民权利造成了不同程度的侵害，给国家安全带来巨大的隐患，建立法律保障体系，对各种信息活动、信息关系进行引导、规范和制约是解决冲突的有效手段。首先，保护和促进合法信息的开发利用，约束非法信息的制造和传播，尤其是要抑制信息垄断、信息封锁，打击坑农、骗农的虚假信息，促进农业服务体系的健康发展。其次，对于信息技术，尤其是信息化在农村实施后产生的产生的一系列先进知识、先进技术创新，应加强知识产权的法律保护，切实鼓励农民科技创新，保护农民合法权益。最后，加强信息化的普法宣传工作，着力提高广大农民的信息化法律意识，实现农村信息化工作的法制化、规范化，营造良好的农村信息法制环境。

4.4.4.2　机制保障

建立"资源整合，协作共享"的缩小城乡数字鸿沟促进城市化发展机制，避免重复建设，提高信息资源利用率。缩小城乡数字鸿沟促进城市化发展，有利于我国长期稳定发展，这项浩大的工程需要汇集我国大量的人力、物力和财力，并联合国家发改委、财政部、工业和信息化部、教育部、科学技术部等多个部门协作完成，由审计署、监察部等相关部门进行监督，避免出现重复建设，防止贪污腐败。

建立"政府主导，市场运作"的"公益+收益"的缩小城乡数字鸿沟促进城市化机制，提高农村地区信息化基础设施建设效果，探索可持续发展的农业信息服务模式。市场机制能够通过价格因素来自发调节供需关系，达到资源有效配置的效果，所以在处理缩小城乡数字鸿沟促进城市化发展问题中，应该通过市场运作的方式来保证资源运作效率，但是考虑到市场机制下存在市场失灵的情况，需要政府进行适当干预。目前由于农村地区基础条件落后，有效需求不足，而以投资或投机为目的资本运作往往集中到大城市的收益较高的项目。面对此种情况，政府应该鼓励规模较大的企业承担一定的社会责任，积极参与到缩小城乡数字鸿沟促进城市化发展的项目中去，必要的时候给予企业一定补贴。

4.4.4.3　资金保障

缩小城乡数字鸿沟促进城市化发展是一项全国性、长期性工程，需要中央政府提供巨大的财政支持。若保证这一项目按期保质保量地完成，需要不断的资金注入，否则由于资金链的断裂造成农村地区信息化建设项目搁置，损失将是更为巨大的。这决定了中央政府在顶层设计的过程中必须要考虑到资金安排与保障。

我国幅员辽阔，区域经济发展差异较大，造成各地政府财政收入不均衡，先期享受国家政策优惠的地区应该履行"先富带后富"承诺，承担起缩小城乡数字鸿沟促进城市化发展的责任，为农村地区信息化建设提供必要的资金支持。争取各级财政每年安排一定规模资金作为农业农村信息化发展的引导资金，重点建设示范性项目，以示范效应来吸引更多的地方政府和企业参与到缩小城乡数字鸿沟促进城市化中来。

此外，中央政府应该在提供专项资金的同时，丰富融资方式，充分调动起社会的闲散资金。例如发放缩小城乡数字鸿沟促进城市化发展的长中期债券；成立缩小城乡数字鸿沟促进城市化的专项基金；允许参与农村地区信息化建设项目的上市公司增加股票来募集资金等。

4.4.4.4　组织保障

缩小城乡数字鸿沟促进城市化发展是构建全面小康社会的重要环节，而政府正是解决城乡数字鸿沟这一问题的火车头，起到宏观把握和引导作用，为了能够更好地完成缩小城乡数字鸿沟促进城市化这项工程，应该在组织上予以保障。

中国已经出台许多关于加强农村地区信息化建设方面的"一号文件"，党的十六大、十七届三中全会等国家重要的战略性、纲领性会议中也特别强调"三农"信息化。多年来，虽然基层领导干部起初对农村互联网建设有一定的热情，但是很多项目没有落实到底，造成了一定的资源浪费，出现了一些"面子工程"。总结失败的原因可以发现，由于我国政府机关从地方到中央实行科层制的组织构架，层级较多，基层领导干部对农村互联网建设与上级领导之间权责不明晰，在这种情况下经常出现有功大家抢，有过基层扛的局面，大大削减了基层领导干部的工作积极性。因此在组织保障中首先确定农村信息化建设中上级领导和基层干部的权利和责任，并且将农村地区信息化建设纳入领导干部的考核之中。其次还应该设立独立于上级领导和基层干部之间的监督小组。只有权责明确，任务清晰，责任到人，赏罚分明，才能群策群力共同完成这项巨大工程。

此外，各级政府和有关部门要把加快缩小城乡数字鸿沟促进城市化发展作为当前和今后一个时期农业和农村工作的重要内容来抓。各地要成立专门的农村信息化建设工作机构，并充分发挥其决策和协调作用，实行统一领导、统一规划、统一建设，统一标准、统一管理，做好领导到位，措施到位。加强宣传，提高社会各界对发展农业农村信息化的认识，认真总结，及时发现可能出现的新问题。

4.5　小　　　结

缩小城乡数字鸿沟促进城市化进程作为复杂社会经济管理问题，而 WSR 作为解决复杂问题的一种系统方法论，可以将复杂问题条理化、层次法。本部分正是基于 WSR 方法论宏构建了 WSR 三维分析体系，以促进城市化发展为目标，从复杂巨系统角度出发按照物理、事理和人理三个层次解析缩小城乡数字鸿沟促进城市化发展问题，系统地分析了缩小城乡数字鸿沟促进城市化发展的规律、战略与对策，旨在解决如何通过缩小城乡数字鸿沟提升我国的城市化水平。主要内容包括：

（1）缩小城乡数字鸿沟促进城市化发展的 WSR 分析模型构建。解读了 WSR 方法论的内涵，梳理了国内外相关的现有研究，并对该方法论在缩小城乡数字鸿沟促进城市化发展问题的适用性进行了分析。研究发现，对缩小城乡数字鸿沟促进城市化发展这一问题，可以将城市化发展演进规律分析、缩小城乡数字鸿沟促进城市化发展的战略管理分析和对策与保障措施划分为物理、事理和人理三个层次。

（2）物理分析——城市化发展演进规律。阐述了城市化在人类发展过程中的客观存在性，分析了城市化产生和发展的内在动因，在此基础上构建了城市化 Logistic 定量分析模型，并利用中国数据进行拟合，为缩小城乡数字鸿沟促进城市化提供定量分析的依据。研究发现，社会分工是城市化发展的内在动因，1978～2014 年中国城市化水平符合自组织演化的特征，基于此构建的 Logistic 城市化水平预测模型显示，预计中国城市化总体水平将由 2016 年的 56.44% 上升到 2020 年的 61.08%，虽然未来十年中国城市化依旧呈现快速发展的趋势，但是城市化水平增长的速度已经有所下降，城市化水平呈现出放缓的特征。

（3）事理分析——缩小我国城乡数字鸿沟促进城市化发展的战略管理。以战略管理理论为指导，利用 PESTs 和 SWOT 方法分析战略环境，采用判断矩阵-极坐标战略定位分析方法对缩小城乡促进城市化发展进行战略定位，并制定相应的战略内容，分析未来的目标愿景，实现了 SWOT 定性分析到定量分析的转化。研究发现，目前我国缩小城乡数字鸿沟促进城市化进程的内外部环境较复杂，但是总体来看外部环境方面机遇较多，农村信息化发展较为欠缺，应当选择调整的进取型战略，进一步将这一战略命名为城乡信息融合发展战略，该战略顶层设计中应当充分考虑四个方面：城乡政策均等、城乡经济协调、基础设施推进和城乡教育均等。

（4）人理分析——缩小城乡数字鸿沟促进城市化发展的对策与保障。分析了缩小城乡数字鸿沟促进城市化进程中政府与市场之间的关系和"三农"关系，并在借鉴国际农村信息化建设经验的基础上，在对策方面，以战略内容为基础，提出政府应当以城乡均衡为出发点，从政策、经济、基础设施、教育四个方面大力扶持农村信息化发展；在保障措施方面，提出政府应当统筹全国资源，从政策法规、机制、资金、组织四个方面保障政策的有效实施。

本部分尝试利用 WSR 为指导思路对缩小城乡数字鸿沟促进城市化发展的战略与对策进行研究，在拓展了 WSR 应用范围的同时，使分析更加系统、完善。

参 考 文 献

阿依吐尔逊·沙木西，金晓斌，曹雪，等. 2011. 自然资源对干旱区经济发展和城市化的增长阻尼——以新疆库尔勒市为例. 南京大学学报（自然科学版），47（6）：751-756.

北京师范大学"中国网络教育发展研究"课题组. 2012. 2011 年中国网络教育发展研究报告. 北京：北京师范大学出版社：62-65.

布尚. 2007. 摩擦学导论. 葛世荣，译. 北京：机械工业出版社：132-134.

成德宁. 2004 城市化与经济发展：理论、模式与政策. 北京：科学出版社：113-130.

曹荣湘. 2003. 解读数字鸿沟：技术殖民与社会分化. 上海：三联书店.

陈昆玉. 2001. 社会信息化水平测度模型及其应用. 情报科学，（1）：14-17.

陈昌兵. 2014. 可变折旧率估计及资本存量测算. 经济研究，（12）：72-85.

陈威，杨立新. 2013. 美国农业农村信息化建设新经验透视. 河北农业大学学报，36（6）：128-132.

陈勇宁. 2011. 流动人口社保接续为何难？光明日报，（5）：3-16.

陈甫军，陈爱民. 2003. 中国城市化：实证分析与对策研究. 厦门：厦门大学出版社：88-91.

陈甫军，徐强，袁星侯. 2001. 政府在城市化进程中的作用分析. 福建论坛（经济社会版），（9）：16-20.

陈运辉. 2006. 跨越农业信息化"最后一千米"之路径分析. 农业信息科学，22（9）：462-465.

陈明星. 2013. 城市化与经济发展关系的研究综述. 城市发展研究，20（8）：16-23.

陈明星，叶超，周义. 2011. 城市化速度曲线及其政策启示——对诺瑟姆曲线的讨论与发展. 地理研究，30（8）：1499-1507.

陈彦光. 2004. 城市化：相变与自组织临界性. 地理研究，22（3）：184-204.

陈彦光，罗静. 2006. 城市化水平与城市化速度的关系探讨——中国城市化速度和城市化水平饱和值的初步推断. 地理研究，24（6）：1063-1072.

陈彦光，周一星. 2005. 城市化 Logistic 过程的阶段划分及其空间解释——对 Northam 曲线的修正与发展. 经济地理，（11）：817-822.

邓鸿勋，陆百甫. 2012. 走出二元结构——农民工市民化. 北京：社会科学文献出版社：19-22.

戴永安. 2010. 中国城市化效率及其影响因素——基于随机前沿生产函数的分析. 数量经济技术经济研究，（12）：103-117.

杜家龙. 2012. 国内生产总值趋势预测与评价. 统计与决策，（14）：81-84.

段克峰. 2012. 基于一种复合模型的中国人口预测模型. 统计与决策，（20）：30-32.

段东平，薛科社. 2010. 水土资源在城市化进程中增长阻尼的计量分析——以西安市为例. 水土保持通报，（5）：221-225.

董长瑞，梁纪尧. 2006. 中国农民收入与消费的协整分析. 中国农村观察，（2）：43-48，79.

董丽娅，刘子玲，任远，等. 2006. WSR 方法论在科技投入宏观系统管理研究中的应用. 中国软科学，（2）：89-93.

方维慰. 2011. 地域信息鸿沟形成的机理剖析. 图书与情报，（1）：56-59.

房坤，方耀楣. 2009. 基于 WSR 系统方法论的本科教学评估体系研究. 高等工程教育研究，（5）：118-121.

付立宏. 2002. 关于数字鸿沟的几个问题. 图书情报知识, 19（2）: 7-11.

付加锋, 刘毅, 张雷, 等. 2006. 中国东部沿海地区产业结构预测及其结构效益评价. 经济地理, （6）: 1005-1008, 1017.

国务院发展研究中心课题组. 2010. 中国城镇化前景、战略与政策. 北京: 中国发展出版社: 2, 3.

国家信息中心"中国数字鸿沟研究"课题组. 2008. 中国数字鸿沟报告 2008. 北京: 国家信息中心: 4-17.

国家信息中心"中国数字鸿沟研究"课题组. 2009. 中国数字鸿沟报告 2009. 北京: 国家信息中心: 9-12.

国家信息中心课题组. 2011. 中国城乡数字鸿沟与网络生活参与研究报告. 北京: 国家信息中心: 55-59.

国家统计局农村司. 2015. 2014 年农民工监测调查报告. 北京: 国家统计局农村司: 2, 3.

龚晓光, 黎志成. 2003. 基于多智能体仿真的新产品市场扩散研究. 系统工程理论与实践, 22（12）: 59-62.

高波. 1994. 世纪之交的中国工业化、城市化战略. 管理世界, （4）: 27-36.

高红樱, 罗红. 2008. 论农村经济发展滞后与城乡信息差距之关系. 现代经济, 28（7）: 88-91.

郭永田. 2007. 试论发展农村信息化. 农业经济问题, （1）: 44-46.

郭勇. 2004. 农村剩余劳动力转移受阻的原因分析. 农业经济问题, （6）: 66-68.

郭志仪, 丁刚. 2005. 基于 PDL 模型的我国省域城市化水平预测研究——以甘肃省为例. 中国软科学, （3）: 99-104.

顾基发, 唐锡晋. 2006. 物理-事理-人理系统方法论: 理论与应用. 上海: 上海科技教育出版社: 15, 16.

顾基发, 高飞. 1998. 从管理科学角度谈物理-事理-人理系统方法论. 系统工程理论与实践, 17（8）: 1-5.

侯云畅. 1999. 高等数学（上册）. 北京: 高等教育出版社: 25-39.

韩非, 蔡建明. 2011. 我国半城市化地区乡村聚落的形态演变与重建. 地理研究, 29（7）: 1271-1284.

何光国. 1994. 文献计量学导论. 台北: 三民书局: 8, 9.

何晓群, 刘文卿. 2007. 应用回归分析. 北京: 中国人民大学出版社: 222-236.

黄溶冰, 李玉辉. 2008. 基于坐标法的 SWOT 定量测度模型及应用研究. 科研管理, 29（1）: 179-187.

贺洪明, 肖友国. 2011. 中美农村信息化建设的特点比较研究. 图书与情报, （1）: 82-85, 103.

胡桂兰, 邓朝晖, 蒋雪清. 2013. 农民工市民化成本效益分析. 农业经济问题, （5）: 83-87.

焦秀琦. 1987. 世界城市化发展的 S 形曲线. 城市规划, （2）: 34-38.

蒋和. 2013. 基于 ARMA 模型的恩格尔系数的分析与预测. 经济视角（下旬刊）, （8）: 133-135.

简新华, 黄锟. 2010. 中国城镇化水平和速度的实证分析与前景预测. 经济研究, （3）: 28-39.

厉以宁. 2008. 论城乡二元体制改革. 北京大学学报（哲学社会科学版）, 45（2）: 5-11.

李道亮. 2012. 中国农村信息化建设的六大要务——基于省域视角及示范省的实践. 湖南农业大学学报（社会科学版）, 14（2）: 2-4.

李道亮. 2014. 中国农村信息化发展报告 2012. 北京: 电子工业出版社: 33-41.

李永宠. 1995. 中国人口流动制度的历史、现状与未来走向. 人口学刊, 7（6）: 54-59.

李淑华. 2013. 韩国信息化建设及其对中国的启示. 延边大学学报（社会科学版）, 55（1）: 90-96.

李金昌，程开明. 2006. 中国城市化与经济增长的动态计量分析. 财经研究，32（9）：19-30.

李志国. 1999-03-26. 城乡信息流通不畅间接阻碍城市化进程. 农民日报，（9）.

刘怀玉. 2013. 空间化视野中的全球化、城市化与国家区域化发展. 江海学刊，（5）：32-42.

刘兴红. 2009. 农村远程教育工程对城乡教育数字鸿沟的影响. 中国电化教育，29（4）：45-48.

刘巽浩. 1994. 21 世纪的中国农业现代化. 农业现代化研究，15（4）：193-196.

刘耀彬，王桂新. 2010. 城市化进程中的水土资源"增长阻力"分析——以江西省为例. 生态经济，16（10）：161-163.

刘耀彬，陈斐. 2007. 中国城市化进程中的资源消耗"尾效"分析. 中国工业经济，（11）：48-55.

罗志刚. 2007. 对城市化速度及相关研究的讨论. 城市规划学刊，（6）：60-66.

卢向虎，朱淑芳，张正河. 2006. 中国农村人口规模城乡迁移的实证分析. 中国农村经济，（1）：35-41.

米尔斯. 2003. 区域和城市经济学手册. 郝寿义，译. 北京：经济科学出版社：388，389.

潘建伟，张立中. 2013. 推进我国农业现代化的思考. 中国流通经济，（9）：55-59.

帕尔格雷夫. 1996. 新帕尔格雷夫经济学大辞典. 北京：经济科学出版社：151，152.

任贵生. 2006. 韩国缩小数字鸿沟的举措及启示. 管理世界，（7）：157，158.

任贵生，李一军. 2006. 欧盟缩小数字鸿沟的策略及对的启示. 管理世界，（5）：144，145.

孙立芳，李月. 2008. 城乡数字鸿沟的微观测度及比较分析——基于对大学新生的调查. 经济论坛，21（14）：81-85.

申红芳，王志刚，王磊. 2012. 基层农业技术推广人员的考核激励机制与其推广行为和推广绩效——基于全国 14 个省 42 个县的数据. 中国农村观察，（1）：65-79.

吴钢华，杨京英，闫海琪. 2007. 信息消费系数及其测算方法研究. 图书情报知识，46（2）：69-71.

吴宗敏. 2007. 散乱数据拟合的模型、方法和理论. 北京：科学出版社：36-52.

吴刚. 2011-06-11. 我国农村剩余劳动力转移的新思路. 经济日报，（9）.

乌家培，谢康，王明明. 2002. 信息经济学. 北京：高等教育出版社.

万永坤，董锁成，王隽妮，等. 2012. 北京市水土资源对经济增长的阻尼效应研究. 资源科学，34（3）：475-480.

温诗铸，黄平. 2008. 摩擦学原理. 第三版. 北京：清华大学出版社：246，247.

翁阳. 2011-03-05. 中国城市化低于世界平均水平，严重滞后于工业化. 经济日报，（2）.

王远飞，张超. 1997. Logistic 模型参数估计与我国城市化水平预测. 经济地理，（4）：8-13.

王亚男，冯奎，郑明媚. 2012. 中国城镇化未来发展趋势——2012 年中国城镇化高层国际论坛会议综述. 城市发展研究，18（6）：1-3.

王春艳. 2007. 美国城市化的历史、特征及启示. 城市问题，（6）：92-98.

王秉安，甘健胜. 1995. SWOT 营销战略分析模型. 系统工程理论与实践，15（12）：34-40.

王其藩. 1994. 系统动力学. 北京：清华大学出版社：17-20.

王其藩. 1995. 高级系统动力学. 北京：清华大学出版社：42-55.

王胜远，张平，石亚娟. 2009. 基于 SWOT 分析的返乡农民工创业研究. 农村经济，（12）：112-115.

王庆元，张杰军，张赤东. 2010. 我国创新型企业研发经费与发明专利申请量关系研究. 科学学与科学技术管理，（11）：5-12.

王铭. 2007. 科学技术与城市化进程. 社会科学辑刊，（6）：202-208.

肖田元. 2009. 仿真是基于模型的实验吗？从定义的演变看仿真的内涵发展. 系统仿真学报，21（22）：7368-7371.

薛伟贤，刘骏. 2010. 数字鸿沟的本质解析. 情报理论与实践，33（12）：41-46.

薛微. 2009. SPSS 统计分析方法及应用. 第二版. 北京：电子工业出版社：237，238.

许学强，周一星，宁越敏. 2009. 城市地理学. 第二版. 北京：高等教育出版社：48-52.

岳奎，吴敏. 2014. 农业信息化建设中的政府角色研究. 甘肃社会科学，（6）：195-198.

杨小凯，2003. 发展经济学——超边际与边际分析. 北京：社会科学文献出版社：176-180.

叶阿忠. 2008. 非参数和半参数计量经济模型理论. 北京：科学出版社：96-100.

姚士谋，朱英明，陈振光. 2001. 中国城市群. 合肥：中国科学技术大学出版社：3-10.

余其刚，夏永祥. 2001. 城市化进程理论的一般探讨. 经济学动态，（9）：41，42.

张化光. 2009. 模糊双曲正切模型：建模、控制和应用. 北京：科学出版社：21-23.

张忠德. 2009. 美、日、韩农业和农村信息化建设的经验及启示. 科技管理研究，29（10）：279-281.

赵志耘，杨朝峰. 2011. 中国全要素生产率的测算与解释：1979—2009 年. 财经问题研究，（9）：3-12.

中国社会科学院农村发展研究所. 2009-04-15. 数字鸿沟与我国农产品销售调查. 南方农村报，（6）.

中国社会科学院农村发展研究所. 2011-09-25. 农村剩余劳动力网络使用调查. 南方农村报，（6）.

中华人民共和国人力资源和社会保障部. 2012. 2011 年中国社会保障状况和政策白皮书. 北京：中国劳动社会保障部出版社：21-23.

中华人民共和国农业部，国家信息中心. 2010-05-09. 我国农产品开发项目投资调查. 农民日报，（3）.

中华人民共和国农业部乡企局. 2009. 2009 年中国乡镇企业发展研究报告. 北京：中华人民共和国农业部：15-18.

中华人民共和国人力资源和社会保障部就业促进司. 2011. 2011 年中国农村劳动力转移就业工作报告. 北京：中华人民共和国人力资源和社会保障部：53-55.

朱勇，徐广军. 2000. 现代增长理论与政策选择. 北京：中国经济出版社：2-27.

周一星. 1982. 城市化与国民生产总值关系的规律性探讨. 人口与经济，（1）：28-33.

周一星. 1995. 城市地理学. 北京：商务印书馆：46-50.

周一星，张莉. 2003. 改革开放条件下的中国城市经济区. 地理学报，58（2）：271-284.

Williams，等. 2012. 社群信息学：理论与研究. 北京：北京图书馆出版社：78，79.

Bass F M. 1961. A new product growth for model consumer durables. Econometrica, 29(4):741-766.

Bertinelli L, Black D. 2004. Urbanization and Growth. Journal of Urban Economics, 56(1): 80-96.

Bruckner M. 2012. Economic growth, size of the agriculture sector and urbanization in Africa. Journal of Urban Economics, 71(1):26-36.

Bonfadelli H. 2002. The internet and knowledge gaps a theoretical and empirical investigation. European Journal of communication, 17(1): 65-84.

Carlino G A. 2001. Knowledge spillovers: cities' role in the new economy. Federal Reserve Bank of Philadelphia Business Review, 12(4): 17-23.

Compaine B M. 2001. The digital divide: facing a crisis or creating a myth? . Cambridge, UK: MIT Press:122-128.

Cooper W W, Yue P. 2008. Rapid Urbanization and Its Problems//Challenges of the Muslim World (International Symposia in Economic Theory and Econometrics, Volume 19). Emerald Group Publishing Limited:161-171.

Domar E. 1946. Capital expansion, rate of growth, and employment. Econometrica, 14(4):137-147.

Davis W, Kingsley B, Golden R. 1954. Urbanization and the development of pre-industrial areas. Economic Development and Cultural Change, 3(10) :6-29.

Forrester J W. 1958. Industrial dynamics: a breakthrough for decision maker .Harvard Business Review, 36(4):37-66.

Forrester J W. 1961. Industrial Dynamics.Cambridge M A: Productibity Press: 1-479.

Fourt L A, Woodlock J W. 1960. Early prediction of market success for new grocery products. Journal of Marketing, 25(2):31-45.

Furuholt B, Kristiansen S. 2007. A rural-urban digital divide ? Regional aspects of internet use in Tanzania.The Electronic Journal on Information Systems in Developing Countries, 31(6) : 1-15.

Fink A, Schlake O. 2000. Scenario management: an approach for strategic foresight . Competitive Intelligence Review, 11(1):353-362.

Goldenberg J, Libai B, Solomon S, et al. 2000. Marketing percolation. Physica A: Statistical Mechanics and its Applications, 284(1): 335-347.

Granovetter M. 1978. Threshold models of collective behavior.Ameician Journal of Sociology, 83(6):1420-1443.

Gurbaxani V, Mendelson H. 1990. An integrative model of information systems spending growth. Information Systems Research, 1(1): 23-46.

Harrod R. 1939. An essay in dynamic theory . Economic Journal, 49(5):14-33.

Henderson V.2003a. The urbanization process and economic growth: the so-what question.Journal of Economic Growth, 8(1): 47-71.

Henderson V. 2003b. Urbanization and economic development. Annals of Economics and Finance, 4: 275-342.

International Telecommunications Union. 2010a. World Telecommunication/ICT Development Report 2010 Developing Countries.Paris, France: ITU：9,10.

International Telecommunication Union.2010b. Measuring the Information Society 2010 .Geneva, Switzerland: International Telecommunication Union: 32-35.

Inkinen T. 2006. The social construction of the urban use of information technology: the case of Tampere, Finland. Journal of Urban Technology, 13(3):49-75.

Kanemoto Y. 1980. Theories of Urban Externalities.Amsterdam, Holland:North- Holland Press:26-40.

Kahraman C, Demirel N C, Demirel T. 2007. Prioritization of E-govement strategies using a SWOT-AHP analysis: The case of Turkey. European Journal of Information Systems, 16(3):284-298.

Kotler P. 1988. Marketing management, analysis, planning, implementation and control. New Jersey:Printice-Hall Intemation Edition.

Liu Y B. 2009. Exploring the relationship between urbanization and energy consumption in China using ARDL (Autoregressive Distributed Lag) and FDM (Factor Decompositon Model). Energy, 34(12):1846-1854.

Mansfield E. 1969. Technical change and the rate of imitation.Management Science, 15(5):215-229.

Mahajan V, Muller E, Bass F M. 1995. Diffusion of new products:empirical generalizations and managerial uses.Marketing Science, 14(3):79-94.

Mehta T, Surinder K. 1964. Some demographic and economic correlation of primate cities: a case for revaluation. Demography, 1(1):136-147.

Minoiu C. 2006. Poverty Analysis based on Kernel Density Estimates from Grouped Data. New York,U.S.A.:Columbia University Academic Commons:7-10.

National Telecommunications and Information Administration. 1995. Falling Through the Net: A Survey of the "have nots" in Rural and Urban America. Washington: NTIA:1,2.

National Telecommunications and Information Administration. 1998. Falling Through the Net: New Data on the Digital Divide. Washington: NTIA:1-7.

National Telecommunications and Information Administration. 1999. Falling Through the Net: Defining the Digital Divide. Washington: NTIA:1-42.

National Telecommunications and Information Administration. 2000. Falling Through the Net: Toward Digital Inclusion . Washington: NTIA:1-89.

Narayan G, Nerurkar A N. 2006. Value-proposition of e-governance services: Bridging rural-urban digital divide in developing countries. International Journal of education and development using Information and Communication Technology(IJEDICT), 2(3):33-44.

Northam R. 1979. Urban geography. New York: John Wiley & Sons:5-66.

Peters T. 2001. Spanning the Digital Divide: Understanding and Tackling the Issues. Cape Town, South Africa: Bruce White Press: 7.

Pociask S B. 2005. Broadband Use by Rural Small Businesses. Washington: the United States Small Business Administration:1,2.

Rao S. 2005. Bridging digital divide: efforts in india.Telematics and Informatics, 22(4) : 361-375.

Ratcliffe J M. 1999. Scenario building: a suitable method for strategic property planning? Cambridge : RICS Cutting Edge Press: 26-28.

Renaud B.1981.National Urbanization Policy in Developing Countries .Oxford, U.K: Oxford University Press:101-107.

Reale M G, Tunnicliffe W. 2002. The sampling properties of conditional independence graphs for structural vector auto regression. Biometrika, 25(89):457-461.

Rogers E M. 1995. Diffusion of Innovation .New York:The Free Press:15-21.

Rudgard S, Mangstl A. 2004. IT in Rural Areas. International PROGIS Conference, Woerthersee, Austria, 21-24 September: 1-8.

Romer D. 1986. Increasing Return and Long-Run Growth. Journal of Political Economy, 94(5):1002-1037.

Romer D. 2001. Advanced macroeconomics (second edition) .New York: McGraw-Hill Companies:30-38.

Serway A. 2003. Principles of physics .London: Harcourt College Press: 212-213.

Shanker D. 2006. ICT in Rural India: Dynamics of Inequality and Digital Divide.North Guwahati: Indian Institute of Technology:2.

Taubenbock H, Wegmann M, Roth A, et al. 2009. Urbanization in India-Spationtemporal analysis using remote sensing data. Computers, Environment and Urban Systems, 33(3):179-188.

Thampson A, Strickland A. 1984. Strategic management: concepts and cases. Plano Texas:Business Publication:585-621.

United Nations Human Settlements Programme. 2005. Urbanization Challenges . New York: United Nations:5-11.

United Nations Population Division. 2004. World Urbanization Prospects: The 2003 Revision. New York: United Nations:57-58.

United Nations Development Programme. 1977. Governance for Sustainable Human Development. New York: United Nations:2,3.

Von Neumann J. 1951. The general and logical theory of automata // Jiffies L A.Cerebral Mechanism in Behavior-The Hixon symposium. Oxford: Wiley:1-41.

Warren M. 2007. The digital vicious cycle: links between social disadvantage and digital exclusion in rural areas. Telecommunications Policy, 31(6):374-388.

Wand M　P, Jones M　C. 1995. Kernel Smoothing.London: Chapman and Hall: 154-163.

Wheelen L, Hunger D. 1995. Strategic Management and Business Policy. Reading MA:Addison Wesley:118.

Wellisz J K, Stanislaw M. 1971. Economic development and urbanization. Urbanization and National Development, 11(1):39-55.

White B L. 2011. The requirements of justice arising from the "digital divide" . Oakland: The Strategic Technology Institute Press: 2,3.